Theoretical and Empirical Research
on the Spatial Distribution of
INNOVATION
Activities in Urban Agglomeration

城市群创新活动空间
分布理论与实证研究

尹宏玲　吴志强　◎著

北京大学出版社
PEKING UNIVERSITY PRESS

图书在版编目（CIP）数据

城市群创新活动空间分布理论与实证研究/尹宏玲，吴志强著. —北京：北京大学出版社，2023.10

ISBN 978-7-301-34096-7

Ⅰ. ①城…　Ⅱ. ①尹…　②吴…　Ⅲ. ①城市群－空间规划－研究－中国　Ⅳ. ①F299.21

中国国家版本馆CIP数据核字（2023）第106150号

书　　　　名	城市群创新活动空间分布理论与实证研究	
	CHENGSHIQUN CHUANGXIN HUODONG KONGJIAN FENBU LILUN YU SHIZHENG YANJIU	
著作责任者	尹宏玲　吴志强　著	
责 任 编 辑	王树通	
标 准 书 号	ISBN 978-7-301-34096-7	
出 版 发 行	北京大学出版社	
地　　　　址	北京市海淀区成府路205号　100871	
网　　　　址	http://www.pup.cn　　新浪微博：@北京大学出版社	
电 子 邮 箱	编辑部 lk2@pup.cn　　总编室 zpup@pup.cn	
电　　　　话	邮购部 010-62752015　发行部 010-62750672　编辑部 010-62764976	
印 刷 者	北京鑫海金澳胶印有限公司	
经 销 者	新华书店	
	720毫米×1020毫米　16开本　14印张　250千字	
	2023年10月第1版　2023年10月第1次印刷	
定　　　　价	58.00元	

未经许可，不得以任何方式复制或抄袭本书之部分或全部内容。

版权所有，侵权必究

举报电话：010-62752024　电子邮箱：fd@pup.cn

图书如有印装质量问题，请与出版部联系，电话：010-62756370

前　言

　　创新是人类社会发展与进步的永恒主题。进入知识经济时代，创新对社会经济的重要性与日俱增，已成为推动社会经济发展的重要引擎。提升创新能力成为世界各国和各地区普遍共识。我国改革开放实现了经济快速发展，但也面临着环境恶化、资源能源消耗过大等问题，以要素投入为主的粗放式发展模式难以为继，因此科技创新是实现我国经济转型的根本力量。空间结构是社会生产在地域上的表现，创新在促进社会经济发展的同时，正通过聚集、溢出、关联等效应影响社会生产结构与空间结构的演化。随着创新在经济发展中的作用逐渐增强，未来创新将成为塑造区域格局的关键因素。

　　在经济全球化和区域一体化背景下，城市群日益成为国家经济发展、参与全球经济竞争和提升国际竞争力的主体空间单元。在我国快速城市化进程中，城市群体化发展特征日趋明显。《国家新型城镇化规划（2014—2020年）》明确提出"以城市群为主体形态，推动大中小城市和小城镇协调发展"，党的二十大报告进一步指出"以城市群、都市圈为依托构建大中小城市协调发展格局"，可见城市群是实施新型城镇化战略和决定我国城市发展格局的关键支撑。在此背景下，从创新视角研究城市群空间格局，通过系统分析创新活动空间分布特征规律、揭示城市群创新活动空间形成演化动力机制，不仅有助于实现我国城市群协同创新、促进城市群协调发展，而且有助于为我国日渐兴起的城市群规划建设提供理论指导、为进一步实施城市群战略提供科学支撑。

长三角城市群是我国最具活力和创新能力的城市群。同时，长三角城市群处于"一带一路"和长江经济带的重要交汇区域，在国家现代化建设中具有举足轻重的地位。长三角城市群的战略定位是最具经济活力的资源配置中心、具有全球影响力的科技创新高地。在我国开展城市群创新活动实践研究，长三角城市群无疑是最具代表性和示范效应的选择。

基于此，本书通过基础研究–理论构建–实证检验，系统研究了城市群创新活动概念内涵及基本特性，揭示了城市群创新活动空间形成及其内在演化机制，并在探讨城市群创新活动空间分布测度指标及其方法的基础上，从城市个体、城市群体和城市群整体三个层面开展了长三角城市群创新活动空间实证研究。通过研究发现，城市群创新活动在空间维度、时间维度以及影响机制方面具有规律性特征，这种规律性特征最终归纳为城市群创新活动空间理论模式。

本书是在我博士论文的基础上修改而成的。首先感谢导师吴志强教授引领我致力于城市创新领域研究，并在书稿撰写中给予悉心指导。感谢山东建筑大学崔东旭教授、陈有川教授、赵亮教授等众多同人支持。感谢我的研究生赵静茹、周楚、徐会芝、褚晨晨、怀丽敏为本书插图和排版付出的辛勤工作。最后还要感谢北京大学出版社王树通编辑对本书的认真编辑校对。

本书由山东建筑大学博士科研基金资助。

尹宏玲

2023 年 5 月

目　　录

第1章　绪论 ··· 1

1.1　研究背景 ··· 1

1.2　研究目的及意义 ······································· 4

1.3　国内外研究进展 ······································· 6

第2章　城市群创新活动内涵与构成 ························· 18

2.1　理论基础 ··· 18

2.2　城市群创新活动概念内涵 ······························· 27

2.3　城市群创新活动系统构成 ······························· 32

2.4　城市群创新活动基本特征 ······························· 39

第3章　城市群创新活动空间分布动力机制 ··················· 43

3.1　城市群创新活动动力系统 ······························· 43

3.2　城市群创新活动空间分布形成机制 ······················· 46

3.3　城市群创新活动空间演化内在机制 ······················· 58

第4章　城市群创新活动空间分布测度指标与方法 ············· 66

4.1　测度指标 ··· 66

4.2　测度方法 ··· 73

第5章　长三角城市群城市个体创新活动空间研究 ············· 92

5.1　研究范围及概况 ······································· 92

5.2　研究指标、方法和数据 ································· 93

5.3 长三角城市群城市个体创新空间特征 ┈┈┈┈┈┈┈┈┈ 95

5.4 长三角城市群城市个体创新空间演化 ┈┈┈┈┈┈┈┈┈ 105

5.5 长三角城市群城市个体创新影响因素 ┈┈┈┈┈┈┈┈┈ 116

第6章 长三角城市群城市群体创新活动空间研究 ┈┈┈┈┈┈ 132

6.1 研究指标、方法和数据 ┈┈┈┈┈┈┈┈┈┈┈┈┈┈┈ 132

6.2 长三角城市群城市群体创新空间特征 ┈┈┈┈┈┈┈┈┈ 136

6.3 长三角城市群城市群体创新空间演化 ┈┈┈┈┈┈┈┈┈ 153

6.4 长三角城市群城市群体创新影响因素 ┈┈┈┈┈┈┈┈┈ 165

第7章 长三角城市群城市整体创新活动空间研究 ┈┈┈┈┈┈ 173

7.1 个体创新规模与群体创新联系关系的相关研究 ┈┈┈┈┈ 173

7.2 长三角城市群个体创新规模与群体创新联系关系 ┈┈┈┈ 175

7.3 长三角城市群城市创新类型与空间特征 ┈┈┈┈┈┈┈┈ 182

7.4 城市群创新活动空间理论模式 ┈┈┈┈┈┈┈┈┈┈┈┈ 185

参考文献 ┈┈┈┈┈┈┈┈┈┈┈┈┈┈┈┈┈┈┈┈┈┈┈┈┈ 192

第1章 绪 论

1.1 研究背景

1.1.1 创新成为塑造区域格局的关键因素

创新是人类社会发展与进步的永恒主题。技术创新是经济增长的内生动力（Romer，1986），技术进步所带来的新产品引进和生产效率的提高是社会经济发展的关键。每一次技术革命都给人类的生产生活带来巨大而深刻的影响。第一次工业革命中蒸汽机的发明和使用，实现了从手工劳动向动力机器生产的重大飞跃，开启了大规模工业化生产。第二次工业革命中新能源电力的发明与应用，促使了新工业部门不断涌现，钢铁、汽车、化工等重工业逐渐兴起。第三次工业革命中以电子计算机为核心的现代信息技术飞猛发展，引领社会生产新变革，同时也推动了社会生活的现代化。当前，以人工智能技术为核心的第四次工业革命正在席卷全球，社会生产力呈跳跃式乘数增长，世界经济和物质产品空前发达。

知识经济时代，创新在社会经济发展中的重要性与日俱增，已成为当今驱动社会经济发展的重要引擎。提升创新能力成为世界各国和各地区的普遍共识，其纷纷制定和推进创新发展战略。欧盟委员会在《欧盟2020战略》中将研究和创新作为实现欧盟经济灵巧增长的核心要素，将研究和创新资金在欧盟国内生产总值中所占比例增加至3%。美国在《美国国家创新战略》中将创新战略看作提升国家竞争力关键所在，旨在推进创新驱动经济增长和实现未来几十年美国的共同繁荣，日本也在《科学技术基本法》中明确提出了"科技创新立国"战略，其根本目的是以技术革命和发明创造推动科技革命和科技进步，在科技领域达到世界一流水平，确保世界领先地位。

我国改革开放以来实现了经济快速发展，但现阶段以要素投入为主的粗放式发展模式难以为继。科技创新是实现我国经济发展方式转型的根本力量，推动着我国经济发展从资源驱动转向创新驱动轨道。为此，十六大以来，我国就高度重视科技创新，坚持贯彻落实科学发展观；十八大明确提出了"科技创新是提高社会生产力和综合国力的战略支撑，必须摆在国家发展全局的核心位置"，强调了要走中国特色自主创新道路，实施创新驱动发展战略；十九大进一步指出"创新是引领发展的第一动力，是建设现代化经济体系的战略支撑。要瞄准世界科技前沿，强化基础研究，实现前瞻性基础研究、引领性原创成果重大突破。"二十大再次强调"坚持创新在我国现代化建设全局中的核心地位。"

空间格局是社会生产结构在地域上的表现。创新在促进区域社会经济发展的同时，通过影响社会生产结构与模式而影响和改变着区域空间格局，城市间关系和空间组织特征也越来越多地表现为各类创新要素的流动组织和交互耦合关系（陆天赞等，2016）。伴随着创新在经济发展中的作用逐渐增强，未来创新将成为影响区域空间格局的主导因素。

1.1.2 城市群是全球竞争的主体空间单元

经济全球化和区域一体化是当前世界经济发展的两大趋势。经济全球化是经济活动超越国界，通过对外贸易、资本流动、技术转移等方式形成的全球范围的相互依存、相互联系的有机整体的过程。经济全球化是一把双刃剑，在促进资源和要素在全球范围内的流动和优化配置、推动全球经济发展和世界经济融合的同时，也极大加剧了国际竞争、增加了国际风险。为规避经济全球化所带来的负面影响，各地逐渐加强区域合作，提升区域对外综合竞争力。与此同时，随着交通和通信技术的快速发展，城市间物质、资金、信息、劳动力等要素流动日趋频繁，城市间的联系日益增强，城市逐渐跳出个体发展束缚，呈现群体化发展态势，形成了不同等级、规模、功能的城市组合群体。因此在经济全球化加剧与区域一体化加强的双重背景下，城市群成为全球竞争的主体空间单元，成为一个地区参与国际竞争与分工合作的主要阵地。未来城市群之间的分工、合作和竞争将决定着世界经济格局。

城市群是在城市化进程中，城市从个体向群体发展的新模式。城市群的本质就是"群体化"发展，其关键在于城市间的紧密联系和协同互动，通过发挥城市群的规模效应、集聚效应和协同效应，促进城市间要素自由流动、资源高效配置、基础设施对接、产业关联配套、公共服务均等。同时，城市群是将所有城市作为一个共同体，打破地方保护主义，共同构筑城市群整体优势。

城市群是城市化发展的高级阶段，是国家经济要素的精华所在，是参与全球化竞争合作的最高端平台，更是促进区域创新、拉动经济增长的核心空间载体。目前，全球范围内公认的大型世界级城市群有 5 个，分别是：美国东北部大西洋沿岸城市群、北美五大湖城市群、日本太平洋沿岸城市群、英伦城市群、欧洲西北部城市群。这些世界级城市群具有以下特征：区域内城市高度密集，人口规模巨大，城市间具有建立在分工明确、各具特色、优势互补基础上的密切的经济联系，是一个国家和地区经济最活跃、最重要区域。

改革开放以来，我国社会经济持续高速增长及经济全球化等因素带动了城市化快速发展，城市群成为我国推进城市化的主体空间形态。1978—2021 年，我国城市化水平由 17.92% 提高到 64.72%，城市人口数量从 1.72 亿人增加到 9.15 亿人，城市数量从 190 座发展到 685 座，中国城市化进入由单个城市向城市群体跨越阶段，城市化发展产生结构性变化，城市群体化发展特征日趋明显。城市群的重要意义和空间形态逐渐被提到国家战略高度。我国《国民经济和社会发展第十二个五年规划纲要》中提出"制定了促进区域协调发展和城市化健康发展战略……在区域空间结构层面，提出了发挥中心城市作用，形成若干用地少、就业多、要素集聚能力强、人口分布合理的城市群。在我国特别是东部沿海地区，大都市和城市群正逐渐取代单个城市成为区域空间格局的主体"。《国家新型城镇化规划（2014—2020 年）》中首次明确以城市群为推进城镇化的主体空间形态。《国民经济和社会发展第十三个五年规划纲要》明确提出建设 19 个城市群和 2 个城市圈。《国民经济和社会发展第十四个五年规划和 2035 年远景目标纲要》中指出完善城市化空间布局，发展壮大城市群和都市圈。要以促进城市群发展为抓手，全面形成"两横三纵"城镇化战略格局。优化提升京津冀、长三角、珠三角、成渝、长江中游等城市群，发展壮大山东半岛、粤闽浙沿海、中原、关中平原、北部湾等城市群，培育发展哈长、辽中南、山西中部、黔中、滇中、呼包鄂榆、兰州-西宁、宁夏沿黄、天山北坡等城市群。

由此可见，城市群已经成为全球竞争的主体空间单元和我国推进新型城市化的主体空间形态。研究城市群空间结构及其要素分布规律，有助于推进城市群内不同城市之间的分工与合作，继而促进城市群整体协调发展。

1.2 研究目的及意义

1.2.1 研究目的

知识经济时代，创新成为推动区域社会经济发展、塑造区域竞争格局的关键。作为区域空间组织的高级形态，城市群对于提升区域竞争力、推进区域一体化进程具有重要作用。当前，我国更是将城市群作为推进新型城镇化进程的区域空间主体形态，创新正通过其空间聚集、溢出、关联等效应影响着城市群空间演变。在此背景下，本书以城市群创新活动空间作为研究对象，主要达到三个目的。

（1）建构城市群创新活动空间研究视角。基于现有城市群创新活动空间研究视角存在的不足以及对城市群创新活动的本质认识，建构城市群创新活动空间研究的新视角，建立起该视角下城市群创新活动空间的分析和研究方法。

（2）归纳城市群创新活动空间分布的特征及其发展演变规律。城市群创新活动空间分布特征规律是什么？创新活动在城市群层面上是聚集还是分散？城市群创新活动在空间上呈现什么样的分布模式？随着城市群发展，创新活动的空间分布是趋于均衡还是分异？本书从时空维度解析城市群创新活动空间分布特征。

（3）揭示出城市群创新活动空间形成和演化机制。在认识发现城市群创新活动空间分布特征规律的基础上，影响城市群创新活动空间分布的因素有哪些？这些因素如何推动着城市群创新活动的时空演变？这些因素的变化会给城市群创新活动空间分布带来什么样的变动效应？在这众多的因素中，哪些因素是影响城市群创新活动空间分布的关键要素？

1.2.2 研究意义

本书研究意义可以从理论和实践两个层面进行阐述。

1. 理论意义

（1）拓展了城市群空间结构研究视野

城市群空间结构一直是城市群研究的重要领域。自 20 世纪 50 年代以来，国内外学者（Gottoann，1957；齐康等，1997；许学强等，1988；陶松龄等，2002；Hall 等，2006；吴志强等，2008；唐子来，2010）分别通过人口、经济、产业、交通等指标的空间分布、空间差异及其演变探讨了城市群空间结构。知识经济时代，创新成为城市群社会经济发展的主要引擎，并通过聚集、溢出、关联等效应影响着城市群空间结构及其演变。本书以城市群创新活动为研究对象，将创新活动视为影响城市群空间结构的新元素，通过系统分析创新人群、科技成果等创新要素的空间分布特征及演化规律，揭示出城市群各城市的创新地位，从而为城市群空间结构研究引入了一种新视野。同时，研究创新影响下城市群空间结构及其演化，也促进了创新活动和区域空间相关理论融合发展，丰富了城市群空间结构研究的理论成果。

（2）开拓了城市群创新活动研究视角

现有区域创新活动空间研究多是基于区域内城市个体创新活动或者城市间创新活动的视角展开。作为区域创新活动的两个侧面，城市个体创新活动和城市间创新活动相互关联，共同影响着区域创新活动空间结构。本书基于系统论的思想和理论，将城市群创新活动视为复杂系统，从系统论的视角对城市群创新活动进行系统分析和研究，试图弥补城市群创新活动单一视角带来城市群空间研究的偏颇，从而为城市群创新活动空间研究开辟新的研究视角。

（3）发展了区域创新活动理论成果

区域创新活动研究对区域创新系统构成以及网络结构进行了大量研究，但是对城市群这一特定区域空间形态的创新研究却相对较少。城市群是区域发展的高级空间组织形态，本书将研究范畴界定在城市群层面，试图从城市群层面构建起创新活动空间研究的理论框架。

同时，区域创新活动研究多是集中在时空特征研究，对创新活动形成机制和动力系统研究相对较少。本书运用系统动力学理论，从构建城市群创新活动动力系统出发，系统分析了城市群创新活动空间分布特征、演化规律以及动力机制，从而丰富了区域创新活动研究成果。

2. 现实意义

当前，城市群成为全球竞争的主体空间单元和我国推进城镇化的主体空间形态。从城市群层面研究创新活动，既体现了全球范围内区域发展一般演进规律和趋势，也符合我国当前城镇化进程和城市群规划实践需求，具有重要的现实意义。

从创新活动角度，目前我国城市群存在着创新联系不紧密、创新网络不完善等问题，而这些问题的根本是城市群城市间创新协调机制不健全。本书通过对城市群创新活动空间分布特征规律以及内在机理的深入研究，旨在探寻出影响城市群创新活动空间分布及其联系的核心因素，揭示各因素在城市群创新空间分布及其联系中的作用，从而为实践中如何在城市群层面上促进城市间创新活动协调提供重要参考。

作为城市群社会经济发展的主要引擎，创新通过影响社会生产结构与模式而影响城市群空间结构。从创新驱动的角度研究城市群空间结构，不仅有助于提升城市群全球竞争力、促进城市群区域协调，而且可以为我国日渐兴起的城市群规划和建设提供理论指导，为进一步制定和实施城市群战略提供科学支撑。

1.3　国内外研究进展

国内外学者对创新活动空间开展了大量研究。从既有文献看，创新活动空间研究主要集中在两个方面：一是创新活动空间分布特征规律研究；二是创新活动空间分布影响因素研究。

1.3.1　特征规律相关研究

对创新活动空间分布特征规律的研究，通常沿着"选取表征创新活动的指标——借助空间计量模型测度"分析路径展开，因此有关创新活动空间分布特征规律研究成果，主要集中在特征规律分析和指标方法探索两个方面。

1. 特征及其演化

（1）创新规模

国内外众多学者对创新活动空间分布进行了大量的理论与实证研究。尽管研究尺度、研究方法不尽相同，但是研究结论及其观点非常一致，即创新活动在空间上并非均衡分布，而是具有很强的空间聚集特征。Jaffe 等（1993）较早指出了创新活动在特殊地域趋于集群的观点。Audretsch（1996）、Lim（2003）分别从州和都市区层面考察了美国创新活动空间分布具有高度聚集性。Moreno 等（2005）、Bernardi 等（2007）、Fornahl 等（2009）、Goncalves 等（2009）、Corsatea 等（2014）也分别实证了欧洲、德国、西班牙、法国、巴西的创新活动空间不均衡分布。我国对创新活动空间研究起步虽晚，但相关研究成果颇为丰硕。罗发友（2004）、郑蔚（2006）、吴玉鸣（2006）、魏守华等（2011）、李国平等（2012）、郭嘉仪等（2012）、方远平等（2012）、王俊松等（2017）、周锐波等（2019）研究发现，我国创新活动在空间上具有非均衡分布的特点。

此外，为验证创新活动空间聚集是随机分布还是具有一定的规律，学者们还对创新活动的空间相关性进行了研究。Lim（2003）、Moreno 等（2005）、Maggioni 等（2007）、Fornahl 等（2009）、Corsatea 等（2014）分别应用 Moran's I 指数，研究了美国、欧洲、德国、法国创新活动的空间相关性。国内张玉明等（2008）、方元平等（2012）、张战仁（2013）、王庆喜等（2013）、杨凡等（2016）、邵汉华等（2018）、李迎成等（2022）通过 Moran's I 指数检验证实了我国创新活动存在正向空间相关性，Moran 散点图和 LISA 聚类表的局部分析进一步指出了创新活动空间集聚模式。

随着创新活动空间研究逐渐深入，学者们也关注创新活动空间分布结构或模式。由于学者们研究视角的差异，形成了创新活动不同的空间分布模式或结构，其中比较典型的有极化、核心-边缘以及点轴空间结构。Mohnen 等（2002）、周密（2007）、宋思丽等（2009）通过极化度指数测算出我国城市群创新活动具有显著极化特征；Teodora 等（2014）采用专利数，测度出法国创新活动呈现出两极化结构。Moreno 等（2005）根据每十万居民的专利数发现，欧洲创新活动集中在中部地区，呈现出典型的核心-边缘结构。郑蔚（2006）、邬滋（2010）、李国平等（2012）、段德忠（2018）测度出我国创新活动在空间上已形成了明显的核心-边缘结构。而陈晶等（2012）发现我国创新活动特征已逐渐从单极化的点状发展向沿海区域分散化的线面发展转变。

基于时间序列数据，国内外学者从时间维度探讨了创新活动空间分布的演化进程。从现有实证性文献看，创新活动在空间演化进程中也表现出两种相反的现象。Lim（2003）、李国平等（2012）、王春扬等（2013）以专利数据研究发现，美国和我国创新活动逐渐聚集，其空间不均衡性和聚集性趋于加剧。刘帅等（2021）对工业企业、科研机构和高校三类创新主体的空间演化趋势进行分析，发现呈正向空间聚集趋势。Moreno 等（2005）、姜磊等（2011）、张战仁（2013）、陈贵富等（2021）对美国、我国以及我国长三角创新活动研究表明，创新活动趋于分散，其空间分布差异性和聚集性趋于弱化。

（2）创新联系

随着区域间创新要素流动日益频繁，以及受卡斯特尔（M. Castells，2006）"流动空间"思想的影响，有些学者们尝试从创新联系视角研究创新活动空间特征及其演化。

国外学者对创新联系空间研究多是基于创新合作形成的不同尺度创新网络体系。如 Christian 等（2002）基于 40 多个城市区 SCI 论文数据，分析了全球城市研究网络体系的中心及节点。Fleming 等（2006）以发明专利为表征数据，分析比较了硅谷和波士顿创新网络特性及其演化。Wilhelmsson（2009）分析了创新网络的空间分布特性。

国内对创新活动研究起步晚，但有关创新联系空间研究却与国外保持着一致。有些学者基于创新引力模型测度城市间创新联系强度，以此分析区域创新联系空间分布特征。如蒋天颖等（2014）基于引力模型，分析长三角创新空间联系呈现不均衡分布，苏南、浙北地区城市以及上海的区域创新空间联系量较大，而苏北与浙中、浙南城市创新空间联系相对较弱。吴志强等（2015）创新外向联系度研究结果显示，长三角创新联系在空间上呈现沿沪宁线和沪杭线"八"字形的核心结构和沿海"C"形的潜力圈层。李琳等（2020）引用引力模型，得到长江中游城市群城市间协同创新水平整体逐渐提升，格局呈现武汉城市圈、长株潭城市群大于环鄱阳湖城市群的阶梯形的结论。

在经济全球化和区域一体化背景下，城市间创新联系逐渐增强，并呈现出网络化发展趋势，学者们开始分析创新联系网络结构特征。汪涛等（2011）运用社会网络分析方法，对我国知识网络空间结构及其演化进行研究。牛欣等（2013）通过空间关联及网络分析，对经济圈创新网络空间结构进行了深入分析，结果显示我国以经济发达城市为核心的创新网络空间布局基本形成。吴志强等（2015）基于城市创新引力，分析了长三角创新网络密度、中心性、网络簇群，指出长三角创新网络由核心圈层、关联圈层和边缘网络三部分组成。彭芳梅等（2017）、王越等（2018）、钟韵等（2020）采用社会网络分析方法与修正的引力模型，分别对粤港澳大湾区、长三角地区的创新网络联系格局进行了探讨。

2. 测度指标方法

选择合理指标和计量方法是衡量和测度创新活动空间分布的关键。国内外学者在创新活动空间分布测度方面开展大量探索性研究，形成了丰富研究成果。

（1）测度指标

① 单一指标

已有文献中表征创新活动的替代指标较为多样。在诸多替代指标中，以专利指标、新产品指标以及文献指标应用较多。

专利由于其数据易得、可比以及包含信息的丰富等特征，成为表征创新活动最为广泛的替代指标。专利指标又有专利申请数、专利授权数、发明专利数、人均专利数、专利合作数、专利引用数等。其中专利申请数是国内外学者最常用指标。如 Breschi（2000）、Bottazzi（2003）、Fornahl 等（2009）利用专利申请数据研究了欧洲、德国创新活动空间分布情况；国内大量研究者（李志刚等，2006；李国平，2012；王庆喜等，2013；王承云等，2017；马静等，2018；李迎成，2022）利用专利申请数据验证了我国创新活动空间分布特征及其演化。除此之外，Lim（2003）采用专利授权数据、Acs 等（1994）利用专利引用数、陈晶等（2012）基于发明专利数、Moreno 等（2005）采用每十万居民的专利数研究创新活动空间分布差异。测度城市间创新联系，学者们常采用专利合作指标，Cantner 等（2006）、Maggioni 等（2007）、牛欣等（2013）、郑蔚等（2019）采用合作申请专利数研究创新边界合作、创新网络空间结构。

由于采用专利指标测度创新活动有天然的缺点（Griliches，1990），也有学者使用其他一些替代指标测度创新活动的空间分布。Feldman（1994）、Audretsch等（1996）、Acs等（2002）利用新产品数量分析了美国创新活动空间分布特征。除了新产品数量，郑蔚（2006）、梁洁鸣（2010）、何键芳等（2013）、王承云等（2021）使用新产品产值分析创新活动空间分异；张明倩等（2008）通过构造新产品密度，考察了中国制造业创新活动的空间差异。

文献也是测度创新活动空间分布常用指标之一。文献指标常用的有论文数量和论文合作数量。Christian 等（2002）使用 SCI 论文数据分析了全球城市创新网络体系。吕拉昌等（2010）、胡晓辉等（2012）、国胜铁等（2019）采用城市间合作论文数量研究城市之间的创新联系。此外，还有一些学者采用合作项目指标、企业调查创新数据等其他指标表征创新活动。

② 复合指标

创新活动是个复杂过程，采取单一指标难以全面、客观地反映创新活动空间分布。为此，国内外学者试图选取多个指标测度和衡量创新活动的空间差异。

采用复合指标测度时，有学者选取表征创新活动的多个指标，然后对各指标分别进行统计分析，从而得出创新活动空间分布特征及其规律。如 Rosenbloom（2007）采用小企业创新研究（SBIR）和小企业技术转移（STTR）资助、风险投资以及首次公开发表（IPO）3 个指标分析了美国 50 个大都市区创新活动商业化的空间分布情况。更多学者则是通过构建创新活动评价指标体系，结合因子分析法、主成分分析法、均值法、突变级数法、引力模型法等方法测算出创新活动综合指数，继而对创新活动空间分布进行综合分析。宋思丽（2009）从创新投入、产出、潜力 3 个方面构建创新活动综合评价指标体系，运用主成分分析法测算城市创新综合发展指数。吴志强等（2015）以各城市百万人拥有专利数和专利授权数的加权平均值作为衡量城市创新活动的基本指标，运用引力模型测算出城市创新外向联系强度。潘春苗等（2022）基于跨城市合著论文、跨城市联合申请发明专利、省际技术交易数据，对比分析京津冀、长三角城市群、粤港澳大湾区协同创新网络结构和空间特征。

（2）研究方法

根据研究视角和测度对象的差异，国内外学者测度创新活动空间分布的方法可以分为以下两类：

① 创新规模测度

早期，创新活动空间测度多是对创新要素指标进行简单的统计描述。如 Acs 等（1994）通过美国各州专利引用数值大小的对比，分析了美国创新活动空间分布。随着空间计量学的发展及推广，国内外学者运用空间计量分析方法，研究创新活动空间分布。目前对创新活动空间测度的方法可以概括为：空间均衡类、空间集中类和空间相关性类（尹宏玲等，2015）。

国内外学者测度创新活动空间均衡类常用方法有标准差系数、基尼系数、变异系数、泰尔指数，等等，其中以基尼系数最为常见（Agrawal，2003）。Audretsch 等（1996）、Lim（2003）、Fornahl 等（2009）利用基尼系数测度了美国、德国创新活动空间不均衡分布。Moreno 等（2005）应用变异系数（CV）测度了欧洲 1981—2001 年创新活动空间演化。国内张玉明、李凯（2008）、陈晶等（2012）、王俊松等（2017）采用基尼系数，曹勇（2012）运用泰尔指数，魏守华等（2010）、王春扬等（2013）采用基尼系数、泰尔指数，徐维祥等（2018）利用泰尔指数、变异系数，鲍涵等（2022）利用泰尔指数、赫斯特指数，分别测度了我国创新活动的空间分异特征。

测度创新活动空间集中类常用方法有集中指数、集中率、赫芬达尔指数、首位度、E-G 指数、极化指数等。如周密（2007）、宋思丽等（2009）通过极化指数，Fornahl 等（2009）应用赫芬达尔指数和 E-G 指数，邬滋（2010）运用平均集中率和市场集中率，郭嘉仪等（2012）运用赫芬达尔指数，姜磊（2011）通过计算赫芬达尔系数和首位度，尹宏玲等（2015）运用首位度和集中率，曹玉平（2017）利用空间赫希曼—赫芬达尔指数和空间集中度指数，邸俊鹏等（2018）结合 DO 指数和 E G 指数，分别测算了创新活动空间聚集程度。

测度创新活动空间相关性类时，国内外学者一般采用探索新空间数据分析方法（ESDA）对创新活动空间进行全局和局部分析。Lim（2003）、Moreno 等（2005）、Maggioni 等（2007）、Corsatea 等（2014）通过测算专利 Moran's Ⅰ 指数，验证了美国、欧洲、法国创新活动的空间自相关性。我国张玉明等（2008），李国平（2012），方远平（2012），郭嘉仪等（2012），潘雄锋等（2013），王庆喜等（2013），张雪玲等（2019），赵星等（2020）则通过省域创新活动的全局 Moran's Ⅰ 分析表明了省际创新活动存在显著的空间自相关性，通过局部

Moran's Ⅰ 分析揭示了省际创新活动水平的相关模式，而 Moran 散点图则形象刻画了创新活动空间聚集模式及其时空演变态势。

② 创新联系测度

创新联系测度的方法主要有引力模型法和社会网络分析方法。

引力模型（Gravity Model）是用来表征事物间相互作用的模型，被广泛应用于"距离衰减效应"研究。由于创新活动也存在着"距离衰减效应"，很多学者借助引力模型来研究创新联系的影响。早期学者们运用引力模型多是用来分析地理距离对创新联系的影响。Pedersen（1970）运用引力模型对拉丁美洲国家间创新流动开展研究，验证了地理距离对创新扩散的影响。Maggioni 等（2007）利用引力模型验证了地理距离仍是创新联系的影响因素。近年来，学者们逐渐借助引力模型测算创新联系强度。梁政骥（2012）、吕拉昌等（2015）、吴志强等（2015）、董必荣等（2018）、孙中瑞等（2022）在原始引力模型基础上加入修正指数，建立修正的城市创新引力模型，分别测算了城市间创新联系。

在经济全球化和区域一体化背景下，城市间创新联系逐渐增强，并呈现出网络化发展趋势，学者们开始引入社会网络分析（Social Network Analysis）方法，对创新联系进行密度、中心度、中心性、凝聚子群、核心-边缘结构等方面进行分析。在分析数据方面，一些学者采用创新活动属性数据。Krätke（2010）采用社会网络分析中的网络密度、凝聚性、中心势等指标考察了德国都市区创新合作网络结构特征。吴志强等（2015）以人均专利、专利授权和创新人员为基础数据，结合社会网络分析方法，对长三角城市群城市间创新活动进行网络密度、中心度、簇群以及核心-边缘结构分析。此外，一些学者采用创新活动关系数据，如合作申请专利量、合作论文数量，探讨城市间创新联系。胡晓辉等（2012）以城市间的论文合作出版数据为基础，运用社会网络分析方法，探讨了长三角 13 座城市间的科学合作网络关系的动态演化过程与结构特征。徐宜青等（2018）、王斌等（2022）利用合作专利数据，借助社会网络分析法，论述了城市间创新网络格局的发展演化。

1.3.2 影响因素相关研究

针对创新活动空间分布的成因，国内外学者开展了大量理论和实证研究。创新活动空间分布是多种因素综合影响的结果，从现有文献看，国内外学者主要从自身发展条件和外部环境因素两个层面来分析创新活动空间差异形成的动因。

1. 自身发展条件

要素投入、经济活动、创新环境等区域自身发展条件影响着创新活动空间分布。

（1）要素投入

创新活动本质上是一个投入-产出的过程，创新投入与创新产出之间关系密切（Audretsch 等，2004）。国内外学者在解释创新活动空间分布差异的影响因素时普遍关注创新要素。

资本是创新活动的根本保障，是开展创新活动重要的投入要素。Griliches（1979）在建构知识生产函数时，就假定新知识是 R&D 经费投入的函数，并指出 R&D 经费投入对创新活动显然具有促进作用。随后，Acs 等（1990，2002）、Cohen 等（1992）、Coe 等（1995）、Anselin 等（1997）、Feldman 等（1999）、Marios 等（2003）、Riccardo Crescenzi 等（2007）等大量学者以知识生产函数为分析工具，研究了资本（R&D 经费投入、科技投入）对创新活动空间分布的影响。近年来我国符淼（2009）、方远平等（2012）、郭嘉仪（2012）、李盛竹等（2016）、刘琼等（2022）等很多学者借助数理模型，实证分析了 R&D 经费投入对我国创新活动的影响。

创新阶层是推动创新活动的关键力量（Johnson，2008），也是引起创新活动空间差异的重要因素。国内外学者从创新人群的角度，分析研发人员（人力资本）对创新活动的影响。Romer（1990）在内生技术进步理论中指出，新知识的生产是研发人力资本和知识存量乘积的函数，研发人员投入影响着新知识产生。Doloreux 等（2008）、窦鹏辉等（2012）、刘晔等（2019）实证研究发现，强大的人力资本是促进创新活动的关键因素。不过，也有学者持相反观点，认为研发人员对创新活动的影响并不显著，甚至呈现出负相关关系。如李春燕（2010）采用知识生产函数，验证了我国东部地区研发部门人力投入的增加并没有带来创新产出的相应增加。

此外，作为创新活动思想的重要源头，大学及科研机构通过创新人才的培养和知识存量的增加影响着创新活动，也常为学者们用来解释创新活动空间分布的影响因素。Jaffe（1989）在柯布－道格拉斯（C-D）类型知识生产函数中加入了大学与企业研究，开创性地研究了大学对创新活动的影响。Anselin 等（1997）考察了大学研究与高技术公司的创新活动之间的知识溢出。吴玉鸣（2006）、Goncalves 等（2009）、范晓莉等（2021）验证了大学和研究机构对创新活动产生积极影响，且是吸引企业甚至跨国公司的重要因素。

（2）经济活动

创新活动与经济活动具有内在的关联性，经济活动的规模、结构以及空间聚集影响着创新活动空间分布。

经济规模是开展创新活动的最终保障，通过影响创新资金投入和创新需求进而影响着创新活动空间分布。不少学者从经济活动规模（经济发展水平）角度解释创新活动的空间差异，如刘和东等（2009）、魏守华等（2010）、颜礁等（2012）运用空间计量方法，验证了经济增长对创新活动的影响是显著且稳定的。也有学者，如柴志贤等（2010）、陈大峰等（2021）从城市人口规模角度，研究城市人口规模对创新活动的影响。曹毅君等（2021）、孙青（2022）则研究了国家财政科技投入对科技创新有长期的稳定正向影响。

经济聚集是创新活动空间分布的重要驱动力（Corsatea 等，2014）。马歇尔（1890）最早阐述了产业聚集的创新氛围，指出了产业聚集区创新活动较多。后来，随着新产业区在全球的广泛出现，很多学者开始关注经济产业聚集对创新活动的影响。Feldman（1999）、Stefano（2000）、Simmie（2005）研究显示产业聚集对创新活动具有显著的正效应。张明倩等（2008）、程中华（2015）、陈智等（2019）、毛炜圣等（2020）验证了中国创新活动与生产活动空间聚集特征的一致性。有些学者讨论了不同行业对创新活动影响差异，如张丽华等（2010）揭示了高新技术产业的创新活动分布与生产活动分布相关，而传统制造业则并没有表现出此特征。

经济结构对创新活动的影响也是学者们关注的焦点。从研究视角看，学者们主要从专业化和多样化两个方面进行分析。一些学者从专业化角度分析其对创新活动的影响，普遍认为专业化对创新活动有积极作用。Catheerine（2000）对意大利和英国制造业的对比研究表明，经济专业化对创新活动具有积极作用。另一些学者从多样化视角分析其对创新活动的影响，但是研究结论却不尽一致。Paci

（1999）、Greunz（2004）、颜礁等（2012）、王余丁等（2022）等研究显示多样化的产业聚集结构更有助于创新。而 Massard 等（2002）、Gerben（2004）研究表明区域产业多样性对区域技术创新的影响并不显著。

（3）创新环境

环境作为创新活动的温床和根基，会对创新活动产生影响。创新环境内涵较广，包括基础设施、制度环境、社会文化，等等，学者们基于各自研究的侧重点，从不同视角进行分析。

基础设施是影响创新活动的关键因素（Cook，1996），Feldman 等（1994）、Porter 等（2000）、Furman 等（2002）、Doloreux 等（2008）、Goncalves 等（2009）、吴先慧等（2011）、雷淑珍等（2021）等很多学者的研究证实了这一观点，强调了基础设施对创新活动聚集分布的影响。

制度和政策会抑制或促进创新活动发展。党文娟等（2008）从市场化进程和政府干预程度角度，通过回归模型分析表明我国政府和市场化程度对于创新活动均具有非常明显的促进作用。刘备等（2020）探究创新要素空间流动对区域创新能力的影响，并探讨基础设施、户籍制度、研发补贴和市场化程度在其中所扮演的角色。

社会文化在创新活动发展中也发挥着重要作用。辜胜阻等（2008）分析了区域文化的作用及影响机制，指出了区域文化对创新活动的影响是通过两个路径来实现的：一是区域文化影响经济活动主题的价值观，进而影响其创新活动行为和模式；二是区域文化发挥制度上的调节作用，促进区域创新的有效进行。习明明（2019）在分析创新环境对长江经济带科技创新效率的影响时，发现人文教育环境与财政环境对地区创新效率的影响不显著。

此外，城市规模、风险资本等因素对创新活动空间分布的影响也受到学者们关注。如 Packalen（2015）指出规模较人的城市因创新成本相对较低，创新活动有优势，但是这种优势近年有下降趋势。Florida 等（1988）、Ferrary（2009）、王玉荣等（2012）分析了风险资本对创新活动的促进作用。叶丹等（2017）实证分析金融环境、市场环境、劳动者素质对高技术产业创新效率具有正向影响，创业水平则产生了抑制作用。

2. 外部环境因素

创新溢出、地理距离等外部环境因素也会影响着创新活动的空间分布。

（1）创新溢出

由于空间相关性，创新活动还受其他地区的创新溢出的影响。

国内外学者就创新溢出（知识溢出）对创新活动空间分布的影响已有相当多的研究，其成果主要是从理论和实践层面论证创新溢出对创新活动的影响及其程度。Jaffe（1989）基于 Griliches 知识生产函数，开创性分析了大学研究在知识创造和扩散过程中的外部性，不过 Jaffe 还主要是从企业层面上分析创新溢出的。随着新经济地理学的发展，学者们开始转入区域层面研究创新溢出。Krugman（1991）、Feldman（1994），Audretsch 等（1996）、Bottazzi 等（2003）、Fritsch 等（2004）、Moreno 等（2005）通过对欧洲、美国、德国等的研究，指出了创新溢出对创新活动具有重要影响。苏方林（2006）则研究发现在其他条件不变的前提下，邻近地区的专利每增加 1%，本地区专利产出平均增加约 0.22%。张建升等（2011）通过实证研究计算出周边地区创新水平对本地区创新水平的影响弹性为 0.51。

创新溢出对创新活动影响具有地方性或邻近性特征，即随着距离增加，创新溢出趋于递减。国内外很多学者研究证实了这一观点。Krugman（1991）、Jaffe 等（1993）、Moreno（2005）、苏方林（2008）等通过实证发现随着两地间距离增加，创新扩散减少。有学者测算出创新溢出影响的具体阈值。Keller（2002）实证了创新溢出的局部性，并指出创新溢出随着距离增加而递减，当距离增加到 1200 km 时，创新溢出效应递减至一半。郭嘉仪等（2012）探寻出创新随地理距离衰减，在 900 km 范围内为溢出效应密集区域，而在 1200 km 外急速衰减。陈超凡等（2021）对不同距离阈值上的创新空间溢出效应进行估计，得到空间溢出随距离变化呈衰退趋势，350 km 以内为创新活动的密集溢出区。

（2）地理距离

创新联系往往发生在地理距离较近的节点之间（Hoekman 等，2009），地理邻近是创新联系网络形成的基础，也是创新联系网络演化的驱动因子。地理距离对创新联系的影响在于创新要素流动成本和隐性知识的存在，地理距离近有利于创新知识流动（Ciraci 等，2008）。

有关地理距离对创新联系影响的研究多是借助引力模型定量分析展开。国外学者一般是借助引力模型分析创新联系影响因素，得出地理距离对创新联系具有负影响的结论，即创新联系存在着距离衰减性。Sláma（1983）利用引力模型得出了地理距离对国际专利申请流动具有负面影响。Maggioni 等（2007）通过构建引力模型验证了地理距离对创新合作具有负面影响。Hoekman 等（2009）利用重力引力模型得出，地理距离与共同申请专利和合著论文呈负相关。Picci（2010）利用引力模型分析了地理距离对国际发明活动具有负面影响。

我国学者通常是假定创新联系存在着距离衰减性，通过引力模型测算出创新联系大小。牛欣等（2013）在构建城市创新引力模型时，首先假定创新扩散随着距离的增加而减弱，继而测算出城市外向创新联系。同理，吴志强等（2015）在研究长三角地区 41 个城市创新空间网络时，也是假定了城市创新扩散随着距离的增加而减弱，然后利用创新引力模型测算长三角地区 41 个城市创新外向联系强度。王腾飞等（2019）借助专利合作数据，利用 SNA 和 QAP 方法探究长三角城市创新关联网络的影响因素，发现地理距离对城市创新关联仍然起到阻碍作用。

国内外学者对创新活动空间分布特征规律及影响因素开展了大量研究。无论是研究视角拓展还是研究方法创新，都取得了较大突破。但目前有关创新活动空间研究还存在有待进一步深入的地方：① 研究视角方面，既有研究多是从创新活动单个视角，即从城市个体创新规模或从城市间创新联系视角展开，鲜有从系统视角对创新活动空间进行综合分析，创新活动两个方面关联性有必要从系统综合视角研究创新活动空间分布；② 研究维度方面，在城市个体创新规模空间分布形成机制研究中缺乏动态研究，城市间创新联系主要是时间截面上的静态研究，忽视创新活动动态性过程；③ 研究内容方面，已有文献尚未开展针对创新规模和创新联系关系的直接研究，涉及创新规模与创新联系关系的研究往往事先假定"创新规模决定着创新联系"，然后借助引力模型测算出创新联系，有必要对创新规模和创新联系关系做深入分析探讨。

第2章　城市群创新活动内涵与构成

本章在对城市群创新活动空间相关渊源理论进行阐述的基础上，运用系统论思想和方法，对城市群创新活动概念内涵进行界定，同时揭示其系统构成与基本特征。

2.1　理论基础

城市群创新活动空间研究这个命题中包含着创新活动和城市群空间两个关键术语。目前专门针对城市群创新活动空间研究的理论成果较少，但可以通过追溯创新活动和区域空间的相关理论作为开展城市群创新活动空间研究的理论基础。

2.1.1　创新活动相关理论

自约瑟夫·阿洛伊斯·熊彼特（J. Schumpeter）提出创新概念以来，众多学者对创新活动进行了广泛而深入的研究，并形成了一系列理论成果（图2.1）。这些创新活动理论成果为后续开展创新活动相关研究奠定了坚实的基础。鉴于研究目的和内容的需要，本书重点对熊彼特创新理论和区域创新系统进行概述和分析。

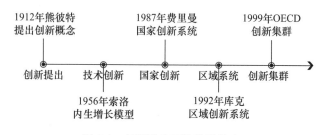

图2.1　创新活动理论发展轨迹

1. 熊彼特创新理论

熊彼特在 1912 年出版的《经济发展理论》一书中创立了创新理论，其核心内容是提出了创新概念及其在经济发展中的作用。

按照熊彼特的观点，创新是建立一种新的生产函数，即生产要素的重新组合。熊彼特进一步明确了 5 种新组合类型：① 引入一种新产品，也就是消费者当前还不熟悉的产品或者一种产品产生某种新的特性；② 采用一种新的生产方法，也就是当前在有关制造部门还没有通过经验检验的方法，这种方法建立绝不需要以科学上的新的发现为基础；③ 开辟一个新的市场，也就是所研究的国家的某一个制造部门以前没有进入过的市场；④ 获得原材料或半成品的一种新的供应来源，而不关心这种来源是已经存在的，还是第一次被创造出来的；⑤ 实行一种新的企业组织形式，比如造成一种垄断地位，或者打破一种垄断地位。

熊彼特创新理论的核心思想是将技术发明引入经济发展，指出创新不仅仅是新技术发明，技术发明应用到经济发展之中，才能成为创新。熊彼特对创新本质的认识，是本书研究对象界定的基础和依据。

2. 区域创新系统

区域创新系统（Regional Innovation System，RIS）概念最早是由库克（Philip Cooke）于 1992 年首次提出的，他认为区域创新系统主要是由在地理上相互分工与关联的生产企业、研究机构和高等教育机构等构成的区域性组织体系，这种体系支持并产生创新。之后，经过大量研究，库克（1996）又进一步指出区域创新系统是在一定地理范围内，经常地、密切地与区域企业的创新投入相互作用的创新网络和制度的行政性支撑安排。

随后，国内外许多学者对区域创新系统理论进行了研究。其中比较代表性的有：Autio（1998）指出区域创新系统由相互作用的子系统组成，组织和子系统内部之间的联系产生了推动区域创新系统演化的知识流，是一个基本的社会系统；冯之浚（1999）认为，区域创新系统是指由某一地区的企业、大学、科研机构、中介服务机构和地方政府构成的创新系统；胡志坚等（2000）认为区域创新系统是某区域由参加新技术发展和扩散的企业、大学研究机构以及政府组成的，为创新、储备和转让知识、技能和新产品的相互作用的网络系统；肖广岭（2001）认为区域创新系统是指在一个特定区域范围内，通过各种与创新相联系的创新资源和创新的主体要素（创新机构和组织）、非主体要素（创新所需的物质条件）以及协调各要素之间的制度和政策等有机结合，以促进区域内以创新活动为目的的系统。

综上分析，国内外学者从不同侧面阐述了区域创新系统的概念和内涵。本研究认为区域创新系统的内涵应重点从以下三个方面理解：

（1）具有明确的地理空间和开放的边界

区域创新系统中的"区域"是明确界定的，这样区域创新活动空间载体才是明确而具体的；同时，区域范围是由经济活动相互关联的地域所决定的。而区域创新系统中的"创新活动系统"是开放的，创新活动主体不仅包括当地的机构和组织，也包括由于创新联系而参与到当地创新生产中的其他地方的机构和组织。

（2）企业、研发机构、高等院校是区域创新系统的主体

创新活动本质上是一种生产活动，从这个角度出发，创新主体是直接参与创新活动生产的机构和组织，具体包括企业、研发机构和高等院校；地方政府和中介机构在区域创新系统中分别发挥着创新"组织者"和"黏合剂"作用，间接参与创新活动生产，是区域创新系统中的非主体要素，但是与主体要素共同完成创新生产。

（3）区域创新系统的各主体要素、非主体要素以及创新环境之间相互作用、相互协调，共同维持创新的运行及实现功能扩散，保持持续创新发展

创新活动是一个互动的学习过程，区域创新活动不仅来源于企业、研发机构和高等院校等创新主体之间的交流，同时也是创新主体与非主体要素，以及创新基础设施、创新软环境之间互动的结果。

熊彼特创新理论和区域创新理论分别从创新活动概念、内涵、构成等方面分析了创新活动的本质与特征，为城市群创新活动空间研究对象、研究范畴的界定提供了依据和思路，是开展城市群创新活动空间研究的理论基础。

2.1.2　区域空间相关理论

1. 区域空间结构理论

区域空间结构是一定时期和条件下各种经济活动在区域内的空间分布状态及空间组合形式（崔功豪等，2006）。区域空间结构是区域长期发展过程中经济活动和区位选择的结果。

区域空间结构的基本要素包括点、线、网络和域面。区域空间结构就是由各种要素相互结合在一起构成的。曾菊新（1996）对区域空间结构要素组合方式进行了系统研究，指出了 7 种组合模式："点-点"构成节点系统，表现为条状城市带和块状城市群；"点-线"构成交通、工业等经济枢纽系统；"点-面"构成城市-区域系统，表现为城市聚集区，城市经济区；"线-线"构成交通、通信、电力、供排水等网络设施系统；"线-面"组成产业区域系统；"面-面"组成宏观经济地域系统，如经济区、经济地带；"点-线-面"构成空间经济一体化系统。

区域空间典型结构有极核式、核心-边缘式、点轴式、网络式等。极核式是由于资源禀赋、区位条件、经济基础等差异，地区间发展出现了空间分异，其中有些地区发展速度较快，成为区域增长极。核心-边缘式是区域由明显的经济发达中心区与经济发展较为落后的边缘区构成，核心区决定着区域发展方向，边缘区依附着中心区，二者共同组成一个完整的空间系统。点轴式是不同等级的点和轴线共同构成了点轴空间结构。网络式是不同等级点和轴线纵横交错，构成了网络式空间结构。

区域空间结构并不是一成不变的，随着区域社会经济发展而不断演化。顾朝林等（1995）将区域空间结构演化划分为 4 个阶段：孤立体系阶段（均衡态结构）、区域体系阶段（核心-边缘结构：单个相对强大中心与落后外围区）、区际体系阶段（多核心结构：若干个规模不等的核心-边缘区）、大区体系阶段（一体化空间结构）（图 2.2）。

区域空间结构理论很好地诠释了等级时代区域空间结构的构成要素、空间模式及其发展演变。但是随着"流"时代的到来，区域空间结构理论有些内容需要补充完善：

（1）构成要素方面

现有区域空间结构的点、线、域面、网络均是属性要素，忽视了区域之间的联系要素。"流"时代，区域之间的物质流、信息流、资金流、人才流等各种"流"对区域空间结构产生较大影响。因此在区域空间结构要素构成中，应考虑反映地区之间联系的流动要素的影响，属性要素和联系要素共同组成区域空间结构要素体系。

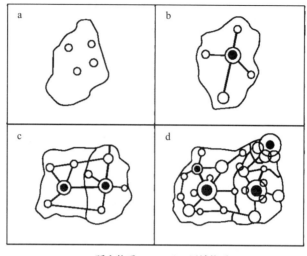

a: 孤立体系　　　　b: 区域体系
c: 区际体系　　　　d: 大区体系

图 2.2　区域空间结构演化示意
资料来源: 顾朝林, 赵晓斌, 1995.

（2）空间模式方面

极核式、核心-边缘式、点轴式、网络式能较好表达区域空间的模式, 但这些模式形成存在着两个方面的不足: 一是, 这些空间模式多是基于属性要素, 没有考虑流动要素对区域空间模式的影响; 二是, 传统空间模式是基于各地区的要素之间具有统一确定性的关系。事实上, 流动时代区域内各地区的要素关系呈现出多样性特点, 很难采用统一标准确定区域空间结构。

（3）发展演变方面

区域空间结构阶段划分多是基于经济、人口、贸易等传统要素, 基于创新要素划分区域空间结构较少。创新活动本质上是一种生产活动, 既遵循着一般经济活动共同的演变规律; 同时, 作为一种特殊要素, 其发展演化还具有独自的特征。

2. 空间相互作用理论

任何区域都不是孤立存在的, 而是具有空间相互作用。空间相互作用是区域之间所发生的商品、人口与劳动力、资金、技术、信息等的相互传输过程。

根据空间相互作用的表现形式, 海格特（P. Haggett）于 1972 年借用物理学中热传递方式, 把空间相互作用的形式分为对流、传导和辐射三种类型。对流是以物质和人的移动为特征；传导指各种各样的交易过程，其特点是不通过具体的物质流动来实现，而只是通过簿记程序来完成，表现为货币流；辐射指信息的流动和创新（新思维、新技术）的扩散等（许学强等，1997）。区域空间相互作用主要是借助交通网络和信息通信设施等。

美国学者乌尔曼（E. L. Ullman）指出空间相互作用产生的条件有三个：互补性、中介机会和可达性（曾菊新，1996）。从供需角度，两地间的相互作用的前提条件是它们之中的一个有某种东西提供，而另一个对此种东西恰有需求，这时才能实现两地间的作用过程。互补性构成了空间相互作用的基础。可达性指区域之间进行商品、资金、人口、技术、信息等传输的可能性。区域之间的相互作用与可达性呈正向关联。中介机会指区域之间相互作用可能受到其他区域干扰。

空间相互作用的基本效应有聚散效应、邻近效应、传输效应及自组织效应（张京祥，2000）。① 聚散效应是各项空间活动或空间要素由于密度合理、聚而不乱，形成高效有序的社会经济网络系统，产生了单项活动或单个要素无法获得的空间效应；② 邻近效应是由于近邻关系而对区域发展产生的影响效果，邻近效应有正、负效应之分；③ 传输效应泛指物质、能量由于外力作用而出现在两个或两个以上构成实体之间相互传递、传导的区位变化过程；④ 自组织效应是在区域空间的演化过程中，由于空间结构自身调节机制所带来的某种程度的守恒与封闭性，使得结构变化得以被限制在一定的边界之内，而一旦调节机制失控或由于外部热力的干预，则可能导致原有内在转换规律的变更，进而改变原有的结构而形成新的结构。

空间相互作用理论最大的贡献是指出了区域之间的联系性的存在，并且阐述区域之间联系的方式条件及其效应。但是空间相互作用理论对物质流讨论得比较多，相比之下，对资金流、信息流涉及较少。随着知识经济时代的到来，信息流尤其是知识流在区域间越来越频繁，将成为区域间相互作用的主导力量，有必要研究新时代区域间信息流相互作用的特点。

另外，空间相互作用三个条件是 1956 年基于物质流而提出的，这些条件对资金流、信息流的影响不大或者没有影响。比如资金流受可达性地理距离的影响较小，而且随着通信技术快速发展，金融业务可以跨时空运转，受地理距离的影响会越来越小。同样，知识流也是如此。知识经济时代，除了上述三个条件外，经济组织及其联系方式也会影响区域空间相互作用。

3. 聚集与扩散理论

在区域空间结构演化中，两种机制贯穿于区域发展的始终，这就是一组对立统一体：聚集与扩散。聚集与扩散既是区域空间演化的内在机制，也是区域空间演化的运动过程。

聚集是资源、要素和部分经济活动等在地理空间上的集中趋向与过程（覃成林等，1996）。聚集机制形成源于经济活动的区位指向、内在联系和聚集经济的追求。聚集机制导致区域极化现象和空间不平衡的加剧。扩散是由于聚集不合理而出现资源、要素和部分经济活动在地理空间上的分散趋向与过程。扩散机制的形成源于避免不经济、寻求新的发展机会、区位指向以及政府的政策作用。扩散机制所带来的是区域空间趋于均衡。

针对扩散现象，瑞典学者哈格斯特朗（Hagerstrand）早在1953年就详细阐述了空间扩散问题，并提出了空间扩散三种类型（图2.3）。接触扩散是从一个源生点向外的渐进、连续的过程，地理距离起着摩擦阻力作用；等级扩散是按照某种等级序列进行，而并不一定具有空间上的连续性；而在接触扩散中，若扩散导致更多的接受者，属于扩张型扩散；若接受者数量没有增加，仅仅发生空间位移，属于重新区位扩散。

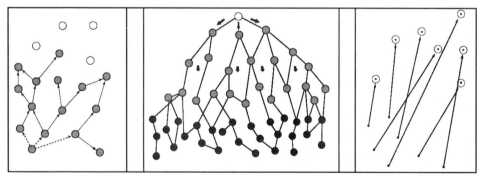

a. 接触扩散：扩散阶段　　　　　　b. 等级扩散过程　　　　　　c. 重新区位扩散：扩散以后

图2.3　空间扩散的三种类型

空间扩散在时间维度呈现出"S"形变化规律，即空间扩散通常是先缓慢上升，然后会急剧上升，最后再次呈现缓慢上升的趋势。

聚集与扩散理论指出了区域空间演化的过程和机制。但是任何理论都有它的假设条件和使用范围，随着时代发展，聚集与扩散理论也表现出了不足和有待完善之处：

（1）从聚集与扩散的概念中可以看出，该理论是基于资源、要素和经济活动而提出的，更适合于物质要素空间演化。相比之下，知识、信息具有自身的独特性，除传统因素外，其空间聚集与扩散形成还受其他因素的影响。如两地间经济联系促进了人群、资金流动，增加了两地间创新交流与合作机会，推动着创新活动的聚集或扩散。

（2）从扩散三种类型可以发现，该理论所讲的扩散是从中心向外围的扩散。有些经济活动并不是从中心扩散出来的，而是由新经济活动条件变化而在外围地区发展起来的，从而促使了经济活动的空间分散。从这个意义上来说，空间分散比空间扩散表述更精准。

（3）聚集与扩散理论分别阐述了聚集与扩散形成的机制。这些原因或者机制还是经济活动空间演化的表现，其聚集与扩散的内在原因是由生产要素的空间报酬和要素流动所产生的。

4. 世界城市网络理论

泰勒（Taylor）主持的全球化与世界城市网络（Globalization and World Cities，GaWC）研究小组是世界城市网络理论研究的典型代表。世界城市网络研究主要是对城市间关系的探讨，并创建了城市间关系的模型和理论。

GaWC 构建了基于企业内锁型网络模型（Interlocking Network Model）。城市是个地域概念，并不是独立的行为主体。GaWC 以行动者网络理论为基础，通过研究城市微观行为主体来研究城市宏观特征。具体做法是 GaWC 运用企业的分布和内部联系来研究世界城市网络，选取了 100 家高级生产服务业（ASP）企业在全球 316 个城市的分布，然后以 316 个城市为纵轴、100 家 ASP 企业为横轴，构建了 316×100 的企业服务价值矩阵。矩阵中每一列都代表了一个指定企业在各城市中的办公网络，每一行代表了某个城市 ASP 企业的服务价值。依据这个服务价值矩阵分析城市在世界网络中的重要性。

GaWC 建立了中心流动理论。以卡斯特尔斯的流动空间理论为基础，GaWC 认为网络社会流动空间成为社会空间的基本组织形式。在流动空间中重新建构城市的空间结构和城市间空间关系，将城市作为一个动态演化的过程，城市间关系表现为水平双向的网络关系。中心流动理论是中心地方理论的对应，通过二者比较可以更深入地理解中心流动理论（表 2.1）。

表 2.1　中心地方理论与中心流动理论的比较

比较项	心地方理论	心流动理论	含义异同点
主要分析模型	正六边模型	服务价值矩阵模型	全球服务业企业通过多区位办公网络而将城市连接在一起
城市状态	城市作为一个静态的地方	城市作为一个动态演化的过程	城市都是作为系统间的节点而存在，但"中心流动理论"更强调城市是一个空间互动连续的网络化过程
节点间关系	等级意味着竞争，研究者看待城市间的关系大多着眼于其相互竞争	研究者更多地聚焦于城市间的合作，或者将竞争与合作等量齐观	城市间的竞争关系源于等级化的过程，合作化的关系则来自网络化的过程
社会空间形式	地力空间（马赛克拼贴空间）	流动空间（动态弹性空间）	前者一直是主导性的社会空间，而后者在信息时代发展中不断提升其重要价值
空间构成要素	地方是社会空间的构成要素，地方创造了流	流是创造网络的基本起点，流创造了地方	都包含有地方和流要素，二者的根本差异在于起中心作用的是地方还是流
空间结构	城市聚落呈现出空间等级关系	城市聚落以空间网络的形式存在	前者聚焦于城市间的垂直联系，权力是内在性的不平等的；而后者聚焦于城市间的水平联系，权力关系是相对发散的
空间运作机制	城市间垂直单向的等级关系	城市间水平双向的网络关系	等级意味着隶属、支配、自上而下的控制和组成单元件的相互竞争，而网络则意味着组成单元间的平等、共享、合作
空间支配逻辑	空间等级遵循"命令-服从"逻辑并通过竞争来实现	空间网络遵循"互动联系"逻辑并通过合作来实现	等级和网络是对立统一的关系，采用网络视角观察世界城市意味着积极寻求城市间的协同性和互动关系
城市职能关系	高等级职能倾向于首位分布，不存在城际职能分工，存在同质性产品与服务供给	高等级职能倾向于弹性分配，城市间存在职能分工与补充，存在异质性产品与服务供给	相比较中心地方理论而言，中心流动理论对于城市郊区化和城镇密集区的功能重构具有更强的解释力

比较项	心地方理论	心流动理论	含义异同点
全球尺度的空间关系	世界城市以等级存在	世界城市以网络形式存在	"世界城市等级"是"国家城市等级"逻辑推演到全球尺度的产物；"世界城市网络"具有"等级倾向"和"区域倾向"并存的特点

资料来源：马学广，李贵才，2011.

世界城市网络理论研究是以城市间关系研究为重点，打破了传统城市间等级体系研究的垄断地位；以关系视角替代等级视角，推动了世界城市研究范式的转化。但是世界城市网络理论认为"世界城市排名只能在网络中确定，而不能依据自身属性来确定（Taylor，2001）"的观点具有一定的片面性。城市双重性的特点决定了世界城市排名应该是由城市自身属性和城市在网络中的关系共同决定的。

同时，世界城市网络理论采用高级生产服务业内部的办公网络转换作为城市间关系数据分析世界城市网络，尽管高级生产服务业公司可以反映城市参与世界网络的程度，但终究是世界城市间关系的替代指标，还不是世界城市网络中城市间关系的真实数据。

空间结构理论、空间相互作用理论、聚集与扩散理论、世界城市网络理论等为城市群创新活动空间维度研究提供了分析思路和框架。城市群创新活动空间分布，实际上是区域空间理论在城市群层面的运用和发展。

2.2　城市群创新活动概念内涵

2.2.1　创新与创新活动

从语义上，创新是指创造新的事物。《广雅》："创，始也"；新，与旧相对。创新一词出现很早，如《魏书》有"革弊创新"，《周书》中有"创新改旧"。

在西方，英语中"innovation"（创新）这个词起源于拉丁语，它原意有三层含义：一是更新，就是对原有的东西进行替换；二是创造新的东西，就是创造出原来没有的东西；三是改变，就是对原有的东西进行发展和改造。

经济学上"创新"的概念，最早是由熊彼特（Schumpeter）于 1912 年在《经济发展理论》一书中首次提出的。按照熊彼特的观点，"创新"是建立一种新的生产函数，将一种新的生产要素和生产条件的"新组合"引入生产体系，从而形成一种新的生产能力。熊彼特列举了 5 种"新组合"类型：引入一种新产品、采用一种新的生产方法、开辟一个新的市场、获得原材料或半成品的一种新的供应来源和实行一种新的企业组织形式。从以上 5 个方面可以看出，熊彼特所指"创新"范围很广，既涉及技术创新，也包括市场创新和组织创新。

熊彼特尽管提出了"创新"概念，但是并未给出一个明确的"创新"定义。之后国内外很多学者从不同角度对创新概念进行深入研究，并给出了"创新"的定义。其中比较有代表性的有：曼斯菲尔德（Mansfieeld，1981）将创新定义为第一次引进一个新产品或新过程所包含的技术、设计、生产、财务、管理和市场诸步骤，这种创新是全过程的系统创新。弗里曼（Freeman，1982）指出，创新是一个技术的、工艺的、商业化的过程，包括与新产品、新工艺、新系统或新设备等形式在内的技术的首次商业性转化。1990 年迈克尔·波特在《国家竞争优势》中指出，创新是通过发现新的产业竞争方式，并将其引入市场创造新的竞争优势。创新包括发掘新的生产技术、革新传统促销手段和营销观念，能扭转劣势为优势。Bordogna（1997）提出，创新是一种共同互动的非线性活动，它不只包括科学、工程和技术，同时也涉及社会、政治、经济、公共政策等足以决定整个价值创造过程的活动。冯之浚（1999）认为，创新是一个从思想的产生，到产品设计、试制、生产、营销和市场化的一系列的活动，也是知识的创造、转换和应用的过程，其实质是新技术的产生和应用。张凤等（2002）认为创新是在世界上第一次引入新东西、引入新概念、制造新变化，其中，"新"指在结构、功能、原理、性质、方法、过程等方面的第一次的、显著性的变化。王乃明（2005）认为科技创新具有广泛性，不仅仅是企业技术创新，必须从社会角度、生态角度和经济角度统筹来考虑。任胜钢等（2006）提出，创新是一个包括学习和技术知识运用的复杂过程，是一种包括不同类型组织间的正式合作和非正式性相互作用的协作，而这些联系大大促进了分散于不同主体的知识的发展、交换和共享。隋映辉（2008）总结创新具有广泛的内涵，包括制度、政策、管理、科技、服务等一系列活动，创新正在由一个科技创新系统演变成为一个科技创新系统与非科技创新系统相互融合的内生机制和外生组合的系统。通过综述国内外学者对创新定义的表述，可以从以下几个方面认识创新的基本特性：

（1）首创性

创新是对既有事物、观念的创造性发展，因此创新的本质是"新"，即追求创造出新观念、新产品、新技术、新工艺、新生产方式，等等。从创新成果来看，不管其创新程度如何，都要有一定程度的创新性。

（2）广泛性

创新的概念起源于技术创新，但是随着时代发展需求，创新外延不断拓展，创新已不局限于技术变化所带来的创新，凡是提高生产要素配置效率的新活动都是创新。因此，从外延上看，创新有多种表现形式，不仅包括技术创新，如产品创新、工艺创新，也包括制度创新、服务创新、组织创新、管理创新在内的非技术性创新。

（3）系统性

创新是一个复杂的过程。创新不仅包含科技发明、生产要素组合，还包括知识转化和应用，因此是一个包括科学、技术、组织、商业和金融等一系列活动的综合过程。

而创新活动是指与创新相关的行为活动，涉及创新的整个过程，包括知识的汲取、知识的加工、知识的输出几个部分，也就是创新过程中的研究、开发、学习、交流、生产等内容。与创新相比，创新活动更多的是强调创新行为的过程性。

2.2.2　创新活动空间

"空间"是物质存在的一种客观形式，由长度、宽度、高度表现出来，是物质存在达到广延性和伸张性的表现（现代汉语词典，2012）。空间概念较为宽泛，城市与区域规划学科所讲的空间，通常是指特定建筑物或公共空间活动的场所。"城市空间"的研究是一直是城市与区域规划科学研究的核心内容（张京祥，2000）。

城市与区域规划学科对城市空间的研究通常在两个层面上进行：一是将城市看作一个面，研究其内部要素的组成、变化及空间组织，即"城市个体空间"研究；二是将城市看作区域中的一个点，研究多个城市之间的相互作用机制及空间组织，而其本身又作为区域空间研究的一个重要内容，即"城市群体空间研究"。著名学者张京祥（2000）指出城市–区域空间包括城市内部空间、城市外部空间、城市群体空间以及更大尺度的体系形态（图 2.4）。随着全球化和区域化发展，城市–区域空间发展总体趋势是区域空间的城市化和城市空间的区域化。

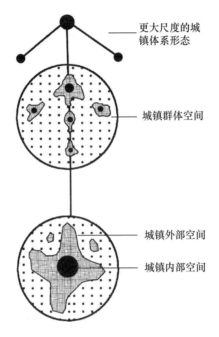

图 2.4　城市–区域空间研究体系
资料来源：张京祥，2000.

参照席尔瓦（2016）对城市与区域空间尺度的划分，创新活动空间可以划分3 个层次 5 种类型（图 2.5）。

第一层次是创新活动微观空间，系承载创新活动产生、研究、开发、试制等功能的创新建筑环境空间类型，在实体上表现为进行创新活动的主体（单位或部门），如高新技术企业、高等院校、科研机构。这是创新活动空间的基本单元，也是组成创新街区和创新城市的空间单元。

图 2.5　创新活动空间尺度划分

第二层次是创新活动中观空间，是创新活动主体或创新建筑相对集中的区域，包括城市内部各种创新街区或者创新综合区，在实体上表现为由创新型的高新技术企业聚集的高新技术产业开发区、高等院校或科研院所聚集的科教文创区及其他支撑功能组群相结合的创新活动空间。创新功能区是创新城市的组成单元之一，在城市中具有一定规模的创新活动空间，有明确的城市空间属性和组群布局特征。

第三层次是创新活动宏观空间，依据空间尺度大小，又可以划分为创新城市、创新区域、创新国家 3 种类型。其中创新城市，是指科技、知识、人力、文化、体制等创新要素是城市发展的主要驱动力，在实体上表现为城市中各种类型的创新功能区、创新建筑等创新活动空间相对较多，是城市空间的主要构成类型。创新城市是以城市为单元，研究其发展演变、空间组织模式等。创新区域是具有一定地域空间，以创新要素为主要驱动力，在实体上表现为由一系列相互关联、地域毗邻的创新城市构成，同时又是创新国家的支撑和基础。创新区域多以城市为单元，研究区域内创新体系构成、空间组织等。创新国家则是在更大的区域即国家范围内，以创新作为基本战略，由相互补充、相互关联的创新区域组成。

城市群是区域发展的高级空间组织形式。作为区域的一种特殊形式，城市群创新活动亦即以城市为空间单元，研究城市群内多个城市创新体系构成和空间组织。

2.2.3　城市群创新活动

在经济全球化和区域一体化背景下，城市群已成为全球经济竞争的主体空间单元。作为城市区域化和区域城市化过程中出现的　种独特的地理空间现象，城市群概念雏形最早出现于英国学者格迪斯（P. Geddes，1950）的"集合城市"（conurbanization）。真正具有现代意义的城市群概念来源于法国地理学家戈特曼（Gottmann，1957）提出的大都市带学说（megalopolis）。戈特曼的研究引起了较大反响，国内外学者针对城市群体化发展这一现象进行了深入研究，并提出了众多类似的概念，如都市圈（metropolitan）（金本良嗣等，2002）、城乡混合区（desakota）（McGee，1991）、扩展大都市区（dispersed metropolis）（Lynch，1980）、都市连绵区（metropolitan interlocking region，MIR）（周一星，1980）、城市群（urban agglomerations）（姚士谋，1992）、城市群体（张京祥，2000），等等。从城市群相关概念发展来看，尽管国内外学者从术语到概念并不统一，但是城市群体化发展这一核心思想却已达成共识：多个城市地理空间上高度聚集和内在的有机联系。鉴于此，本书在借鉴国内外相关研究的基础上，指出城市群是一定地域空间范围内，有多个城市在地理空间上毗邻且具有密切联系的有机整体。位于城市群内的城市具有双重属性：① 作为个体的城市，强调其经济、社会、生态等方面的独立性与完整性；② 作为群体的城市，强调其与城市群内其他城市之间的联系。

根据以上对创新活动、城市群的理解和界定，城市群是创新活动的空间载体，而创新活动则是城市群的具体内容，这样城市群创新活动可以理解为城市群层面上的创新活动，以区别于其他空间层面上的创新活动。具体而言，城市群创新活动是指在城市群范围内由若干个地域毗邻且相互关联的城市创新活动构成，包括城市个体创新活动和群体创新活动。城市群创新活动这两个子系统相互联系、相互作用，共同构成一个有机创新整体。

2.3 城市群创新活动系统构成

2.3.1 系统科学理论

系统的思想源远流长，但是作为一门科学理论，系统论则创立于20世纪40年代。系统论是研究系统的一般模式、结构和规律的学问，它研究各种系统的共同特征，用系统理论知识定量地描述其功能，寻求并确立适用于一切系统的原理、原则和模型，能够从整体上系统地思考和分析问题，是具有逻辑和数学性质的一门新兴的科学。系统论自提出到现在，经历了一般系统论到复杂系统论的发展。

1. 一般系统论

系统论（system theory）最初是一般系统论，是由贝塔朗菲（L. V. Bertalanffy）提出的。在一般系统论中，"系统"被定义为"由多种相互有关系和彼此影响的元素组成，作为一个总体，是各组成部分在一定关系上彼此相互关联并与周围的环境之间有所影响的总和"（贝塔朗菲，1987）。中国科学家钱学森认为系统是一个由若干要素通过一定相互作用和相互依赖结合成的具有特定功能的有机整体，

"系统"本身又作为另一个更大系统的部分元素而存在。系统是普遍存在的,世界上任何事物都可以看成是一个系统。

一般系统论基本思想就是把所研究和处理的对象当作一个系统,分析系统的结构和功能,研究系统、要素、环境三者的相互关系和变动的规律性,通过调整系统的结构,协调各要素之间的关系,达到系统优化的目标。具体表现在:① 系统和要素相互依赖。任何系统都是由要素组成的,要素是系统赖以存在的基础;同时,要素只有在系统里才能发挥它的功能和作用,离开了系统,要素就失去了作为系统部分的意义。② 要素和要素相互作用。系统中的要素并非是毫不相干地拼凑在一起,而是彼此相互依存、相互联结和相互作用,即处在某种具有一定秩序的耦合关系和组合方式之中,其中任何要素发生变化,都将对其他要素产生影响。③ 系统和环境有机联系。任何系统都不是封闭的,都要与环境进行物质、信息、能量的交换,只有这样,系统才能得以存在和发展。

一般系统论的核心思想是系统的整体观。任何系统都是由两个以上要素按照一定的结构组成的具有特定功能的有机整体,它不是各个部分的机械组合或者简单相加,系统的整体功能是各要素在孤立状态下所没有的新质。正如亚里士多德所言"系统的整体性在于整体大于部分之和",即系统整体具有而部分及其总和所不具有的涌现性。同时,系统中各要素不是孤立地存在着,每个要素在系统中都处于一定的位置上,起着特定的作用。要素之间相互关联,构成了一个不可分割的整体。要素是整体中的要素,如果将要素从系统整体中割离出来,它将失去它在系统中所能发挥的功能作用。

系统论认为,整体性是系统的本质属性,它的整体所具有的性质,不同于它的要素或组成部分的性质,系统整体所能达到的功能也不同于它的要素或组成部分的功能,整体与其要素在运动规律上也是不同的。从系统中的要素来看,它们在整体中所表现出的性质与功能,与它们自身在独立存在时所表现出的性质和功能也是不同的。系统之所以是系统,而不是要素或集合,这都是系统的整体性所决定的(梁吉义等,2007)。

一般系统论的出现,使人类的思维方式发生了深刻的变化。在此之前,研究问题一般是将事物分解为若干部分,然后选择其中有代表性的部分进行分析,以部分的性质来代替整体(谢雄军,2013)。这种分析方法属于还原法,其着眼于局部，并不能反映事物整体的性质。现代科学的发展越来越重视整体功能与综合性，传统分析方法在人类面临关系复杂的问题面前束手无策。一般系统论整体涌现性为人们解决复杂问题提供了新的、有效思维方式。

2. 复杂系统论

自然界作为一个自组织系统，其组织形态会通过各物质系统进行自发的或协同的有序化、组织化和系统化。德国学者 H. 哈肯提出，若系统在获得功能结构或时空结构的过程中，没有受到外界特定干预，那么该系统即为自组织的。由此学界展开了协同学、混沌动力学等领域的探索。现代系统自组织理论揭示了系统内部机制是各要素或子系统间的非线性作用；混沌动力学将自组织理论上升到了更高级的复杂性科学层面。20 世纪 80 年代，随着非线性、复杂性研究的兴起，复杂系统理论成为系统论发展的新阶段。中外学者不约而同地把注意力集中到个体与环境的互动作用上，我国学者提出了"开放的复杂巨系统"的概念（陈禹，2001）。复杂系统理论涉及广泛，被学者普遍接受的有马图拉纳（Maturana）和瓦雷拉（Varela）的自创生理论、霍兰德（John Holland）的复杂适应系统理论、考夫曼（Kauffman）的自催化闭合理论，等等，还有我国科学家钱学森的人机理论。其中，复杂适应系统理论是复杂系统理论的重要分支。

复杂适应系统（Complex Adaptive System，CAS）理论是美国霍兰德教授于 1994 年正式提出的。CAS 理论包括微观和宏观两个方面。微观方面，CAS 理论采用具有适应性的主体（adpative agnet）来表示个体，强调主体的适应性，即能够与环境以及其他主体进行交互作用；主体在这种持续不断的交互作用的过程中，不断地学习、积累经验，并根据学到的经验改变自身的结构和行为方式。宏观方面，由这样的主体组成的系统，将在主体之间以及主体与环境的相互作用中发展，表现出宏观系统中的分化、涌现等种种复杂的演化过程（许国志，2000）。

CAS 理论的核心思想是"适应造就复杂性"，将系统中的成员看作是有自主行为能力、有明确目标的实体。正是这种主动、反复的交互作用以及主体适应环境变化的能力，才是系统发展和进化的基本动因。宏观的变化和个体分化都可以从个体的行为规律中找到根源（霍兰德，2011）。

围绕适应性主体这个最核心的概念，CAS 理论提出了在复杂适应系统模型中应具备的 7 个基本特性，分别是聚集、非线性、流、多样性、标志、内部模型以及积木。聚集是指个体通过"黏合"形成较大的所谓多主体的聚集体，并在系统中像一个单独的个体那样行动。非线性是指主体以及它们的属性在发生变化时，并非遵从简单、被动的、单向的线性关系，而是主动的适应关系。流是在个体与环境之间、个体与个体间存在着的物质流、能量流和信息流。多样性是一种动态模式，在适应过程中，由于各种原因，个体之间的差别会发展与扩大，最终形成分化。标志能够促进选择性相互作用，为了相互识别和选择，主体的标志在主体与环境的相互作用中是非常重要的。当适应性主体接收到大量涌入的输入时，就会选择相应的模式去响应这些输入，而这些模式最终会凝固成具有某项功能的结构——内部模型。复杂系统常常是在一些相对简单的部件的基础上，通过改变它们的组合方式而形成的。在这 7 个特性中，前 4 个是复杂适应系统的通用特性，它们将在适应和进化中发挥作用；后 3 个则是个体与环境进行交流时的机制和有关概念。

CAS 理论对于人们在认识系统运动和演化规律方面是一个飞跃：第一，主体是主动的、活的实体，这个概念把个体的主动性提高到了系统进化的基本动因的位置，从而成为研究与考察宏观演化现象的出发点；第二，个体与环境、个体与个体之间的相互影响、相互作用是系统演变和进化的主要动力；第三，把宏观和微观有机地联系起来，它通过主体和环境的相互作用，使得个体的变化成为整个系统变化的基础，统一地加以考察；第四，引进了随机因素的作用，使它具有更强的描述和表达能力。正是由于以上这些特点，CAS 理论具有了与其他方法不同的、具有特色的、新的功能和特点。

创新系统中的创新主体在一定的环境条件下发生要素间的合作，以此产生关联性行为与复杂性活动。这就具有了复杂适应性系统特性，这些特性表现出的作用与行为为系统的演化发展提供了强大的动力。如今国内关于创新系统性的相关研究已较为成熟，王国顺（1999）发现企业创新过程的系统性特征没有得到学者足够重视，事实上企业创新具有很强的系统性，应当自觉运用系统原则管理企业的创新活动。梁超伦（2000）在此基础上指出技术创新由 8 个要素、5 个环节和 3 个阶段等多种因素和纵横关系所构成，这些要素、环节和阶段相互关联形成有机统一的系统，这就是技术创新的复杂性与系统性。自此学者们开始关注创新的系统性，技术创新不仅是系统，也是一个复杂的适应系统，其具备系统的整体性、非线性、层次性及涌现性等特性（姜劲，2006）。由于技术创新活动具有复杂适应系统的特点，CAS 理论也被应用于创新系统的实证研究中。慕静等（2009）、原继东等（2011）、荆虎山等（2013）基于 CAS 理论中的模型揭示了企业相互作用的行为机理；张琼瑜等（2012）、卜凡彪等（2014）、艾晓玉等（2015）应用 CAS 理论对协同创新系统中主体行为、协同关系和动力机制等方面进行研究；张永安等（2015）、陈雅诗等（2016）、金浩等（2018）将 CAS 理论引入区域创新系统，分析系统的 CAS 特性，探讨其协调机制等问题。本书引入了系统论思想和方法，来探讨创新活动的系统特性并提出城市群创新活动的概念内涵与系统构成。

2.3.2　城市群创新活动系统

1. 城市群创新活动复杂系统性

城市群创新活动是城市群内各城市以及城市间创新活动组成的有机联系整体，是一个动态的、多层次的复杂系统。城市群创新活动系统复杂性体现在空间和功能两个维度。

首先，城市群是个复杂的区域系统，是由一个或多个核心城市与若干个相关的周边城市组成的，在空间上密切联系、在功能上有机分工相互依存并且具有一体化倾向的城市复合体（姚士谋等，2006）。显然，城市群具有系统整体性的基本特征，即构成城市群的各个城市不是孤立存在的，而是相互联系、相互作用的有机整体，城市群具有单个城市所没有的功能和特质。这样，城市群内城市具有双重属性：一方面，作为个体的城市，即每个城市都是一个独立的个体，强调自身功能完善和规模扩大，与城市群内其他城市相互竞争、相互排斥。另一方面，作为群体的城市，即每个城市都是城市群组成的一部分，与城市群内其他城市相互作用、相互联系，共同构成完整城市群。城市群内城市的这种双重属性是辩证统一的，只强调个体忽视群体，就没有城市群这个整体；相反，仅强调群体，忽视城市个体的话，城市群将失去活力。

其次，创新活动是个复杂的生产系统，是由相互关联的企业、研发机构、高等教育等创新主体构成的区域性组织体系。这些创新主体之间相互联系、相互作用，共同构成了创新活动系统，并且共同影响着创新活动的产生；同时，创新主体还与区域创新环境相互适应，创新环境影响着创新主体的创新生产，反过来创新主体也影响着创新环境的发展趋势。

在区域一体化和创新驱动背景下，城市群创新活动空间研究正受到国内外学者和机构的广泛关注。目前，此类研究在城市群创新活动空间分布的特征规律、影响因素、测度方法、测度指标等方面取得了丰硕成果。但这些研究基本上是从城市群创新活动的单一视角或者复合视角展开的，没有将城市群创新活动作为一个整体来突出其系统性特征，未体现城市群创新活动整体性的本质，因此城市群创新活动空间研究亟须在方法论上有新的建树。系统科学理论强调了系统具有整体性、非线性、动态性、适应性等特征，为综合考察城市群创新活动空间提供了理论基石，无疑成为城市群创新活动空间研究的新视角。

2. 复杂系统视角下城市群创新活动

城市群创新活动复杂系统的本质特性，客观上要求采用复杂系统科学的理论和方法对其进行研究。

（1）城市群创新活动还原与整体

复杂系统论强调的系统整体涌现性，其方法精髓在于强调整体论与还原论相结合。采用系统论的方法对城市群创新活动空间进行研究，就是要采用整体论和还原论相结合，对城市群创新活动进行多维度、综合性的系统研究。依据城市群城市的双重性特征，将城市群创新活动还原为城市个体创新活动和城市群体创新活动，分别对城市个体创新活动和城市群体创新活动空间分布、空间演化的特征规律及其动力机制进行研究；然后从系统综合的角度，对城市个体创新活动和城市群体创新活动关系进行研究，基于二者相互关系将其整合为城市群创新活动空间分布的整体特征。

复杂系统视角下城市群创新活动，不仅是将城市群创新活动还原为个体创新和群体创新，而且还要基于对个体创新和群体创新关系研究，将其整合为城市群整体创新活动。这样，才能从整体上认识、把握城市群创新活动空间的特征。而复杂系统论的非线性特征则为分析个体创新和群体创新的关系提供了新的思维方式。复杂系统的非线性强调了事物间的关系不是简单的线性因果关系，而是复杂的、多样性的。采用复杂系统论的非线性思维方式研究个体创新和群体创新关系，实质上就是承认个体创新和群体创新的关系不是简单的线性因果关系。个体创新和群体创新之间不是单一的个体创新影响群体创新或者群体创新影响个体创新，有可能有些城市个体创新影响群体创新、有些城市群体创新影响个体创新，二者之间的因果关系是多样的。

现有的城市群创新活动空间研究基本上是采用还原论的方法，即把城市群创新活动系统进行分解，分别从强调城市个体的创新和强调城市群体的创新进行研究，或者尽管从创新规模和创新联系两个视角进行分析，但是没有对二者进行综合的整体性研究。事实上，城市群创新活动空间分布整体涌现性在城市群被分解为部分时就不复存在了。总之，在研究城市群创新活动空间时，借鉴系统科学理论中的整体性、非线性的观点，多维度、综合地研究城市群创新活动空间，才能对城市群创新活动空间分布规律做出相对科学客观的分析研究。

（2）城市群创新活动系统构成

从复杂系统论角度，可以将城市群创新活动系统划分个体创新、群体创新和整体创新（图2.6）。

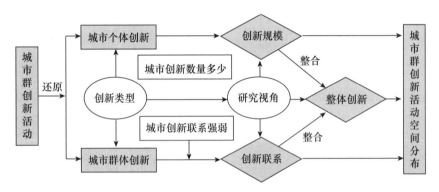

图2.6　城市群创新活动系统构成

个体创新，是从城市个体角度，根据城市创新活动数量多少，重点研究城市个体创新规模的空间分布特征规律及其动力机制。

群体创新，是从城市群体角度，根据城市间创新联系强弱，重点研究城市间创新联系网络结构特性及其动力机制。

整体创新，是基于城市群城市个体创新和群体创新之间的复杂关系，将单一视角下城市群创新活动空间分布特征整合为系统综合视角下城市群创新活动空间分布规律，并依此对城市群创新活动空间类型进行划分。

2.4　城市群创新活动基本特征

城市群创新活动是一个复杂系统。从系统科学的视角，城市群创新活动表现出典型的整体涌现性、有机联系性、显著多样性和动态演化性。

2.4.1　整体涌现性

城市群创新活动由城市群内各城市以及城市间的创新活动所组成。从空间层面，城市群创新活动包括城市个体创新活动和城市群体创新活动；从主体层面，城市群创新活动由科研机构、高等院校、企业、政府等组成；从要素层面，城市群创新活动又包括创新人群、创新资金、创新知识、创新组织等。这些不同层面上的组成不是创新活动的简单相加或机械拼凑在一起，而是各层面上不同创新要素通过相互作用、相互关联而形成的有机整体。作为一个整体，城市群创新活动具有单个城市、创新主体或者创新要素所不具有的整体涌现性。在创新活动系统中，创新主体之间以及主体与环境之间相互作用，必然会涌现出系统在演化过程中的分化等复杂的大尺度行为。且每个创新主体皆是独立的利益个体，它们通过互相竞争与合作，也会加快创新活动的速度、密度和深度，推动创新系统"整体涌现"（艾晓玉等，2015）。例如空间层面上，城市群创新活动的空间网络性，只有在城市群层面才能考察创新活动网络的关系和特性；单个城市只是网络的节点，而无法形成创新网络或层次。

同时，城市群创新活动系统内的城市、城市内创新主体以及各类创新要素，也都不是孤立存在的，而是与其他城市、创新主体、创新要素进行创新交流或联系，并在整个城市群创新活动系统中发挥着特殊的功能作用。离开了城市群创新活动这个系统，单个城市、创新主体或创新要素将失去其在系统中的作用。例如某些创新中心城市，其创新中心功能只有在城市群创新活动系统内，通过与其他城市进行创新人群、创新资金以及创新知识的交流，才能实现，否则其创新中心功能无从谈起。

基于城市群创新活动的整体性要求，城市创新活动不仅表现为城市自身创新能力和水平的提高，而且还要加强城市与其他城市创新资源和要素的交流与合作。在对城市群创新活动进行空间分析研究时，不仅要对城市群各层面进行单一视角分析，更重要的是要在各层面要素分析的基础上进行综合性研究。

2.4.2 有机联系性

城市群创新活动是个有机联系的整体，系统内各层面的创新要素之间相互作用和相互依存。这种联系性体现在城市群创新活动的各个层面。

从创新活动生产过程看，创新人群、创新资金、创新知识等创新要素之间相互影响，共同决定着城市创新活动能力。创新人群丰富的地区，往往可以凭借着人才优势吸引创新资金注入，或者以创新人群为条件，与其他城市开展创新交流与合作；而创新资金雄厚的城市，通过为创新人群提供更优的发展环境，吸引着创新人群的聚集，从而提高城市创新活动能力。从创新活动主体看，创新活动是一个互动的学习过程。创新要素通过彼此互动形成了联系网络，网络内部各子系统之间的自由联系增加了网络的紧密性、协调性与一体性。成功的创新活动不仅来源于企业内部不同形式和技能之间的交流，同时也是创新主体与其竞争对手、合作伙伴以及与大学、科研机构之间互动的结果（顾新，2002）。从创新空间层面看，创新资源和创新要素的空间流动，使得城市与其他城市进行创新知识、信息、资金与人才交流与合作。多城市协同也是一个双向的反馈系统，创新要素的交流传递为各城市提供了反向的自身优化驱动力，同时任一要素的改变都会带来其他要素的变化，城市也就生成了应对外界变化的调节机制。因此，城市可以通过引进其他城市创新要素，提高自身创新能力；也可以向其他城市输出创新要素。同时，作为个体的城市，其创新规模与创新联系两个方面相互依存，创新规模影响着创新联系，反过来创新联系也影响着创新规模，二者共同决定了城市创新活动的功能和地位。

有机联系性决定了城市群创新活动是个开放系统，在各层面上进行着创新资源和要素的交流与合作。城市创新活动能力不仅取决于城市自身创新资源和要素禀赋，而且受城市外环境以及城市间创新交流与合作的影响。

2.4.3 显著多样性

"事物发展过程是矛盾对立统一的"，除了有机联系外，城市群创新活动系统整体与部分、部分与部分之间还存在着差异，使城市群创新活动系统呈现出多样性特点。具体表现在城市群创新活动系统元素组成结构和功能方式的多样性，以及由此而带来的子系统与子系统的差异。

城市群创新活动系统内元素或子系统的功能、作用是不同的。从系统构成来看，科研机构、高等院校、高新企业以及政府等要素共同组成了城市群创新活动系统，且彼此在系统中均发挥着重要作用，但是各创新主体的具体作用或重要程度确实不一样，由此决定了各创新主体发展上存在着多样性。在创新活动系统中，生态位的建构依赖于各创新主体与创新环境根据自身多样性去承担各自的任务职能，与周围各要素展开资源交换，也就形成了"以该主体为中心的合适生态位"。各要素基于特征不同，其负责的创新任务也不同，如高校主要承担人才与知识的传递、政府提供政策与资金等创新环境、企业负责知识商品化与自主研发等高层次创新活动。现如今的知识经济时代，高新企业逐渐成为创新活动的主角，其创新活动所占的比例越来越高。据估算，美国大约 70% 的研究和开发支出是由私人企业进行的，80% 的工程师和科学家在企业，批准授予的专利中大约 60% 来自企业。同时，从空间层面上，城市群内不同城市创新要素和组成部分各具特色，各城市创新活动也必然会有不同的发展内容和发展水平，因而城市群创新活动在空间上也具有鲜明的多样性。如世界创新高地美国湾区的创新活动，各县（城市）创新活动发展水平不同。南部圣克拉拉县专利授权量最多，创新活动能力最强，而北部的索拉诺县、纳帕县、索诺玛县、马林县等西环里授权量相对较少，创新活动能力较差。正是由于城市群创新要素和创新资源不同，城市群内各城市创新活动发展呈现出多样性特征。

在城市群创新活动发展过程中，要注意各城市创新活动多样性特征，既要发挥好城市群创新活动整体的统一性，同时要根据各城市创新活动发展的特点，协调好各城市创新活动之间的关系，使其在城市群创新活动发展过程中真正成为一个有机整体。

2.4.4　动态演化性

"系统总是发展变化的"，按照系统论的观点，复杂适应性是系统的基础。城市群创新活动系统内部以及外部环境处在时刻的调整变化之中，亦即城市群创新活动具有明显的动态演化性。

从系统内部来看，城市群创新活动在时间轴上往往表现为一个不断从量变积累到质变飞跃的过程。城市群创新活动系统一旦形成，在一定时期总是倾向于保持某一协调稳定的状态；但是，随着某些条件、因素的变化，城市群创新活动系统平衡被打破；随后城市群创新活动系统在各城市创新活动协同作用下，又逐渐达到新的平衡状态。这样循环往复，在动态演变中不断推动着城市群创新活动系统向高层次、高水平的阶段发展。除了自身系统发展演变，作为更高空间层次创新活动的子系统，城市群创新活动还不断地与其他城市群（区域）进行着物质、能量、信息交换，因此其他城市群（区域）的某些条件、因素的变化也会影响与城市群创新活动的关系，而这种关系的变化反过来会影响城市群创新活动系统，城市群创新活动系统则根据与外部环境关系的变化进行自我调整。城市群创新活动内外相互作用共同影响着城市群创新活动系统的动态演化。无论是城市群创新活动系统内部关系还是与外部其他城市群（区域）的关系总是处于不断变化之中，因此城市群创新活动系统的稳定是相对的，其动态演化才是绝对的。

城市群创新活动的动态性决定了城市群创新活动是不断发展变化的，因此全面认识城市群创新活动，应该将城市群创新活动放在时间轴上，既要分析城市群创新活动现状发展特征，又要分析城市群创新活动的变化趋势，同时还要根据变化趋势预测到城市群创新活动的未来。

第3章　城市群创新活动空间分布动力机制

城市群创新活动空间分布是个复杂的动态过程，其发展演变受多方面因素影响。本章在对城市群创新活动动力系统分析的基础上，从空间维度上分析了城市群创新活动空间形成机制，从时间维度上分析了城市群创新活动空间演化内在机制。

3.1　城市群创新活动动力系统

按照熊彼特的观点，创新是建立一种新的生产函数，这一新生产的实现关键是动力牵引。对于城市群创新活动也是如此，只有明确创新动力，才能剖析创新活动的影响因素。从这个意义上来说，城市群创新活动空间研究的核心是创新动力问题。

3.1.1　动力系统构成

创新活动本质上是一种投入-产出的生产过程（Audretsch 等，2004），因此对于城市群创新动力研究可以从投入、产出、效用三个方面进行剖析。

1. 要素组合动力

要素投入是一切生产活动开展的前提。要素投入包括要素投入水平及其组合方式，其中要素组合方式是决定性的，直接影响着创新产出规模。城市群创新要素包括创新人群、资金、知识、政策等。城市群创新要素组合是创新活动产生的基础动力。

创新要素组合方式直接决定着地方创新活动的产生。城市群创新活动是个复杂生产过程，要完成这个过程，需要有大量研发资金和智力资源的投入，因此创新人群、创新资金、创新知识等创新要素在地方空间的组合会刺激创新主体间的合作，从而产生地方创新活动。

从关系层面，城市间创新要素交流与共享决定着创新联系与合作的产生。城市间通过创新人群的交流、资金共享、信息交互、政策共享而形成创新发展的动力，从而刺激城市间创新活动的合作，促进了城市间创新活动的产生。城市间创新活动产出的增加，促进了城市群创新网络的形成，继而影响着城市群创新活动空间。比如上海张江高科技园区享有国家优惠政策，上海通过移植张江政策，与江苏、浙江等省的多个城市实现政策共享，而政策共享带来了城市间人才、资金和信息交流，继而促进了城市间创新活动的产生。

2. 需求导向动力

创新活动的最终目的是创造新产品和服务，满足社会经济发展的物质与精神需求，因此需求是创新活动产生的根本动力，也是创新活动价值实现的场所。

从地方层面，需求通过三种方式刺激创新活动产生：一是市场需求刺激企业研发新产品和新服务，促进创新活动产生；二是高新技术产业对创新需求高，刺激和激发高新技术企业不断进行技术创新活动；三是创新主体间需求促进了创新合作，从而推动着创新活动产出的增加。产业新城对创新活动的需求，吸引着先期创新发达城市创新人群、信息、智力等要素流入，促使流入创新要素与当地创新要素的合作，从而催动着创新活动产生。

从关系层面，需求动力主要表现为创新要素需求，即城市间创新要素存在着互补和供求，一个城市拥有某种创新要素，另一个城市恰好需要这种创新要素，这两个城市彼此间要素需求促进了创新交流与合作，从而促进了城市间创新活动的产生。

3. 效用追寻动力

生产活动的最终目标是以最小的投入实现最大的产出。最小的投入，通过减少投入、节约成本而实现；最大的产出，通过提高生产效率、增加产出收益而实现。创新活动本质上是一种生产活动，因此降低成本和扩大收益也是创新活动产生的动力之一。城市群创新活动的效用追寻通过两种力量刺激着城市间创新合作。

① 创新要素生产或流动成本的节约，增强了创新生产要素空间报酬。先期发展起来的创新城市，在空间报酬递增和要素流动作用下不断增强而形成创新聚集。当创新聚集出现不经济时，开始向外转移创新活动，以降低创新生产成本。另外，随着交通、通信技术的发展，地理距离对城市间创新合作与交流的影响在逐渐减弱，但是地理距离的影响依然存在。这是因为，城市间创新生产过程中有大量创新人群、资金等要素流动，而这些创新要素流动是有成本的。当创新发达城市到其他城市开展创新服务时，往往寻求与当地创新人群、思想、智力的支持和合作，这样可以节约创新要素，尤其是创新人群流动而带来的创新成本。从这个意义上讲，地理距离不是影响城市间创新活动的直接要素，而是通过影响创新要素流动成本间接影响着创新活动产生。

② 潜在的创新机会刺激创新要素流动，促进了创新活动的产生。城市群外围地区城市发展迅猛增加了创新活动的需求，在自身创新要素（创新科研人群、创新资金等）不能满足的情况下，城市开始向外寻求创新合作，尤其是与创新科研人群丰富的城市开展创新要素的合作与交流，也扩大了城市自身创新产出。另外，先期发展起来的创新城市，随着创新主体规模的不断扩大，创新要素边际效益出现下降，为此创新主体开始向城市以外其他区域寻求新的创新机会，以提高创新要素边际生产效率，从而促进了创新要素在城市间流动，继而增加了城市间创新交流与合作。

3.1.2　创新动力演进

要素组合、需求导向、效用追寻共同构成了城市群创新活动的动力系统。对于不同城市群或者对于城市群内不同城市而言，其创新活动的动力存在差异。同时，对于同一个城市群，不同发展阶段，其创新活动的动力也存在着差异。因此，城市群创新活动动力系统在时间和空间上都存在着动态演进（图 3.1）。

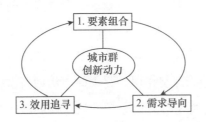

图 3.1　城市群创新动力的系统构成及其演进

相比于一般经济活动，创新活动需求门槛高，因此，早期城市群创新活动发展的动力是要素组合，即在创新资源丰富的城市产生与发展。创新要素丰富的城市，创新人群基于创新需求，完成城市群创新活动从无到有的过程和智力附加活动。

随着城市创新规模的扩大，创新生产需要的要素投入规模不断增加，这时城市自身创新资源要素已无法满足创新生产需求，开始转向城市群其他城市寻求创新资源要素支持。这种支持是以其他城市创新需求和创新资源特点为前提的。基于其他城市的创新需求，为破解创新中地方文化的影响，首先需要其他城市创新智力思想支持，然后是创新人群支持。同时，创新合作提升了地方创新能力，这时开始自发组织创新生产，反过来需要城市创新资源要素的支持。因此城市群创新动力转变为需求导向和创新要素组合。

城市创新产出规模扩大导致了城市创新活动高度聚集，随之而来的是创新活动生产成本的增加和创新竞争力的提升。如创新产出聚集，增加了创新人群抢夺，使得创新人群费用提升。而新的经济活动对创新资源、环境的要求发生变化，创新主体开始向城市以外的区域寻求新的合作，以降低创新聚集带来的不经济和竞争提升。这时，城市群创新动力更多地表现为对创新效用的追寻。

3.2 城市群创新活动空间分布形成机制

从空间层面上，城市群创新活动系统包括城市个体创新和城市群体创新两个子系统。作为城市群创新活动的两个子系统，个体创新和群体创新具有不同的形成条件和发展路径。

3.2.1 个体创新影响因素及形成机制

城市群个体创新是一个复杂子系统。按照系统论的观点，任何系统功能取决于内因和外因两个方面。从内因来看，创新活动供给和需求影响着创新规模；系统外因则是外部环境，创新活动离不开一定的地理空间载体，空间环境对创新活动也具有促进或抑制作用。鉴于此，从创新供给、创新需求、创新环境（内部环境和外部环境）等方面分析探讨个体创新影响因素及形成机制（图3.2）。创新供给，是从供给侧分析创新要素禀赋对创新活动的驱动影响；创新

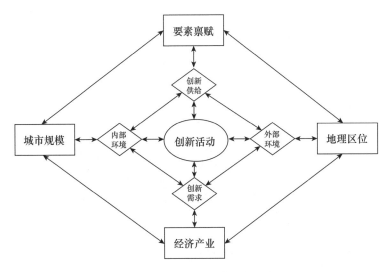

图 3.2　个体创新活动影响因素

需求，是从需求侧分析生产活动（经济产业）对创新活动的推动影响；创新环境分为城市内部创新环境和城市外部创新环境，其中城市内部创新环境，如创新设施、创新氛围、创新文化等方面，这些因素最终与城市规模大小有关；城市外部创新环境，如区域创新设施、创新溢出等方面，这些因素又与城市的地理区位有关。

1. 要素禀赋

创新要素是开展创新活动的前提和基础，其禀赋程度直接影响着城市个体创新活动产出规模。Griliches（1979）早在知识生产函数模型中，将创新要素投入作为创新产出的解释变量，构建了创新产出是创新要素投入的函数，其中创新要素投入主要包括研发资本。Jaffe（1989）扩展了创新生产，引入高等院校研发投入对创新产出的影响。Romer（1990）在内生技术进步理论中指出，新知识的生产是研发人力资本和知识存量乘积的函数，研发人员投入影响着新知识产生。随后，国内外学者借助知识生产函数模型对创新活动影响因素进行了大量研究，普遍认为创新要素投入是影响创新活动的重要因素，在创新要素丰富的地方，创新活动普遍较为活跃。

创新要素主要包括创新资金和创新人群，这两者的绝对供给数量直接影响着城市个体创新活动的规模。创新资金，是指投入创新生产中的资金，其多寡往往会对创新规模产生决定性的影响。创新人群是创新生产的主体，是创新活动开展的基本条件，创新活动往往需要大量高素质人群。

要素禀赋对创新活动的驱动影响主要通过三个方面实现（图3.3）。

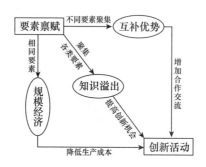

图3.3　要素禀赋对个体创新影响机制

（1）相同要素规模经济带来的报酬递增

按照经济学理论，创新要素投入量影响着创新活动的产生。创新主体通过增加创新要素投入量扩大了创新生产规模，而生产规模的扩大带来了创新成本的下降，从而产生规模经济效益。创新生产中存在着规模经济现象，创新主体必然通过增加要素投入量扩大创新生产规模，这样不仅意味着创新活动产出的扩大，还意味着创新生产效率的提高。这对于创新主体更具有决定性意义。现实中，创新要素丰富的城市，如创新资金雄厚、创新人群多，创新规模普遍较大，相反创新要素缺乏的城市，创新规模较小。此外，城市创新要素丰富，创新主体之间由于空间上邻近，彼此可以方便、充分地利用要素开展多种创新活动，在规模经济作用下降低了创新活动生产成本、实现创新活动空间报酬递增。因此，为了追求规模经济，创新活动在空间上易趋于集中。创新要素禀赋所产生的规模报酬递增，是源于城市整体创新要素规模扩大，而不是单单因某一个创新活动生产主体规模所产生。

（2）不同要素间互补增加了合作机会

要素互补通过增加合作机会促进创新活动产生。各类创新要素在城市内集中，不同类型创新生产主体之间接触、联系机会多，产生的创新活动也较多（Simmie，2005）。城市内创新要素丰富，就会存在着互补性要素，即要素之间存在着供求关系，共同实现创新活动生产。由于空间上的邻近，增加了互补性创新要素之间交流合作的机会，继而增加了城市创新活动的数量。城市拥有大量高新技术企业和高等院校（科研机构）。高新技术企业拥有创新资金，而高等院校（科研机构）拥有创新人群、创新知识，这样在创新资金、创新人员、创新知识之间彼此存在互补，空间上邻近降低了双方创新合作成本、增加了双方创新合作与交流机会，从而提高了城市创新规模。

（3）各类要素聚集提升了创新潜力

创新要素在一定地理空间聚集促进了知识溢出，提升了创新潜力。大量创新要素的聚集，增加了创新要素之间的接触和交流，从而促进了知识信息的交流和技术扩散，于是就容易产生新思想、新产品和新方法，城市创新活动较为活跃。来自同一技术行业的研发人员集中，无论是在正式场合还是非正式场合，都有可能出现交流知识、思想的机会。美国硅谷就是因为创新企业聚集，形成了一个创新网络。这个网络中，创新人群都专注某一个研究领域，营造了鼓励公司间进行合作、实验、分享知识的氛围，新产品的产生可能来自创新人群之间的交流；相反，在波士顿地区 128 公路沿线的企业之间的相互依赖性小。硅谷之所以成为世界创新高地，创新要素之间近距离交流发挥了很大作用。

2. 经济产业

实现创新成果的产业化转移、创造新的增长点是开展创新活动的根本目的。按照城市群创新需求导向动力，经济发展尤其是产业活动的需求刺激和影响着创新活动的产出。

马歇尔和 Jacobs 分别从理论上探讨了专业化和多样化对创新活动影响的内在机制。马歇尔（1890）指出专业化具有促进知识溢出的氛围；Jacobs（1969）指出经济多样化有利于创新思想的形成。后来，大量学者通过案例验证产业的专业化和多样化对创新活动的影响程度。由于空间单元、衡量指标、研究时段以及产业类型的差异，研究结论存在着非常大的争议。也有学者关注到不同产业类型对创新活动的需求差异。总之，已有文献主要是从产业类型和产业结构角度解释经济产业对创新活动产生的影响。除此之外，产业规模也会对创新活动产生影响（图 3.4）。

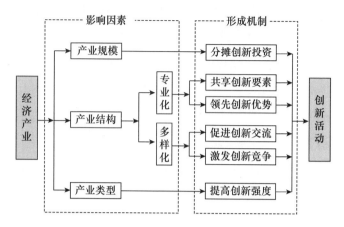

图 3.4 经济产业对个体创新活动影响机制

（1）产业规模

创新活动前期投资巨大，研究开发成本高，同时创新活动又面临着高失败风险。据有关资料统计，95% 的研发项目没有任何结果，只有 5% 的项目最后成为可以申请专利的技术，且申请专利的技术并不都具有商业价值，可能最终无法投入使用（孙晓华等，2010）。产业规模庞大，可以分摊研发投资、降低创新风险、提高创新收益，因此产业规模大的城市更具有开展创新活动的潜能。

（2）产业类型

不同产业类型对创新活动的需求程度是不一样的，继而影响着创新活动的产出。高新技术产业以高新技术为基础，对技术及其产品研发的需求较强，相应的产业研发投入强度较大，创新活动成果较多；相反，传统产业由于技术及其产品相对成熟，对研发的需求相对较弱，创新活动成果较少。因此，以高新技术产业为主的城市，其创新活动相对活跃。

（3）产业结构

城市产业的专业化与多样化都可以促进创新活动的产生，但是二者内在机制有所区别。产业专业化，通过共享高素质劳动力、共享创新基础设施（如金融、中介等服务机构），保持专业领域的技术领先优势，推动着城市创新活动产生。专业化产业，吸引更多创新资源聚集，推动着城市创新活动产生。而产业多样化是指来自不同产业的人群聚在一起进行交流，容易迸发出许多新的思想、创意；同时，来自不同产业之间的竞争，刺激着企业不断进行产品技术创新，最终推动着城市创新活动的交流和产生（程开明，2011）。

3. 城市规模

城市作为创新活动的空间载体，为创新活动提供着基础和环境，其规模大小会影响创新活动的规模和效率。城市规模是指城市的综合容量与范围，包括城市人口规模、用地规模、资产规模、市场规模和经济当量等内容，通常是以人口数量和经济总量来衡量。城市人口规模与创新活动存在着较强的相关关系，很多学者研究证实了这一点。Rosenbloom（2007）指出，由于人口众多，大城市拥有更多创新资源，会比小城市创新活动多。Bettencourt 等（2007）定量分析了美国城市规模与创新产出的关系，精确估算了美国城市规模对创新产出的边际效应系数为 1.291。根据前述分析，城市创新要素投入影响着创新规模，事实上城市创新人群、创新资金等要素投入都是一种表象指标，它们的投入规模最终是由经济发展规模和水平所决定的（张战仁，2013）。国际经验表明，创新规模与经济发展水平存在着显著的相关关系，发达国家的创新活动产出也较多。魏守华等（2011）运用回归模型验证了在其他条件不变的情况下，经济发展水平提高 10%，创新活动将增强 1.25%。

无论是以人口规模还是经济总量来衡量，城市规模与创新活动产出之间存在着正相关关系，城市规模扩张有利于创新活动开展。因此创新中心或高地往往出现在经济发达地区或城市。全球三分之一创新中心集中在世界六大城市群内，这是因为六大城市群是世界经济发展核心地区；长三角城市群是我国创新高地，是由于长三角城市群是我国经济发展引擎和未来经济发展格局中最具活力和潜力的地区。城市规模对创新活动的影响机制主要是通过三个方面来实现的（图 3.5）。

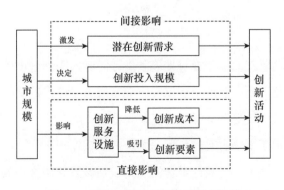

图 3.5　城市规模对个体创新影响机制

（1）创新服务设施孵化作用

创新服务设施在创新活动中起着桥梁和纽带作用，通过协助、促进创新成果的产生和转化，降低企业和科研机构的创新成本，从而促进城市创新活动产生。具有一定规模的城市，往往拥有良好的创新服务设施（如金融、信息、咨询、法律等中介服务设施）和发达的创新平台（各级科研创新中心），适合开展创新活动。同时，创新主体通常对创新服务设施要求高，完善的创新服务设施通过降低创新活动生产成本、吸引其他地区创新人群和创新资金聚集，进一步促进创新活动的交流和产生。

（2）决定创新投入间接效应

根据知识生产函数，创新活动是创新要素的函数，创新要素投入直接影响着创新规模。事实上，创新人群、创新资金投入仅是一种表象指标，它们的投入规模大小最终是由经济发展规模和水平决定的。经济发展带来地方公共投入的增加，用于科技创新的投入也会相应地增加。创新发达国家的研发投入占国内生产总值的比例一般是 2%～3%。因此，经济规模最终决定着创新活动投入的规模和强度，具有一定经济规模的城市，其创新活动的投入规模往往较大，继而创新活动产出规模也较大。

（3）满足潜在创新需求间接效应

创新活动最终目的是创造新产品和服务，满足消费者需求，因此创新活动需要考察市场需求。规模大的城市聚集了大量的人口和企业，彼此互为市场，形成规模较大的潜在市场经济，刺激企业研发新产品和新服务，满足城市对创新活动的需求。同时，大城市往往是创新活动中心，聚集了很多高素质人群和企业，由于接近创新需求，创新主体（企业和科研机构）可以及时了解和发现创新需求，不断地进行创新研发，从而促进创新活动产生。

4.地理区位

城市创新活动不仅取决于自身发展条件，同时还受到城市外部环境因素的影响。城市间的创新溢出以及地理距离实质上是取决于城市地理区位，而地理区位在客观上反映了城市接受外部影响的机会和程度（图3.6）。

地理区位原指某事物占有的位置、场所。现在地理区位，一方面指某事物的位置，另一方面指该事物与其他事物的空间联系。因此从这个意义上，地理区位除了表征城市地理位置以外，更重要的是与区域其他城市的密切关系。

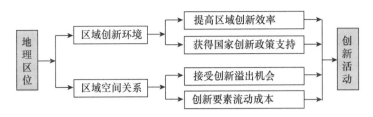

图 3.6　地理区位对个体创新的影响机制

（1）城市所处的区域创新环境

城市所处的区域创新环境好，各种创新服务设施完善，就有利于城市创新活动开展；否则，城市创新活动将受制于区域环境。美国湾区各城市创新能力普遍较强，这与该区域拥有高素质创新人群、丰厚的创新风险资金以及完善的金融、信息、咨询等中介服务机构有关，区域内城市可以在较近范围内高效组织起创新活动所需要的要素。同样在我国，东部沿海地区城市创新能力较强，这在一定程度上跟城市所处的地理区位有很大关系。

另外，不同区域在国家创新体系格局中的位置不一样，所获得的政策支持和直接投入也会有所区别。城市位于国家创新试验区域，对其创新活动发展也会产生相应的影响。

（2）城市在区域中的空间关系

地理区位影响着城市在区域中的空间关系，而这种关系通过城市间交通联系所决定的地理距离成本对创新活动产生影响。具体而言，在其他条件一定的情况下，城市间创新溢出随着地理距离的增大而减少，因此地理区位影响一个城市与其他城市发生相互联系的可能性，进而影响着城市创新获得机会与发展潜力。尤其是中小城市，由地理区位所决定空间关系对创新活动影响较大。实践证明，位于区域创新中心周边的中小城市，由于空间上邻近，接受创新源创新溢出的机会大，从而促进城市创新活动发展；同时，空间上邻近还可以降低创新要素流动成本，增加了与创新中心城市创新联系的机会，从而促进了创新规模的增加。而位于区域边缘的中小城市，由于远离创新中心，接受创新溢出和发生创新联系的机会均小，创新规模通常也小。

地理区位只是影响城市创新活动的外在条件之一，城市创新活动不可能完全受制于地理区位，通过其他条件可以弥补地理区位不足所带来的不利影响。另外，城市地理区位也是动态变化的，随着区域交通条件以及基础设施的改变，城市地理区位也会发生变化。

3.2.2 群体创新影响因素及形成机制

群体创新表现为城市间创新合作与创新联系。根据空间相互作用理论，区域之间相互作用产生必须满足三个基本条件，即互补性、可达性和干扰机会（李小建，1999）。互补性是相关区域之间存在着某种商品、技术、资金、信息或劳动力等方面的供求关系（李小建，1999），是实现区域之间相互作用的基础；可达性与区域之间的地理距离、政治（行政、文化、社会）障碍、交通设施等因素有关；干扰机会取决于区域间互补性的强度。创新联系作为空间相互作用的一种类型，同样也受到这三个条件的影响。另外，创新活动与经济活动关系密切，区域间经济联系往往衍生出区域间创新合作。鉴于此，本书从要素互补、地理距离、行政区划、经济联系等方面探讨城市群体创新活动的影响因素及形成机制。

1. 要素互补

创新要素互补是指城市间在某种创新要素，如创新人群、创新资金、创新技术，存在着供求关系时，即一个城市提供某种创新要素，而另一个城市恰好需要这种创新要素，这时两个城市才能借助该创新要素交流实现创新合作与联系。从某种程度上讲，只有城市间创新要素具有互补性，才有建立创新联系的可能。创新要素自由流动为创新联系提供了可能，而要素互补是实现创新联系的基础，因此要素互补对创新联系更为重要（Moreno，2012）。

城市间创新联系强度与要素互补性成正相关。创新要素互补性越大，城市间创新联系越强。这是由于：

（1）增强城市间创新联系的依赖性

创新活动复杂性决定了一项创新活动的生产完成需要多种创新要素。当本城市创新要素无法满足创新活动生产时，就需要创新主体寻求城市以外合作，弥补创新要素不足。为了保障创新活动生产正常运行，需要城市间不断进行创新要素交流，从而增强了城市间创新活动的依赖性。

（2）降低城市间创新联系的干扰机会

城市间创新要素互补往往是多向的，亦即一个城市可以与多个城市同时具有创新要素互补。究竟与哪个城市进行创新要素交流与合作，实现创新生产的联系，取决于城市间创新要素互补强度。城市间要素互补性强，彼此创新要素依赖性大且容易形成稳定的创新合作关系，这样降低了第三方干扰的机会。

2. 地理距离

距离衰减性是空间相互作用的重要规律，其实质是区域间的相互作用受到地理距离的影响。在其他条件相同情况下，区域间的相互作用随着地理距离的增加而减小。区域间经济、交通联系等领域的距离衰减规律已被众多学者证实并普遍形成共识。

在创新活动领域，学者们（Maggioni 等，2007；Hoekman 等，2009；Picci，2010；程开明，2011）借助引力模型分析了地理距离对创新联系的影响。尽管学者们研究尺度、选取指标等不尽相同，但结论却十分一致：地理距离对创新联系具有负面影响或阻碍作用，即随着区域间地理距离的增加，彼此间创新联系趋于减弱，创新联系同样也遵循着距离衰减性。

随着现代交通和信息技术的快速发展，地理距离对创新联系的影响在逐渐减弱，但仍然是影响创新联系的重要因素。地理距离对创新联系的作用主要通过以下几个方面实现。

（1）创新要素流动成本

创新联系是以创新要素的交流与合作为前提。在创新要素中，有些创新要素可以借助网络媒介传播；而有些创新要素，如知识、技术，由于难以编码化，就需要创新人群直接、面对面交流和高强度互动（Maggitti 等，2013）。这样创新活动生产过程中就有大量的人群流动，区域间知识也主要是依靠创新人群流动实现的（Almeida 等，1999）。人群流动比货物流动成本要高得多（Glaser 等，1992）。地理距离接近，可以缩短创新人员流动的距离，继而降低空间流动的成本，提高创新联系的可能；相反，则会降低创新联系的机会。

（2）创新交流合作障碍

不同地区由于知识文化、社会经济差异，创新环境往往也存在着差异。地理邻近有助于缩短地区间风俗习惯、价值观念等差距，增强彼此间文化认同感、提升相互信任，降低创新要素交流的文化障碍，从而为创新要素交流与合作提供良好的环境基础。因此，创新主体在选择地区间创新合作对象时，在相同条件下会优先考虑与相邻地区创新主体的交流与合作。

（3）创新交流合作风险

由于空间感知能力的限制，创新主体获取其他创新主体知识、技术、资金等方面的信息时，通常是以邻近地区居多，因此创新主体对邻近地区较为熟悉。为了降低决策风险，创新主体在寻求外界创新交流与合作时，大多倾向在邻近地区采取行动。

3. 行政区划

"行政区"通常是指一个国家的地方行政机关所辖的区域，泛指行政区域的范围，是为了实现国家的行政管理、治理与建设，国家对领土进行合理的分级划分而形成的区域或地方（刘君德，1996）。长期实践证明，行政区划设置确保了行政区政治、文化、社会、经济等有效运转，同时由于各级政府谋求本行政区划利益最大化，行政区划阻碍着行政区间经济的联系和发展，限制了资金、劳动力、技术、物资等生产要素和资源的有序流动，形成了"行政区"运行规律。行政区划界线如同一堵"看不见的墙"对城市-区域发展产生严重的阻碍（刘君德，2006）。行政区划屏障的典型表现是受地方保护主义的强力影响，使生产要素跨行政区的横向流动受到强烈阻滞。目前，行政区划屏障作用的研究主要集中在行政区经济、城市联系等方面，有关行政区划对创新联系的影响研究则很少见。

创新联系建立在创新要素空间流动基础上，不可避免地会受到行政区划的屏障影响。同一行政区内创新联系往往较多，而跨行政区的创新联系相对较少。

（1）创新生产要素认同感

创新主体对行政区内创新生产要素分布信息了解较多，在寻求创新合作时，相同条件下会选择本行政区内的其他创新主体，从而促使了本行政区范围内创新联系的产生。行政区内创新联系最常见的是高等院校（科研院所）与高新技术企业之间合作，无论是企业在生产过程中寻求技术支撑还是高等院校（科研院所）在科研转化时寻求量产，相同条件下首先选择本行政区内的合作伙伴。

（2）地方创新政策驱使

受地方利益保护影响，地方创新政策通常是针对本行政区域范围内的创新生产单位。本行政区内创新主体（高等院校、科研院所、企业）在自身创新要素有限而寻求合作时，往往选择本行政区内其他创新主体进行创新合作。譬如各地市科技创新计划项目中规定项目申报（合作）单位应在本行政区内，这在一定程度上也促使了行政区内创新主体之间的合作。

市场经济体制改革的逐步推进，促进了创新要素跨行政区的流动，在一定程度上削弱了行政区划的屏障作用，但是区域创新联系行政区划屏障作用依然存在。

4. 经济联系

经济联系是在物质生产和再生产过程中结成的相互关系。经济联系有广义和狭义之分，其中狭义的经济联系是指直接生产过程中结成的关系；广义的经济联系是包括生产、分配、交换、消费诸关系在内的关系体系。城市间经济联系表现为城市间商品、劳务、资金、技术和信息方面的交流，及在此基础上发生的关联性和参与性经济行为（李小建，1999）。

经济联系是创新联系的前提和基础，即城市间经济联系尤其是劳动力、资金等方面交流与合作对创新联系具有促进作用。

首先，劳动力流动是知识溢出的直接原因（Almeida，1999；Funke，2005），也是城市间创新联系的重要原因。城市间劳动力尤其是创新人群的流动会促进知识、技术等创新活动的传播与交流，从而加速城市间创新生产与合作。

其次，跨城市间投资是创新联系的重要渠道。以追逐最大效益为目的跨城市间投资，为提升资本利用效率和产品竞争力，往往会在投资地直接注入研发资金和研发人员进行研发创新活动，从而促进了投资地与被投资地之间的创新合作。

最后，新技术还会通过上下游产业之间的技术经济联系传播到上游和下游产业中。

3.2.3　城市群创新活动系统形成机制模型

城市群创新活动系统形成机制模型反映的是城市群创新活动与其影响因素以及各影响因素之间的关系。从系统论的角度，城市群创新活动是一个复杂系统，具有一般系统的特征：系统功能的整体涌现性、系统结构的有机联系性和系统发展的动态演化性，城市群创新活动系统形成机制模型的构建应体现出系统的特点。同时，城市群创新活动又是一个很具体的活动，城市群创新活动影响因素模型的构建也应为实践中城市群创新活动的影响因素分析提供理论支撑。基于系统论的观点，根据对城市群创新活动内涵和影响因素分析，构建了"两维度八要素一关系"的城市群创新活动系统形成机制模型（图3.7）。

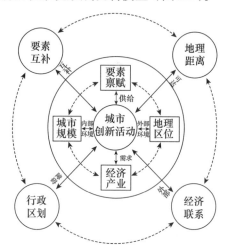

图 3.7　城市群创新活动系统形成机制模型

根据城市群创新活动内涵，模型将城市群创新活动影响因素还原为城市个体创新影响因素和城市群体创新影响因素两大类别，其中城市个体创新是由要素禀赋、经济产业、城市规模、地理区位等因素相互作用而形成的；群体创新活动是由要素互补、地理距离、行政区划、经济联系等因素相互作用而形成的。

作为城市群创新活动系统的两个子系统，个体创新与群体创新并不是相互孤立或脱离的，而是相互影响、相互作用，共同构成了城市群创新活动系统。因此，从城市群创新活动整体角度，模型中还包括个体创新和群体创新之间相互关系、相互影响，以及个体创新影响因素与群体创新影响因素之间错综复杂的交互关系。

3.3　城市群创新活动空间演化内在机制

城市群创新活动不是一成不变的，随着时间的推移，城市群创新活动在空间上经历着复杂的动态演化。城市群创新活动空间演化实质上是创新活动及其要素在地域空间上的运动过程。

3.3.1 个体创新空间演化内在机制

随着城市群创新要素和资源的变动，城市个体创新数量和规模发生着变化，这种变化反映在空间上就构成了城市个体创新空间演化。在空间演化中，城市个体创新会出现聚集和分散两种运动，并由此引发城市个体创新的空间趋异与空间趋同效应。

1. 聚集形成机制

（1）聚集的形成

创新活动产生和发展是以一定的创新要素为基础和前提的，因此门槛条件相对较高。在城市群范围内，创新活动首先出现在初始创新优势明显的城市，然后在循环累积作用下自我增强而不断形成创新活动聚集。城市个体创新聚集是创新活动及其要素在地理空间上的集中趋向与过程。

从系统论的角度，城市个体创新聚集源于城市自身创新活动空间报酬递增和其他城市创新要素流动带来的集中（图 3.8）。

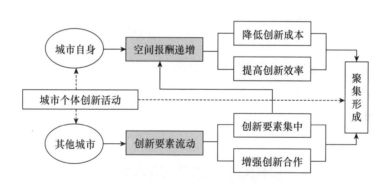

图 3.8 城市个体创新聚集形成机制

一是，空间报酬递增带来创新发达城市创新产出增速。创新活动是个复杂过程，一项创新活动需要各种创新要素通力合作完成。创新规模大的城市，通常创新生产要素丰富、创新环境设施完善，从而为创新活动生产和开展提供了良好的基础条件。同时，创新活动及其要素在空间上聚集增加了彼此之间创新溢出和联系的机会，在空间层面上容易产生创新报酬递增，从而降低了创新主体成本，提高了创新活动生产效率，进一步加快了城市创新活动的增长速度。

二是，创新发达城市吸引创新要素聚集带来创新产出增加。创新发达城市的创新机会多、生产效率高，从而吸引其他城市创新生产要素向创新发达城市转移，而这种转移一旦开始就会形成叠加效应，进一步吸引创新生产要素加速向创新发达城市流动，从而使得创新发达城市创新生产要素不断增加。根据知识生产函数，创新产出是创新要素投入函数，创新生产要素的增加在一定程度上带来创新产出的增多，从而使得创新发达城市的创新规模继续扩大。

（2）聚集的空间效应

城市个体创新及其要素的集中运动过程对城市群空间的效应主要表现在：

一是，创新中心形成和发展。在聚集力的作用下，城市群内创新活动及其要素（创新人群、创新资金、高校及科研机构等）不断向创新发达的城市聚集，加速了发达城市创新规模和数量，从而促成了创新发达城市形成和发展为城市群创新中心。

二是，加剧城市个体创新活动不均衡发展，空间呈现趋异现象。类似于一般经济活动，创新活动聚集极易形成循环累积效果，使得城市群内创新活动及其要素产生"马太效应"，即创新发达城市创新活动数量和规模更大，落后城市创新活动更加落后，从而加剧城市群创新活动出现中心与边缘分化过程，产生创新活动密集与稀疏地区，最终使城市群内城市个体创新活动数量和规模空间更加不均衡。

2. 分散形成机制

（1）分散的形成

当创新活动聚集到一定程度时，就会出现创新活动分散现象。城市个体创新分散是创新活动及其要素在地理空间上的扩散趋向与过程。从系统构成的角度，城市个体创新分散形成源于系统内外不同因素引发（图3.9）。

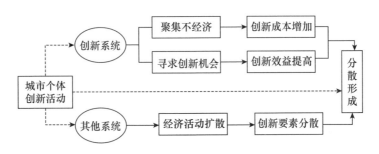

图 3.9　城市个体创新活动分散形成机制

一是，聚集不经济下创新分散。当创新活动聚集规模超过一定限度时，城市个体创新出现规模不经济，即创新活动生产成本将上升，聚集效益下降，甚至会出现因聚集而带来的外部环境对创新活动的负面约束。创新活动主体（高新技术企业、科研院所、高等院校等）聚集过度，相互之间就会争空间争要素，从而增加了创新活动的生产成本。对于竞争不强的创新生产主体而言，当创新活动生产成本较高且超过创新效益时，往往就会被迫选择迁移到其他地区，从而引起了创新活动由聚集城市向外围地区分散的现象。

二是，寻求新机会下创新分散。随着城市群创新环境的变化，聚集城市的创新生产主体为了寻求新的发展机会，主动到城市群内其他城市建立新的分支机构，如高新技术企业设立子公司、高校和科研院所建立分院校所。这些分支机构在新的城市，通过组合当地创新要素开展创新活动，从而扩大当地创新规模，使得城市群创新活动出现了空间分散。比较典型的是高等院校到新的城市建立分校，通过利用自身的科研优势与当地的高新技术企业开展技术创新合作，从而促进了当地创新规模扩张，实现了创新活动由聚集地区向其他地区分散。

三是，经济活动联动下创新分散。知识经济时代，高新技术产业成为经济活动的主角。相比于传统产业，高新技术产业对空间区位条件有了新的要求，更加注重地区环境、人力、交通、信息等。在此背景下，区域经济区位发生了变化，某些地区成为高新技术产业聚集区。高新技术产业是知识密集、技术密集型产业，对产品技术创新要求高，高新技术产业聚集区，其创新活动较为活跃。因此，高新技术产业区位变化引发了区域创新空间分散。除此之外，经济全球化背景下，跨国公司的区位选择也会对当地创新活动产生较大的影响。

（2）分散的空间效应

城市个体创新分散现象对城市群空间的影响主要表现在：

一是，增加了外围城市创新活动发展机会，扩大这些城市创新规模。在分散力的作用下，区域内创新活动及其要素开始向周围地区转移，加快了这些地区创新活动的增长速度。

二是，促进了创新活动空间趋同。来自发达城市创新活动分散以及新经济活动引发创新活动发展，使得某些落后城市的创新活动发展较快，与创新发达城市的创新差距逐步缩小，最终使得区域内创新规模空间呈现趋同现象。

同样，类似于聚集机制，当创新活动分散到一定程度，也会出现分散不经济，从而抑制创新活动分散发展，创新活动又出现新聚集。因此，聚集与分散是创新活动空间运动中对立统一的过程。

3.3.2 群体创新空间演化内在机制

随着城市群创新要素流动和经济联系变动，城市间创新联系数量和强度发生着变化，这种变化反映在空间上就构成了群体创新活动的空间演化。在空间演化中，群体创新联系也出现聚集和分散两种运动，并由此带来创新合作与交流的空间趋异与空间趋同效应。

1. 聚集形成机制

（1）聚集的形成

城市群创新活动交流与合作首先出现在要素互补性强的城市间，然后在循环累积效应下不断强化集中。城市群体创新活动聚集，实质上是城市间创新要素交流与合作在地理空间上的集中趋向与过程。城市群体创新活动聚集的形成主要基于以下几个方面（图3.10）：

一是，交流成本下降带来了创新联系增强。创新联系是在创新生产主体间要素互补以及彼此了解的基础上形成的协作关系。城市间创新联系一旦产生，就会形成相互信任。这种信任会在后期创新联系中，降低甚至避免创新交流和搜寻的成本。与和第三方建立创新联系相比，原来双方创新联系的生产成本较低，从而提高了彼此创新联系的空间报酬，继而进一步增强了城市间创新联系的数量和强度。

二是，创新要素流动刺激了潜在创新联系机会。创新要素在城市间流动，增加创新生产主体对联系城市其他创新要素的认知和了解，刺激创新生产主体积极寻求与联系城市新的创新合作，从而增加城市间创新联系数量。创新要素的跨城市流动，还会增加创新思想传播和溢出的机会，在一定程度上也会促使城市间创新联系发生。

三是，创新要素发展促进了创新联系数量增多。城市对外创新联系可以促进两地互补要素以及其他创新要素的发展。互补要素规模扩张可以增加彼此联系数量；而其他创新要素的发展，会促使这些要素向外与其他城市寻求合作，从而增加了城市对外联系数量。

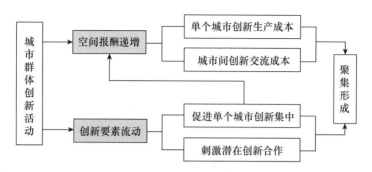

图 3.10　城市群体创新活动聚集形成机制

（2）聚集的空间效应

聚集对创新联系空间分布的效应主要体现在：

第一，创新联系节点的形成。创新联系聚集过程中，城市对外创新交流数量和强度不断增加，从而使这些城市发展成为城市群创新联系的节点。

第二，创新联系空间不均衡加剧。在聚集力的影响下，城市群有些城市创新联系数量增长较快，而有些城市创新联系数量增长较慢，这样在空间上就出现了创新联系紧密区与联系脆弱区，从而加剧了创新联系在城市群空间的不均衡性。

2. 分散形成机制

（1）分散的形成

创新联系分散，是创新要素交流与合作在地理空间上的分散趋向与过程。当城市群创新联系发展到一定阶段，就会出现创新联系分散的过程。城市群创新联系分散出现源于以下几个方面（图 3.11）：

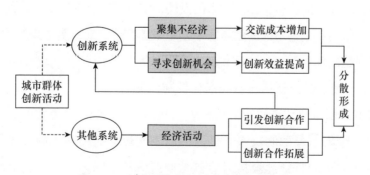

图 3.11　城市群体创新活动分散形成机制

一是，新兴产业城市创新联系增加。随着城市群经济发展和一体化进程推进，城市群发展起来许多新兴产业城市。这些城市产业尤其是工业发展迅猛，对科技创新活动的需求不断增加，但是城市自身创新要素（科研人群）普遍缺乏。在此情况下，城市一般会寻求与创新联系节点城市的交流与合作，以满足产业发展对创新活动的需求，从而增加了新兴产业城市的创新联系，由此带来了城市群创新联系由聚集走向分散。

二是，创新联系节点城市创新要素拓展新的合作机会。在创新联系和创新投入等因素影响下，创新联系节点城市的创新要素发展较快。除了继续与已建立联系的城市保持创新交流与合作外，其创新要素可能出现"剩余"，促使创新生产主体拓展合作对象，与其他城市建立创新联系，由此带来城市群参与创新联系城市数量增多。

三是，规模扩张下同一集团跨城市的企业之间创新合作。为开拓市场、提升产品竞争力，创新联系节点城市大的企业集团往往会进行异地投资，建立子公司或者分支机构。这些子公司或分支机构隶属于企业集团，因此研发人员和研发资金在子公司与母公司以及子公司之间进行流动的障碍少、成本低，从而促进了彼此间的创新交流与合作，继而增加了子公司所在城市的创新联系数量。

（2）分散的空间效应

分散对创新联系空间分布的效应主要体现在：

第一，创新联系节点城市增多。创新联系分散过程中，越来越多的城市融入创新联系网络中，从而使城市发展成为城市群创新联系的节点。

第二，创新联系空间趋同。在分散力的影响下，来自创新联系节点城市的创新分散以及新经济活动引发创新联系的发展，使得某些创新稀疏地区的创新联系发展较快，与创新紧密地区的创新联系差距逐步缩小，最终使得城市群内创新联系空间呈现趋同现象。

3.3.3 城市群创新活动空间演化机制模型

在城市群创新活动空间运动过程中，有两种机制贯穿于始终：创新聚集与创新分散。聚集与分散既反映了创新活动空间运动的内在机制，也显示了创新活动空间演化的特征。聚集与分散是创新活动空间运动中出现的对立统一过程。

从系统论的角度，城市群创新活动是一个复杂的系统，系统的功能取决于内因和外因综合。城市群创新活动空间演化机制也应从创新活动系统内外两个层面着手。根据对城市群创新活动系统概念及其特征理解，模型从城市群创新活动系统内外两个层面进行构建。其中系统内，城市群创新活动空间演化主要源于空间报酬规律和创新要素流动；而系统外，创新活动又与经济活动关系密切（图3.12）。

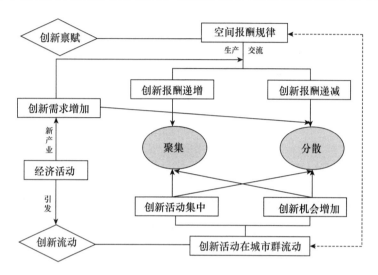

图 3.12　城市群创新活动空间演化内在机制模型

空间报酬规律通过影响城市个体和城市群体创新生产、交流成本，继而影响着创新活动在城市群聚集与分散。当创新活动系统产生报酬递增时，创新活动在城市群表现为聚集；相反当创新活动系统产生报酬递减时，创新活动在城市群内就出现了空间分散。

创新要素流动，一方面促使了创新要素在城市群创新发达城市集中，带来创新产出的增加与创新活动空间聚集；另一方面，增加了城市群城市间创新要素交流与合作机会，从而刺激了潜在创新合作，增加了城市群体创新活动聚集。同时，创新要素流动也会通过要素聚集不经济或者寻求新的创新机会而带来创新活动空间分散。

经济活动中的新产业对创新活动需求大，在空间报酬规律下会带来创新活动的聚集与分散；而部分新产业活动对空间区位条件的新要求也引发了创新活动空间分散。另外，经济活动扩张带来的创新合作，也促使了创新活动空间分散。

第4章 城市群创新活动空间分布测度指标与方法

合理指标和科学方法是衡量测度创新活动空间分布的关键。本章从个体、群体、整体三个层面系统研究了城市群创新活动空间分布常用的测度指标与方法，并对各指标、方法的内涵、特点及适用性进行解释说明。

4.1　测度指标

4.1.1　个体创新测度指标

创新活动涵盖了思想的产生及产品研发、设计、试制、生产、销售等一系列活动，其过程极其复杂，因此要精确地测度出创新规模是比较困难的（Griliches，1990），但是可以采用替代指标来表征。

创新活动本质上是一个投入-产出的过程（Audretsch 等，2004）。从投入产出系统运行角度看，创新活动过程可以分为创新投入、创新组织和创新产出三个环节（刘凤朝等，2009）。创新活动指标应涵盖创新活动的整个过程，包括创新投入指标、创新组织指标和创新产出指标三大类（表4.1）。

1.创新投入指标

创新投入是指创新活动生产过程中所需人力、物力和财力。其中人力投入是创新活动形成和实现的基础，这是因为从创新思想产生、技术研发到产品生产等创新活动的整个过程都是通过人来实现的；财力投入是创新活动形成和实现的关

表 4.1　个体创新测度常用指标一览表

类别		常用指标
创新投入指标	创新人群	R&D 人员数（企业、科研机构、高等院校）、科技活动人员数、专业技术人员数
	创新资金	R&D 经费支出
创新产出指标	专利	专利申请量、专利授权量、专利引用量
	科技论文	国际三大检索系统论文数、国内公开发表期刊论文数
	新产品	新产品产值、新产品数量
	技术合同	技术合同交易额、技术合同数
创新组织指标	科研机构	科研机构数量
	高等院校	高等院校数量
	企业研发机构	企业研发机构数量

键，任何创新活动都是以一定资金投入为前提；物力投入以人力需要为设计，以财力投入为保障，以固定资产的形式表现。考虑到不同创新活动的固定资产差异较大，创新活动物力很难进行量化比较，因此创新活动投入主要分析创新活动的人力和财力的投入，具体包括创新人群和创新资金。

（1）创新人群

创新人群是直接从事创新活动或为创新活动直接服务的人员。基于创新活动的内涵界定，创新人群一般具有一定的专业知识或专门技能，是人力资源中能力和素质较高的劳动者。根据参与创新活动过程阶段的不同，创新人群可以分为科研型创新人群和技术型创新人群。

国内外创新活动研究中，以创新人群来衡量创新活动的常用指标有研究与试验发展（R&D）人员、专业技术人员、科技活动人员等。采用创新人群表征创新活动指标中，以 R&D 人员指标最为常用。

（2）创新资金

创新资金是投入创新活动生产中的资金。根据资金来源不同，创新资金有政府资金和企业资金。衡量创新资金的常用指标有研究与试验发展（R&D）经费支出。R&D 经费支出是指用于 R&D 活动的全部实际支出，包括用于 R&D 活动的直接支出，还包括间接用于 R&D 活动的一切支出。根据资金使用对象，R&D 经费支出分为 R&D 经费内部支出和 R&D 经费外部支出。根据创新活动组织者的不同，R&D 经费支出可以分为企业、科研机构、高等院校的 R&D 经费内部支出。

Griliches（1979）在建构知识生产函数时，就假定新知识是 R&D 经费投入的函数。Jaffe（1993）利用 R&D 经费支出作为创新生产函数的投入指标，度量了美国大学研发向企业研发溢出的本地性。随后，多数学者也都采用 R&D 经费支出作为创新活动投入的衡量指标。

2. 创新产出指标

创新产出是指开展创新活动所产生的中间产出结果，通常采用专利、科技论文、新产品、技术合同等替代指标衡量。

（1）专利

专利，是专利权的简称，是对发明人的发明创造经审查合格后，由专利局依据专利法授予发明人和设计人对该项发明创造享有的专有权。

专利指标具体又有专利申请量、专利授权量、专利引用量。专利指标是表征创新活动最为广泛的替代指标。这是因为相对于其他指标，专利指标在表征创新产出方面具有三大明显优势。

一是，专利数据容易获得。由于大多数国家实行专利制度，因此从世界上绝大多数国家的专利局均可以得到专利数据的相关信息，并且一般都有很长时间序列，同时专利涉及的地理区域遍及全世界。

二是，专利数据覆盖面广。专利数据几乎覆盖了全部技术领域软件和大多数基础研究成果。技术领域软件一般通过版权保护，基础研究成果则通过文献计量指标反映。

三是，专利数据检索和处理灵活。世界各国普遍都有专利机构，且建立专利数据库，这为检索和利用专利数据提供了便利条件。同时，专利数据分类非常详细，利用专利数据既可以进行很细致的研究，也可以灵活地按不同标准汇总数据，甚至可以在所有层次上进行分析。

但是采用专利数据表征创新活动，也存在一些缺陷。

首先，专利指标测度的是发明创造，而发明创造与创新是两个概念。尽管发明创造是创新活动的基础，但是发明不一定成为创新，还需要经过进一步产品研发、设计、试制、生产、销售等一系列活动才有可能成为一项创新活动。只有

1% ～ 2% 的发明活动成功地应用到市场，多数专利并未引发创新活动。

其次，不同专利的技术与经济价值各不相同。有些专利的技术和经济价值较高，而也有些专利几乎没有任何技术和经济价值。采用专利数表征创新活动，实际上是均等对待各专利技术和经济价值，忽略了专利对创新活动质量和经济影响的差异（Griliches，1990）。

最后，不是所有的创新活动成果最后都以专利方式出现，如有些企业出于保守技术机密考虑，不愿意申报专利。

尽管采用专利数表征创新活动受到质疑，但是专利数据仍有很高的价值，是研究创新产出的独特资源（Griliches，1990）。Acs 等（1989）也证明了在衡量创新产出时，专利指标虽称不上完美，但总体上还是相当可靠的。

（2）科技论文

科技论文是在学术刊物上发表的最初的科学研究成果，应具备以下三个条件：一是首次发表的研究成果；二是作者的结论和试验能被同行重复并验证；三是发表后科技界能引用。

目前国际科技论文三大检索系统分别是：美国科学情报所编制的大型综合检索系统《科学引文索引（SCI）》、美国工程索引公司编制的《工程索引（EI）》以及美国情报所编制的《科学技术会议信息（ISTP）》。国内常用期刊检索系统有中国期刊全文数据库（中国知网）、万方数据资源系统、中文科技期刊数据库（维普资讯）等。

科技论文体现了一个地区在基础研究、应用研究等方面取得的成果及其与外界的交流情况。作为创新知识的载体，科技论文具有较高的创新性，但由于学术期刊、编印出版社种类繁多，也没有一个明确划分的标准，不同等级期刊（编印出版社）的创新知识水平也许能看出差异，但同一级别的期刊上发表的论文创新水平差异也很大，所以采用科技论文指标衡量创新活动产出不够理想。

（3）新产品

新产品是采用新技术原理、新设计构思研制、生产的全新产品，或在结构、材质、工艺等某一方面比原有产品有明显改进，从而显著提高了产品性能或扩大了使用功能的产品。采用新产品表征创新活动时，常用指标有新产品产值和新产品数量。新产品产值是以货币形式表现的，工业企业提供的新产品的总价值量，表明了工业企业新产品的生产总规模和总水平；新产品数量是工业企业提供新产品的数量。

新产品的产值和数量直接反映了创新活动成果的商业化和市场化的过程，能够较好地体现创新活动的经济价值。但是在使用中也存在一些缺点：首先，新产品的概念和范畴不好确定，对于不同产业的意义也不尽相同，甚至对于同一产业新产品之间的创新含金量也可能差异很大，因此不同产业之间可比性差；其次，由新产品的产值和数量反映生产总成果，但是并没有说明新产品经营状况好坏和经济效益；再次，不是所有企业都发布新产品，有些企业出于保守商业机密考虑，不公开发布新产品；最后，新产品产值和数量调查成本较高，只能在某些年份或某些地区开展，数据不具有时间连续性，因此不易进行纵横向比较（Acs等，2002）。

（4）技术合同

技术合同，技术市场成交合同简称，是指当事人就技术开发、转让、咨询或者服务订立的确立相互之间权利和义务的合同。采用技术合同表征创新规模时，常用指标有技术合同交易额和技术合同数。

技术合同数反映出该地区创新活动与经济相结合、技术成果转化为市场价值的水平，是用来衡量创新活动的常用指标之一。技术合同交易额反映的是技术成果的市场交易值，而非技术成果产生的经济效益；很多技术成果是自我研发使用；不同技术成果之间的差异大。

3. 创新组织指标

创新活动行为主体是直接从事创新活动并对创新活动进行组织与管理的机构，主要有高等院校、科研机构和企业研发机构。

高等院校泛指对公民进行高等教育的学校，包括普通高等教育和成人高等教育。作为人才培养的摇篮，高等院校是高层次创新人才培养的主要基地，为地区创新活动培养高素质人才队伍。同时，高等院校由于具有良好的科技创新氛围，丰富的创新人才资源，各领域的专家、教师以及庞大的研究生共同构建起系统的创新人群体系，成为基础研究的主力军和原始创新的源头（孙孝科，2005）。高等院校通过自身的知识研发或者与企业合作，推动着创新活动的产生与发展。高等院校在地区科技创新活动中扮演着重要作用，这一职能已被世界著名的创新型区域所证实，如美国硅谷的崛起与斯坦福大学、128 公路的兴起与麻省理工大学、北京中关村的出现与清华大学，等等。以高等院校表征创新活动组织时，常用的指标是高等院校数量。

科研机构是长期有组织地从事研究与开发活动的机构，有开展研究工作的基本条件，并有一定数量、质量的研究人员。科研机构凭借着高素质的研发人员、良好的科研条件和物质基础，成为科技创新主体中不可或缺的一分子。以科研机构表征创新活动组织时，常用的指标是科研机构数量。

企业研发机构是指在企业内设立的独立或非独立的具有自主研发能力的技术创新组织载体。企业研发机构是企业技术创新的基础平台，是全面提高自主创新能力的中坚力量。以企业研发机构表征创新活动组织时，常用的指标是企业研发机构的数量。

4.1.2 群体创新测度指标

对城市群体创新活动的测度主要考虑城市间的交流合作以及创新联系。目前城市间创新联系测度使用最广泛的是论文合作和专利合作数据。

1. 论文合作

论文合作，即合著论文，是指由两个或者两个以上作者合作完成论文的撰写和发表。论文合作表现为公开发表论文上两个或者两个以上作者共同署名。由于公开发表论文一般含有论文发表时间、刊号、页码、作者姓名、作者单位等信息，因此通过检索论文作者和作者单位可以查找出合作论文数量。

论文合作发表揭示了作者间存在着创新交流与合作，若合作者来自不同的单位，则说明这些单位之间出现了创新合作；若这些单位又是来自不同的城市，则说明这些城市间出现了合作关系。因此首先通过检索论文作者查找出合作论文，在此基础上依次筛选出来自不同单位和城市的合作论文，这样就将共同作者合作论文转变成了城市间合作论文，并以此表征城市间创新联系数量。

合作论文是分析城市间创新联系的重要指标，国内外有很多学者用合作论文对创新联系进行了分析。吕拉昌等（2015）用合作论文数量测度城市间的创新联系，并将中国内地 73 座城市分为创新发展型城市和地区、区域或者国家创新中心城市。马海涛等（2018）采用科研论文合著数据对粤港澳大湾区城市群的创新网络格局及演变进行分析。香林等（2021）选择 Web of Science 上科研论文合著数据，以地级市以上城市为研究对象，研究中国城市知识创新网络。

2. 专利合作

专利合作有广义和狭义概念。广义的专利合作是指以专利为载体的所有形式的合作，既包括专利研发过程中的合作，又包括围绕着专利成果展开的许可、转让、开发、应用等一系列活动，涵盖了专利生产—专利转让—成果开发—产品推广的过程，包括委托开发、合作研究、合作开发、专利许可或转让等多种合作形式。狭义的专利合作是指专利研发过程中的合作，即共同研究，主要表现形式为共同署名或联合申请，对应的英文翻译为"co-invent"。

专利合作表现申请人（专利权人）为两个或两个以上个人（单位）。专利数据库中有关申请授权专利，一般包含专利名称、申请日、申请人、发明人、代理人等信息，通过检索申请人（专利权人）可以查找出合作专利数量。若专利申请人（专利权人）为两个或两个以上单位，且这些单位来自不同城市，则说明这些城市间存在着专利合作。

专利数据是国际认可的衡量创新产出的重要指标，专利合作数据也已广泛应用于衡量国家、区域、城市群、城市之间的创新联系研究中。周灿等（2017）借助中国知识产权局提供的合作发明专利数据，研究发现长三角城市群呈现四种创新模式。鲜果等（2018）对中国 290 个地级及以上城市间的合作专利数据进行分析，发现城市间创新网络东密西疏、东强西弱。李新等（2020）采用专利合作数据对哈长城市群内、外部创新协同网络进行分析。

此外，也有学者认识到企业是创新的重要主体，通过选择具有较强创新实力的企业，研究其部门分布，构建城市创新联系。周晓艳等（2020）通过对独角兽企业的总部—分支机构联系建模，研究发现中国城市创新网络整体呈现菱形结构。黄晓东等（2021）采用国家级创新企业部门关联数据，同样对中国城市创新网络联系进行了研究分析。在实际研究过程中，创新型企业及其分支机构信息获取难度较大，获取年份受限，因此在普及程度上不如论文合作和专利合作数据广泛。

4.2　测度方法

4.2.1　个体创新测度方法

1. 空间测度方法

围绕着创新活动空间特性，城市个体创新空间测度方法可以概括为：空间均衡类、空间集中类和空间相关类（尹宏玲等，2015）。

（1）空间均衡类

空间均衡类方法用来测度创新活动在空间上均衡分布的程度。基尼系数、泰尔指数和空间均值法是创新活动空间均衡类测度应用最为广泛的方法。

① 基尼系数

基尼系数（Gini Coefficient）是根据劳伦兹曲线定义的，用以判断收入分配公平与贫富差距程度的指标。Krugman（1991）将基尼系数引入空间区位研究中，用以分析美国制造业的空间集中程度。随着创新活动研究的不断升温，Audretsch 等（1996）、Agrawal 等（2003）、Fornahl 等（2009）以及我国张玉明等（2008）、陈晶等（2012）、郭嘉仪等（2012）将基尼系数引入创新活动空间研究中，用以分析判断创新活动空间均衡状况。创新基尼系数公式定义如下：

$$G = \frac{1}{2n^2 \bar{x}} \sum_{i=1}^{n} \sum_{j=1}^{n} |x_i - x_j|$$

其中，G 为创新基尼系数，n 为区域内城市数量，$\bar{x}$ 为区域创新活动的平均数，x_i、x_j 分别表示 i 城市、j 城市创新要素占区域创新要素的份额。

创新基尼系数的取值范围在 0 ～ 1。如果区域创新活动空间分布均衡，创新基尼系数最小且等于零；如果区域内仅有一个地区有创新活动，其余地区创新活动均为零，创新基尼系数最大且等于 1。创新基尼系数越接近于零，创新活动空间分布越均衡；相反创新基尼系数越接近于 1，创新活动空间分布越集中。

创新基尼系数直观地反映了区域创新活动整体的均衡程度，但是并没有显示出个体创新空间分布差异，即创新基尼系数没有显示这种均衡或不均衡存在于哪里？也就是区域内哪个城市创新规模大，哪个城市创新规模小。另外，当区域内有多个分区时，创新基尼系数另一个难题就是分解问题，基尼系数在不同群组之间是无法分解的，无法测算出创新活动的组内差异和组间差距（苑林娅，1998）。

②泰尔指数

泰尔指数（Theil Index）由泰尔（1967）利用信息论中的熵概念来计算收入不平等而得名。相对于基尼系数，泰尔指数提出及应用的时间较短。鉴于基尼系数在分解方面存在的难题，学者们采用泰尔指数研究创新活动分组空间差异。如王春扬等（2013）采用泰尔指数分析我国东中西三大区域间及区域内创新活动差异。依据泰尔指数公式，创新泰尔指数可以表达为

$$T = \frac{1}{n} \sum_{i=1}^{n} \frac{y_i}{\bar{y}} \log\left(\frac{y_i}{\bar{y}}\right)$$

其中，T 为创新泰尔指数，y_i 与 $\bar{y}$ 分别代表第 i 个城市的创新规模和所有城市平均创新规模，n 为城市数量。

同时，泰尔指数还可以对创新活动空间差异进行分解，分别考察区域内差异和区域间差异及其对总体差异随时间变化的贡献程度，则泰尔指数分解如下：

$$T = T_b + T_w = \sum_{k=1}^{K} y_k \log \frac{y_k}{n_k/n} + \sum_{k=1}^{K} y_k \left(\sum_{i \in g_k} \frac{y_i}{y_k} \log \frac{y_i/y_k}{1/n_k} \right)$$

其中，T_w 为区域内创新差异，T_b 为区域间创新差异，y_i 表示第 i 个城市的创新规模，y_k 表示为第 k 组区域创新规模，K 是第 k 组区域城市数量，n 为城市数量。

泰尔指数的取值范围在 0～1。泰尔指数越大，则表明区域创新差异越大。与基尼系数相比，泰尔指数在估计区域创新差异时，可将区域总体差异分解为区域间差异和区域内的差异两部分，并测算出各自对总差异的贡献率，以此分辨出区域创新总差异的主要来源。因此，泰尔指数最大的优点是可以衡量组内差距和组间差距对总差距的贡献。

③空间均值法

重心是源于物理力学中的概念，指物体各部分所受重力产生合力的作用点。如果各点的质量处处相等，那么物体的中心与其重心重合。近年来，重心被用于空间数理统计中，指的是空间现象属性数据均值在二维空间上的位置。可以通过判断空间现象均值与区域几何中心的空间关系，反映空间现象分布是否均衡以及

均衡程度。依据重心计算模型，分别计算出地理几何中心和个体创新空间重心坐标。计算公式为

$$\bar{X} = (\sum_{i=1}^{n} z_i x_i) / (\sum_{i=1}^{n} z_i) \ ; \bar{Y} = (\sum_{i=1}^{n} z_i y_i) / (\sum_{i=1}^{n} z_i)$$

其中，$\bar{X}$，$\bar{Y}$ 分别为空间重心的横、纵坐标，x_i，y_i 为第 i 个城市的横、纵坐标，z_i 为第 i 个城市属性值，n 为城市数量。

当创新空间均值显著区别于地理几何中心，说明创新空间不均衡分布，即重心偏离；当创新空间均值与区域几何中心重合，说明创新空间均衡分布。由于空间均值法计算过程简单、结果直观，常用来测度个体创新活动的空间聚集程度。

（2）空间集中类

空间集中类是用来测度创新活动在空间上集中分布的程度，主要有首位度、集中率、赫芬达尔指数、E-G 指数等方法。

① 首位度

杰斐逊（Jefferson，1939）在研究城市规模分布规律时提出了首位度的概念，指的是一国最大城市与第二位城市人口的比值。在创新活动空间研究中，借用首位度概念分析创新活动在最大城市的聚集程度。创新首位度可以表示为

$$R_s = \frac{Y_1}{Y_2}$$

其中，R_s 为创新首位度；Y_1 表示首位地区创新规模；Y_2 表示第二位地区的创新规模。

借鉴城市首位度相关研究（汪明峰，2001），创新首位度小于 2，表明区域创新空间结构正常、集中适当；创新首位度大于 2，则表明区域创新空间结构存在失衡、过度集中的趋势。

创新首位度较好表达了首位城市与第二位城市之间的创新活动关系。由于其计算过程简单和易于理解，常用来测度区域创新活动的空间聚集程度。但是由于该指标仅仅反映区域创新活动在首位地区的聚集程度，对于非首位分布型的区域，不免以偏概全。

②集中率

集中率（concentration ratio），又称行业集中率或市场集中率，是某一特定行业的相关市场内前 n 家企业所占市场份额的总和。集中率代表了前 n 家企业市场规模的集中程度，可用来反映整个行业市场结构关系。将集中率应用到创新活动空间研究中，用来分析创新活动空间聚集程度。创新集中率是创新规模前 n 个（n 一般取 4 或者 8）城市的创新规模占区域创新规模的总份额，一般其表达公式为

$$CR_n = \sum_{i=1}^{n} S_i$$

其中，CR_n 是创新集中率，S_i 是第 i 城市创新规模所占区域创新规模的份额，n 表示的规模最大的前几个城市数。

创新集中率反映了前 n 个城市创新规模所占的总份额，该数值越高，创新活动的集中性越高。

创新集中率采用单一的指标累积份额测度创新活动的空间聚集状况，因此数据容易收集、计算也较为简单，是衡量创新活动空间集中度的常用指标之一。但是采用创新集中率测度也存在几个方面的缺点：① 反映前 n 个城市的创新规模综合集中程度，但不能反映前 n 个城市中每个城市的集中状况；② 仅能使用表征创新规模的单一指标，存在着以偏概全的可能；③ 创新集中率数值与 n 的取值有直接关系，不同的 n 取值将会导致测算结果的差异（杨玲，2011），④ 忽略了其他城市创新规模对集中程度的影响。

③赫芬达尔–赫希曼指数

赫芬达尔–赫希曼指数（Herfindahl-Hirschmanhidex，简称 HHI 或赫芬达尔指数），是指一个行业中各市场竞争主体规模所占行业总规模的百分比的平方和，用来测量产业集中度的综合指数。目前，赫芬达尔指数也被应用到创新活动空间集中状况的测度。创新活动的赫芬达尔指数，是指各城市创新规模占区域创新活动总规模比重的平方和，其计算公式为

$$\mathrm{HHI} = \sum_{i=1}^{N} (X_i/X)^2 = \sum_{i=1}^{N} S_i^2$$

其中，HHI 表示创新赫芬达尔指数，S_i 表示 i 城市创新规模占区域创新规模份额，N 表示区域内城市数量。

赫芬达尔指数的取值范围在 0 ~ 1。当区域创新活动集中在一个城市，而其余城市创新活动为零时，赫芬达尔指数为 1；当区域内各城市创新规模相同时，赫芬达尔指数为 $1/n$，n 趋向无穷大，赫芬达尔指数就趋向 0。赫芬达尔指数数值越大，表示区域创新活动空间集中程度越高。

赫芬达尔指数同样采用单一的指标来测算创新活动空间集中程度，因此数据容易收集，计算过程简单。与集中率相比，赫芬达尔指数综合考虑城市创新规模和城市数量对创新活动集中程度的影响，反映的信息相对真实全面。但是由于赫芬达尔指数采取的是城市创新规模所占份额的平方和，其含义不直观，影响到该指数在实践中的应用。

④ E-G 指数

E-G 指数又称为空间集聚指数，是为了解决集中率失真，结合赫芬达尔指数，由 Elilsion 等（1997）提出的新的测量产业集聚程度的集聚指数。由于 E-G 指数在测度空间集聚方面的优势，被应用到创新活动空间集中程度研究中。创新 E-G 指数的测算公式为

$$\gamma = \frac{G - \left(1 - \sum_i x_i^2\right) H}{\left(1 - \sum_i x_i^2\right)(1 - H)} = \frac{\sum_{i=1}^{M}(s_i - x_i)^2 - \left(1 - \sum_{i=1}^{M} X^2\right) \sum_{i=1}^{N} Z_j^2}{\left(1 - \sum_{i=1}^{M} X^2\right)\left(1 - \sum_{i=1}^{N} Z_j^2\right)}$$

$$\mathrm{SCI} = \frac{\sum_{i=1}^{M}(p_i - q_i)^2 - \left(1 - \sum_{i=1}^{M} q_i^2\right) H}{\left(1 - \sum_{i=1}^{M} q_i^2\right)(1 - H)}$$

其中，γ 表示 E-G 指数，G 为基尼系数，H 为赫芬达尔指数，s_i 为 i 地区某产业创新活动规模占该产业区域创新活动规模的比重，x_i 为 i 地区内创新活动总规模占区域创新活动规模比重，M 表示 M 个地理区域，Z_j 为 j 地区创新规模占区域创新规模的比重，q_i 为 i 地区劳动力份额，p_i 为 i 区域创新规模。

创新 E-G 指数 γ 的取值范围在 0 ~ 1。E-G 指数分为三个区间：第一个区间为 $\gamma < 0.02$，表明创新活动空间分布是分散的；第二个区间为 $0.02 < \gamma < 0.05$，表明创新活动空间分布比较均匀；第三个区间为 $\gamma > 0.05$，表明创新活动空间分布集聚度比较高。γ 取值越大，创新活动空间集聚程度越高。

创新 E-G 指数综合考虑了产业规模和地区差异对创新活动的影响，能够进

行不同产业之间创新活动的空间分布比较。但是创新 E-G 指数存在着不足之处：① 创新 E-G 指数对数据要求较高，需要产业创新规模数据，然而多数统计数据中并没有此类数据，也就无法得出精准数据，这是创新 E-G 指数在实际应用中的最大障碍；② 在 E-G 指数中，并没有对赫芬达尔指数进行合理解释，同时赫芬达尔指数与 E-G 指数是反向的，二者相互矛盾。

⑤ 核密度分析法

核密度分析法是一种常用的点数据分析方法，通过统计某一点在其邻域中的密度，观测计算对象的分布特征和规律，能够直观地反映出点数据在空间上的集聚程度（朱力等，2021）。这种方法的基本原理是，以样本点 P 的位置为中心，计算各点在指定的半径 R 内其平滑曲面上的表面值，越靠近 P 点的点被赋予的表面值越高，反之则越低，当达到指定半径 R 后，表面值则为 0，最后取邻域内所有点的加权平均值作为 P 点的估计密度，密度值越大，说明 P 点集聚程度越高。由于核密度分析具有不受栅格和位置的影响、易于实现、适用性强、可视化效果好等优点，现已被广泛应用到创新活动空间分布测度研究中。

创新活动核密度分析，是指创新点在其周围邻域间的密度，可对创新活动热点区域进行探测研究，在 ArcGIS 中为估算样本点周围的密度，通过空间平滑技术在点状数据周围生成光滑表面，公式如下：

$$f(x) = \frac{1}{nh} \sum_{i=1}^{n} K\left(\frac{x - x_i}{h}\right)$$

公式中，n 为样本数，x_1，x_2，$\cdots$，x_n 为独立分布的 n 个专利授权数据；$f(x)$ 是专利授权数据在 x 处的核密度函数；h 表示带宽，K 函数表示空间权重函数。

核密度分析方法能很好地反映出创新点数据在空间分布中的扩散趋势及距离衰减效应，分析出点的集聚趋势。但是它的不足是缺少量化统计指标，不能确定创新点数据的位置，得到的只是整体的创新热点区域和衰减趋势，不能定量地对城市中各种创新点数据的空间分布特征进行评价。

⑥ 空间插值分析法

空间插值法是识别空间宏观特征的有效方法之一，通过数理模型将离散的空间数据进行补充插值，从而使离散的研究数据在空间上连续，且能够呈现出一定空间分布规律（曾仕波，2021）。

空间插值方法可以分为确定性插值和非确定性插值。确定性插值方法是基于信息点之间的相似程度或者整个曲面的光滑性来创建一个拟合曲面。根据插值时采样点数据的选取方式，又可分为全局性插值和局部性插值两类。

全局性插值方法以整个研究区的样点数据集为基础来计算预测值，例如全局多项式插值；局部性插值方法则使用一个大研究区域内较小的空间区域内的已知样点来计算预测值，例如反距离权重法（IDW）、局部多项式插值、径向基插值等。

非确定性插值方法是利用样本点的统计规律，使样本点之间的空间自相关性定量化，从而在待预测的点周围构建样本点的空间结构模型，例如克里金（Kriging）插值法。根据是否能够保证创建的表面经过所有的采样点，空间插值方法又可以分为精确性插值和非精确性插值。精确性插值法预测值在样点处的值与实际值相等，例如反距离权重法（IDW）和径向基插值等；非精确性插值法预测值在样点处的值与实测值一般不会相等，例如全局多项式插值、局部多项式插值、克里金插值等。

目前有部分学者在创新活动的空间测度方面应用空间插值法，孙瑜康等（2017）采用空间插值法识别出北京市六大创新集群；陈依曼等（2020）采用克里金插值法分析中国城市创新能力分布特征；曾仕波（2021）运用 IDW 反距离权重法刻画长江中游城市群的空间演化格局。

在众多空间插值分析方法中，IDW 反距离权重法是 ArcGIS 中最常用的数据内插方法之一。它是衡量样本点与补插点距离的一种加权平均法，能较精细地表现出创新空间分布特征。其表达公式如下：

$$Z(X) = \left(\sum_{i=1}^{n} \frac{Z_i}{d_i^2} \right) / \left(\sum_{i=1}^{n} \frac{1}{d_i^2} \right)$$

其中，$Z(X)$ 是插值点 X 的预估值，Z 是已知第 i 个城市的创新观测值，n 为用于预估的样本总数，d_i^2 是插值点 X 到样本观测值 i 的距离的平方。

IDW 反距离权重法基于"地理第一定律"的基本假设：任何事物都相关，相近的事物关联更紧密。它的优点是概念简单、运算速度快，易于在计算机中实现，因此具有良好的可适应型，能够根据分析对象的不同而改变和优化权值函数，从而获得更高精度的插值。

（3）空间相关类

空间相关类方法用来测度创新活动在空间上相互作用强度的状况。探索性空间数据分析（Exploratory Spatial Data Analysis，ESDA）目前被认为是一种比较理想的分析方法。ESDA 的核心在于度量事物或现象之间空间关联或者依赖程度。ESDA 空间关联分析分为全局和局部两种。其中，全局自相关是通过全局空间自相关计量的估计，表明事物或现象在整体空间上的平均关联程度；局部空间关联分析是利用局部空间自相关统计变量，进一步揭示事物或现象在局部空间位置上的关联程度及其分布格局（苏方林，2008）。随着地理信息系统技术的发展，ESDA 在各个领域得到广泛运用，创新活动空间研究学者也借鉴 ESDA 方法研究创新活动空间相关性。

① 全局自相关

全局自相关主要是用来分析区域之间整体上的空间关联程度，一般有两种估计方法：Moran's I 指数和 Geary 指数，其中 Moran's I 指数在创新活动空间研究中的应用较多。全局 Moran's I 指数用向量形式表示如下：

$$\text{Moran's } \text{I} = \frac{\sum_{i=1}^{n}\sum_{j=1}^{n}W_{ij}(Y_i-\bar{Y})(Y_j-\bar{Y})}{S^2\sum_{i=1}^{n}\sum_{j=1}^{n}W_{ij}}$$

其中，$S^2=\dfrac{1}{n}\sum_{i=1}^{n}(Y_i-\bar{Y})$，$\bar{Y}=\dfrac{1}{n}\sum_{i=1}^{n}Y_i$，$Y_i$ 表示第 i 个城市创新规模，n 为城市数量，W_{ij} 是空间邻接权重矩阵，对应于所有权重的和。空间权重矩阵的构造有很多方法，常用的是基于共同边界的一阶 ROOK 权重矩阵，则二进制的邻近标准或距离标准的权重矩阵为

$$W_{ij}=\begin{cases}1 & \text{当区域 } i \text{ 和区域相邻}\\ 0 & \text{当区域 } i \text{ 和区域不相邻}\end{cases}$$

全局 Moran's I 指数的显著性检验采用一个标准化的 Z 统计量来推断。

$$Z=\frac{I-E(\text{I})}{SD(\text{I})}$$

其中，$E(\text{I})$ 是理论上的均值，$SD(\text{I})$ 是理论上的表征方差。

全局 Moran's I 指数取值范围为 [−1，1]。在给定置信水平时，当全局

Moran's Ⅰ 指数大于 0，表明区域创新活动呈现空间正相关；当全局 Moran's Ⅰ 指数小于 0，表明区域创新活动呈现空间负相关；当全局 Moran's Ⅰ 指数等于 0，表明区域创新活动呈现空间不相关。

② 局部自相关

局部自相关主要是用来分析创新活动的空间关联差异的，一般采用 Moran 散点图和局部 Moran's Ⅰ 指数衡量每个城市与周边城市的空间关联程度。

A. Moran 散点图

Moran 散点图用散点图形式，描述变量 Z 与其空间滞后（即该观测值周围邻居的加权平均）向量 W_Z 间的相关关系。该图的横轴对应变量，纵轴对应空间滞后向量，图中有四个象限。

Moran 散点图的四个象限分别对应于各城市与其邻居之间四种类型的局部空间联系形式：第一象限（High-High）表示创新规模大的城市被创新规模大的其他城市所包围；第二象限（Low-High）表示创新规模小的城市被创新规模大的其他城市所包围；第三象限（Low-Low）表示创新规模小的城市被创新规模小的其他城市所包围，呈现出低低聚集模式；第四象限（High-Low）表示创新规模大的城市被创新规模小的其他城市所包围。第一、第三象限为创新规模相似的城市之间的空间联系，表明创新活动在空间呈现出高高聚集模式；第二、第四象限为创新规模不同的城市之间的空间联系，表明创新活动在空间呈现出分散格局。

采用 Moran 散点图衡量局部自相关程度较为直观形象，易于理解。同时，还可以进一步区分每个城市与其邻居之间属于哪种类型的空间联系方式。

B. 局部 Moran's Ⅰ 指数

局部 Moran's Ⅰ 指数用以度量城市 i 与其周围城市创新规模在空间上的关联程度及其显著性，它是全局 Moran's Ⅰ 指数的分解。对于第 i 城市而言，局部 Moran's Ⅰ 指数

$$I_i = Z_i \sum_{i}^{n} W_{ij} Z_j$$

其中，Z_i 和 Z_j 是城市 i 和城市 j 的创新规模经过标准化后的数值，W_{ij} 是空间权重，n 为城市数量。

在给定置信水平下，当局部 Moran's Ⅰ 大于 0 时，表示各地区创新活动之

间存在显著的正相关，创新规模大的地区倾向于和创新规模大的地区集聚在一起，创新规模小的地区倾向于和创新规模小的地区集聚在一起，呈现高高集聚或低低集聚分布格局（对应于散点图第一、第三象限）；当局部 Moran's I 指数小于 0 时，表示创新活动之间存在显著的负相关，创新规模大的地区倾向于和创新规模小的地区集聚在一起，呈现空间分散格局（第二、第四象限）；当局部 Moran's I 指数接近期望值（随着地区数量 n 的增大，该值趋于 0）时，表明不存在空间自相关，创新活动在空间上随机排列。

采用局部 Moran's I 指数可以精准地衡量出局部自相关程度，但是不如 Moran 散点图直观、形象。在实际应用中，可以根据情况进行组合使用，以更好地反映创新活动空间关联的模式。

2. 因素分析方法

（1）单因素分析

Griliches 早在 1979 年通过构建知识生产函数，定量分析了 R&D 投入对创新活动的影响。随后，很多学者以知识生产函数为基本工具，分析验证不同因素对创新活动的影响程度。知识生产函数模型基本出发点是将创新活动视为一种生产活动，通过构建创新投入和创新产出的数量模型，分析创新投入要素对创新产出的影响。目前，知识生产函数已成为研究创新活动影响因素的重要分析工具。

随着知识生产函数模型应用的扩展，结合创新投入与创新产出的具体关系，有学者对知识生产函数进行修正和改进，使创新投入要素可以更好地解释对创新产出的影响。如 Maggioni 等（2007）在分析欧洲地区创新活动影响因素时，将知识生产函数修正成基于最小二乘法（Ordinary Least Squares, OLS）的回归模型；张战仁（2013）分析我国创新活动空间集聚差异影响因素时，类似地将知识生产函数模型修正成了多元线性回归模型。回归分析模型（regression analysis）是研究因变量关于自变量的具体依赖关系的计算方法和理论。在创新规模单因素影响分析中，借助一元线性回归模型，创新规模影响模型公式表达如下：

$$Y_t = b_0 + b_1 X_t + u_t$$

公式中，Y_t 为创新规模，X_t 为创新活动影响因素，u_t 称作随机误差项，b_0 称作常数项，b_1 称作回归系数。

从总体中随机抽取一个样本，根据样本 n 对 X 与 Y 的已知数据推导出创新影响模型，由于受到抽样误差的影响，它所确定的变量之间的线性关系是否显著，以及按照这个模型用给定的创新活动影响因素 X 值估算创新规模 Y 值是否有效，必须通过显著性检验才可做出结论，创新影响模型中的显著性检验包括回归系数 b 的检验和模型整体的 F 检验。

（2）多因素分析

事实上，创新活动的产生和发展往往是与多个因素相联系的，由多个自变量的最优组合共同来预测或者估计因变量。常用的多因素分析方法有普通最小二乘法、地理加权回归模型、多元线性回归模型等方法。

① 普通最小二乘法

在传统的经济学理论中，研究横截面数据或面板数据时，默认的设定是各个事物不存在空间关联性，这是以空间同质性视角为切入点，将空间效应基本忽略，采用普通最小二乘法（OLS）构建模型，用以研究因变量（y）与自变量（x）之间的回归关系，OLS 回归表达公式为

$$y = \beta_0 + \sum_{k=1}^{n} \beta_k x_k + \varepsilon$$

式中，n 为自变量个数；x_k 为第 k 个自变量的值；y 为因变量；β_0、β_k 分别为常数项估计值和第 k 个自变量的估计值；ε 为随机项（陈依曼，2020）。

OLS 回归模型可以从整体上确定各影响因素的差异性，但是由于其没有考虑数据的空间效应，忽略了局部变量之间的可能存在的潜在关系，因此无法对具有空间相关性的样本进行很好的拟合，只能得到 x 对 y 的平均影响，导致研究中所得到的结论缺乏科学性和解释力（吴玉鸣，2006）。

② 地理加权回归模型

基于 OLS 模型，Fotheringham 等（1997）提出的地理加权回归（Geographical Weighted Regression，GWR）模型考虑了空间效应，将 Tobler 的地理学第一定律与局部空间统计方法融合，突破了常系数模型的局限性，将空间位置坐标引入，使得每一个空间单元上的属性值都存在各自对应的回归方程，解释变量的回归系数随着空间位置的不同而发生变化，进一步考虑了空间因素的综合影响（邢春蕊，2021）。陈依曼等（2020）采用 GWR 模型分析了中国城市创新能力的影

响因素，发现影响因素存在空间分异，东南部城市创新能力的主导因素是经济基础，东北和西部城市则受金融环境影响较大。王承云等（2021）综合运用普通最小二乘法和地理加权回归模型综合分析了浙江省的创新产出影响因素。

地理加权回归模型的公式如下：

$$y_i = \beta_0(u_i, v_i) + \sum_{j=1}^{k} \beta_j(u_i, v_i)x_{ij} + \varepsilon_i$$

式中，y_i 为在空间单元 i 观测的因变量；x_{ij} 为第 j 个自变量的值；(u_i, v_i) 为 i 的地理坐标；$\beta_0(u_i, v_i)$ 为常数项估计值；k 为自变量个数；$\beta_j(u_i, v_i)$ 为第 j 个变量的系数估计值；ε_i 为误差项。

③多元线性回归模型

当多个自变量与因变量是线性关系时，所进行的回归分析就是多元线性回归。多元线性回归分析是一种传统的应用性较强的科学方法，通过建立因变量与其他多个自变量之间的线性数学模型数量关系式，开展统计分析。该方法通过线性数学数量关系式，不仅能得到因变量和多个自变量之间的相关性，将重要信息提炼出来，掌握影响因变量的主要特征要素，而且还可利用概率统计知识判别其有效性，结果相对直观（吕凤兰等，2021）。张扎根（2016）通过多元线性回归模型探讨了我国环境规制对技术创新能力的影响效应。丁玉莹等（2021）通过多元线性回归模型分析了中国 30 个省份的区域产学研协同创新绩效影响因素。王洪国（2022）采用多元线性回归模型研究了研究生创新产出的影响因素。

设 y 为因变量，x_1，x_2，$\cdots$，x_k 为自变量，并且自变量与因变量之间为线性关系时，则多元线性回归模型为

$$y = b_0 + b_1 x_1 + b_2 x_2 + \cdots + b_k x_k + e$$

其中，b_0 为常数项，b_1，b_2，$\cdots$，b_k 为回归系数，e 为误差项，b_1 为 x_2，x_3，$\cdots$，x_k 固定时，x_1 每增加一个单位对 y 的效应，即 x_1 对 y 的偏回归系数；同理 b_2 为 x_1，x_3，$\cdots$，x_k 固定时，x_2 每增加一个单位对 y 的效应，即 x_2 对 y 的偏回归系数，等等。

建立多元性回归模型时，为了保证回归模型具有优良的解释能力和预测效果，应首先注意自变量的选择，其原则：一是自变量对因变量必须有显著的影响，并呈密切的线性相关；二是自变量与因变量之间的线性相关必须是真实的，

而不是形式上的；三是自变量之间具有一定的互斥性，即自变量之间的相关程度不应高于自变量与因变量之间的相关程度；四是自变量应具有完整的统计数据，其预测值容易确定。

4.2.2　群体创新测度方法

城市间创新联系的测度方法主要包括引力模型法和社会网络分析方法。

1. 引力模型法

引力模型（Gravity Model）是在牛顿万有引力定律基础上推导出来，用以分析和预测事物间相互作用的数学模型。该模型已被广泛应用于各学科领域。

地理学家塔费（E. J. Taffe）将引力模型引入空间相互作用研究中，指出两地之间的经济联系强度与它们的人口规模乘积成正比，与它们之间的距离成反比。此后，引力模型被广泛应用于"距离衰减效应"研究。国内外许多学者利用引力模型对城市与区域间经济、人口、物流、交通等空间联系强度进行了大量研究。

城市间创新联系也存在着"距离衰减效应"，即随着距离的增加，城市间创新联系趋于减弱。因此在城市间创新联系测度中，也可以借助引力模型来进行，即城市间创新联系强度与两城市之间创新规模乘积成正比，与它们之间的距离成反比。其一般形式如下：

$$R_{ij} = \frac{K Y_i Y_j}{D_{ij}^2}$$

其中，R_{ij} 为两城市间的创新联系强度；K 为常数（通常也称为引力系数）；Y_i 表示第 i 城市的创新规模；Y_j 表示第 j 城市的创新规模；D_{ij} 为两城市之间的距离。

创新引力模型特点是计算方法简单明了。该模型应用的关键是模型中涉及变量的选择确定。

创新引力模型中距离，一般采用两地间的地理距离（吕拉昌等，2015；吴志强等，2015）。但是随着现代交通和信息技术的发展，传统的地理距离概念受到挑战。在交通便捷的地方，地理距离被"缩短"，因此学者们试着用时间距离、交通距离等特殊距离来替代两地间的地理距离（许学强等，2002）。如蒋天颖等（2014）认为区域间距离为一地区到另一地区的时间距离，因此在确立城市间距离时采用公路里程数作为时间距离；而牛欣等（2013）利用"百度地图"以"最短路径"为限定条件检索每两个城市间的公路距离作为两地间的距离。

创新引力模型中引力系数 K 的确定是较为复杂的问题。国内外学者关于引力模型的研究发现，引力常数 K 的值一般为 1（吕拉昌等，2015）。引力常数 K 取值为 1，这实际上等于没有加权。引力常数 K 的基本原理，是要反映出影响创新联系的因素中，除创新规模和距离以外的其他因素。这是因为创新活动的复杂性，使城市间创新联系除了受创新规模和距离影响以外，还受到经济发展水平、研发资金等因素影响。因此，可以通过分析城市间创新联系影响因素来确定引力常数 K。牛欣等（2013）在分析构建创新引力模型时，考虑到城市间创新联系与经济总量、创新投入和创新文化环境的正向关系，增加了修正指数 K 和 π，公式表达为

$$K_{ij} = \frac{\mathrm{GDP}_i}{\mathrm{GDP}_i + \mathrm{GDP}_j}, \ \pi_i = A_i \times B_i \times C_i, \ \pi_j = A_j \times B_j \times C_j$$

其中，GDP 为经济总量，A、B、C 分别为创新资本投入、创新人才投入和储备、创新知识传播。创新联系强度修正指数增加了引力模型的应用范围，但同时也使得引力模型变得复杂，增加了数据收集和计算的难度。

采用引力模型测度城市间创新联系强度比较简单，但是在应用中，存在两个明显的不足：一是选取城市创新规模指标是表征城市创新特征的属性指标，这些属性指标在一定程度上反映了城市创新规模大小，却是将城市创新活动作为一种相对静态和孤立的过程，忽视了城市间创新要素流动和创新联系。二是引力模型是基于实践抽象出的理论模型，因此测算出的创新联系强度还是一种理想值，与实际中城市间创新联系可能存在偏离。

2. 社会网络分析方法

网络是由节点和连线构成的，表示诸多对象之间的相互联系（刘军，2004）。在经济全球化和区域一体化背景下，城市间创新联系逐渐增强，并呈现出网络化发展趋势，学者们开始引入社会网络分析（Social Network Analysis，SNA）方法，对城市间创新联系网络进行定量化研究。

社会网络分析方法是由社会学家根据数学方法、图论等发展起来的一种定量分析方法（斯科特，2011）。社会网络分析方法起初是社会学家用来分析社会学问题的，随后逐渐被管理学、人类学、心理学、经济学等多个领域广泛应用，目前已成为分析网络现象比较成熟的方法。近年来，随着创新联系增强和创新网络化出现，创新联系研究者也开始用社会网络分析方法分析创新网络的特点和结

构。社会网络分析方法适用于"关系数据"分析（斯科特，2011）。社会网络分析方法中最常用的测度有密度分析、中心分析和结构分析。

（1）密度分析

密度（density）是描述网络中各节点之间关系的整体紧密程度。密度越大，说明网络中各节点关系越紧密。网络密度定义为某一网络中所存在的实际关系数与理论上可能存在的最多关系数之比，即网络中实际拥有的连线数量除以理论上最多可能拥有的连线数量（马汀，2007）。其公式表达为

$$D = \frac{1}{n(n-1)/2}$$

其中，D 为网络密度，1 为网络中实际拥有的连续数，n 为网络的节点个数。

网络密度的取值范围为 [0，1]，数值越大说明网络联系越紧密。网络中每个节点与其他节点均两两相连接时，网络密度为 1；当网络中每两个节点均不相连时，网络密度为 0。

密度是社会网络分析中一个重要测度指标，数值容易计算。从表达式中可以看出，密度容易受到网络规模以及关系的影响，因此不适用于不同规模网络之间的密度比较，这使得密度的实际应用范围受限。

在城市间创新联系研究中，采用密度可以测算城市间创新联系网络的整体关联程度，但是在应用中需要注意的是规模差距显著的网络之间，不适合用密度进行紧密程度比较。

（2）中心分析

有关"中心性"的测度，常采用中心度与中心势两种测量方法。中心度指的是一个点在网络中居于核心地位的程度，而中心势考查的是整个图的整体整合度或者一致性，也就是一个网络的中心度。中心性又可分为点度中心性、中间中心性、接近中心性三种。

① 点度中心性（point centrality），是与一点直接相连的其他点的个数（Freeman，1979）。点度数越高，则表示该点越居于中心。点度中心性反映的是网络中点与其他点的直接联系程度。在无向网络中，点度中心性的表达公式为

$$C_p(n_i) = d(n_i) = \sum_j X_{ij} = \sum X_{ji}$$

其中，X_{ij} 表示节点 i 与节点 j 之间存在联系。

② 中间中心性（betweenness centrality），是一个点在多大程度上位于网络中其他两点的"中间"。中间中心性代表的传递关系，即其他两点需要通过该点才能发生联系，可以用来反映点在网络中的"中介"地位。中间中心性的表达公式为

$$C_B(k) = \sum_{i,j,k \in G} \frac{d(i,j,k)}{d(i,j)}$$

其中，$d(i,j)$ 为节点 i 到节点 j 最短路径的条数，$d(i,j,k)$ 表示节点 i 到节点 j 经过节点 k 的最短路径的条数。

③ 接近中心性（closeness centrality），是一个点与网络中其他点的接近程度。某一点越是接近其他点，则在网络中越是不依赖其他点。接近中心度的计算方法为该节点与网络中所有其他节点的最短距离之和，其公式表达为

$$C_C(k) = \frac{\sum_{t \in V/v} d_G(t)}{n-1}$$

其中，n 为网络中所有节点的数量；V/v 表示网络中相邻节点的集合；$d_G(t)$ 表示节点到节点之间最短距离，即最短路径长度。

接近中心性越小，表示该点在网络中越处于核心地位。但是，相比于其他两个中心性，接近中心性需要网络必须是完全相连的，这是因为对于不完全相连的网络，某个节点与其他所有的节点均不相连接，其接近中心性最小，这显然与接近中心性内涵相违背。

在创新联系研究中，运用"中心性"进行测度时，可以根据研究目的进行选择。如果研究城市是否有直接创新联系，可选用点度中心性；如果研究城市在创新联系网络中的地位，可选用中间中心性；如果研究城市在创新联系网络中的接近程度，可选用接近中心性。

（3）结构分析

① 成分分析

网络中某些节点之间关系紧密，就形成一个小团体，即子群。社会网络分析中，与子群相关的概念有派系、聚类、成分、核、圈子，其中最简单的是成分（斯科特，2011）。

成分是网络中的相连的节点以及连接这些点的线组成的集合。一个成分内部，所有点连在一起，但是与成分外部的点是无关联的。网络会被分成多个成分，其中包含节点数量最多的成分被称为主成分。

成分分析的目的是寻找出网络中成分的数量和规模以及各成分之间的关系，以便对网络的结构进行分析。

② 核心-边缘结构

节点在网络中地位是不同的，有些节点处于核心地位，有些节点处于边缘地位。核心-边缘结构分析的目的是研究网络中哪些节点处于核心地位，哪些处于边缘地位。

应用社会网络分析对创新联系进行核心-边缘分析，实际上要确定城市在创新网络中的位置，以分析创新网络的结构特性和布局模式。

采用社会网络分析方法测度城市间创新联系的各项指标时，可以借助 Ucinet 软件来实现，这样使得社会网络分析变得简单高效。

4.2.3　整体创新测度方法

城市整体创新测度方法主要有综合评价法和四象限分析法。

1. 综合评价法

综合评价法是运用多个指标对多个参评单位进行评价的方法，称为多变量综合评价方法，其基本思想是将多个指标转化为一个能够反映综合情况的指标来进行评价。城市整体创新包括个体创新规模和群体创新联系两个维度，可以借鉴综合评价法对城市整体创新进行评价。

采用综合评价方法测度城市整体创新主要包括四步：

第一，构建城市创新综合评价指标体系。根据城市创新内涵理解，从个体创新和群体创新两个维度，构建起城市整体创新评价指标体系，并对各指标进行解释、说明。

第二，收集数据，指标同度量处理。收集城市创新数据并进行汇总整理，建立数据文件；由于城市整体创新各指标计量单位不同，而且各指标数量差别比较大，所以不能直接进行综合计算，需要对指标进行同度量处理。一般是对创新数据进行标准化处理，其计算公式为

$$Z_{ij} = \frac{X_{ij} - X_i}{S_i}$$

其中，Z_{ij} 为第 j 个城市的第 i 个创新指标的标准化值，X_{ij} 是 j 个城市的第 i 个创新指标的实际值，X_i 是第 i 个创新指标的平均值，S_i 是第 i 个创新指标的标准差。

通过标准化处理后，所有指标变成无量纲形式，这样可以对各指标进行综合计算了。

第三，选择适当方法，确定各指标权重。采用专家打分法、层次分析法、因子分析法、主成分分析法等方法确定城市整体创新各指标权重。

第四，利用公式计算创新综合指数。具体方法是将各城市每项创新指标标准化值与该指标权重乘积叠加而得到创新指数。

$$W_i = \sum_{i=1}^{n} f_i Z_{ij}$$

其中，W_i 为各城市创新综合指数，f_i 是各创新指标权重，Z_{ij} 是 i 城市标准化数值，n 为需计算的所有城市。

采用综合评价法测度城市整体创新原理简单，计算过程易于操作，对数据分布以及指标多少也没有严格要求，适用范围广。但是综合评价法评价结果没有具体的含义，仅表示各城市整体创新情况排序，评价结果难以解释。同时，权重的确定非常关键，权重的大小会直接影响着整体创新评价结果；另外采用综合评价法的前提是城市个体创新和整体创新各指标的权重是固定的，也就是说各指标之间的关系是确定的。

2. 四象限分析法

四象限分析法源于二维象限图，是在平面内通过两个相互独立的指标（属性、性质、特征）的正反两个方向进行两两组合，最终将事物分到四个组合区域，对每一个区域进行分析并制定相应的策略。四象限分析法最初是由波士顿咨询公司用来分析业务和产品的表现的，后来被广泛应用到其他领域。

Zachary Neal 利用四象限分析法，依据城市中心性和作用力两个指标，将世界城市划分为核心世界城市、枢纽世界城市、门户世界城市和一般世界城市。此后，国内外创新研究者利用城市创新中心性和节点性的高低进行创新城市类型研究。

城市创新四象限分析法是从城市个体创新和群体创新两个维度进行再组合，最终将城市创新划分为四种类型：创新核心城市、创新枢纽城市、创新门户城市和创新一般城市。城市创新四象限分析法的目的在于通过个体创新和群体创新的两两组合，确定不同创新类型。

采用四象限分析法测度城市整体创新的基本步骤如下：

第一，选择城市个体创新和群体创新的测度指标和方法，计算出城市个体创新规模和城市群体创新联系的大小。城市个体创新和群体创新的测度指标可以是单一指标，也可以是复合指标，但是最终核算出的城市个体创新和群体创新大小必须是一个数值。数据方面，可以是一年或者三年以上甚至更长时间的。

第二，绘制二维坐标图。以城市个体创新为横坐标、以城市群体创新为纵坐标，作城市创新坐标图；将城市按着个体创新大小和群体创新大小，在城市创新坐标图上标出其相应的位置。各城市创新定位后，将各点所代表的城市名字标出。

第三，作城市个体创新和群体创新的分割线，将城市创新坐标图划分为四个象限。根据城市创新的特点和分布情况，研究确定城市个体创新和群体创新的中位数、分位数、标准差、平均数、阈值等作为划分标准，做城市个体创新和群体创新分割线，将城市创新划分为创新核心、创新门户、创新枢纽和创新一般城市四种类型（图 4.1）。

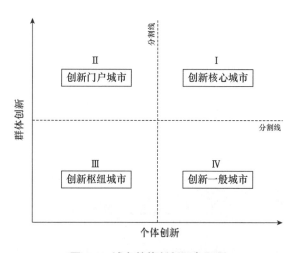

图 4.1　城市整体创新四象限图

多指标综合评估的难点在于权重的确定，四象限分析法根据指标分割线进行类型划分，避免了多指标综合评估中的权重确定，因而应用越来越多。但是同时也应该看到这种方法的局限性，该方法难以同时顾及两项或多项指标的平衡，因此，在使用四象限分析法时，要注意分割线标准的确定，同时避免因方法的缺陷而造成决策的失误。

第5章 长三角城市群城市个体创新活动空间研究

长三角是我国最具活力和创新能力的城市群，在我国开展城市群创新实践研究，长三角城市群无疑是最具代表性和示范效应的，本书以长三角城市群为例进行实证研究。

在长三角城市群创新规模迅速扩大的同时，不同城市个体创新规模出现了显著差异。任何创新空间格局的形成都是时间和空间因素交互作用的结果（杜德斌，2014）。本章从城市个体层面，以长三角城市群41个城市2005—2020年专利申请量为核心指标，重点分析长三角城市群城市个体创新时空演化特征及其影响因素。

5.1 研究范围及概况

长三角城市群自古以来凭借着得天独厚的地理条件和密布的河网，成为我国著名的鱼米之乡。改革开放后，长三角城市群利用自身优势和国家优惠政策，社会经济发展取得巨大成就，成为我国经济最发达、城市集聚程度最高的地区。

长三角城市群是我国最大的城市群，综合实力第一，初步形成了世界级城市群规模。根据2019年国务院发布的《长江三角洲区域一体化发展规划纲要》，长三角城市群包括上海市、江苏省、浙江省、安徽省全域的41个城市（以上海市、江苏南京等 9 个城市、浙江杭州等 9 个城市、安徽合肥等 8 个城市共 27 个城市为中心区，其余 14 个城市为外围区），国土面积 35.8 万平方千米，约占全国的 3.7%；总人口 2.2 亿人，约占全国的 15.7%；地区生产总值 27.6 万亿元，约占全国的 24%。

长三角城市群作为我国对外开放先行区，其经济外向度和国际化程度高。拥有开放口岸 46 个，进出口总额、外商直接投资、对外投资分别占全国的 37%、39% 和 29%，中国（上海）自由贸易试验区等对外开放平台建设不断取得突破，国际贸易、航运、金融等功能日臻完善。

长三角城市群也是我国城市化水平最高和城市最密集的城市群。长三角城市群城市体系层次分明，拥有 1 个超大城市、1 个特大城市、13 个大城市、10 个中等城市和 42 个小城市（含县级市），形成了以上海为中心的完备的城市体系。同时，城市分布密度达到每万平方千米 80 多个，是全国平均水平的 4 倍左右；2020 年常住人口的城市化率达到 70%。

5.2　研究指标、方法和数据

5.2.1　研究指标

为遴选长三角城市群城市个体创新替代指标，本书从整体上对长三角城市群各种潜在指标进行相关性分析；依据指标相关性大小初步选择与其他指标相关性较大的指标作为测度创新活动空间分布的备选指标。

从创新投入、产出、组织三个方面选择表征创新规模的 10 项替代指标，根据《中国科技统计年鉴》中长三角 3 省 1 市数据资料，借助 SPSS 软件中的 Person 数据包络进行相关性分析，各指标间的相关系数如表 5.1 所示。

10 项替代指标中 R&D 人员、R&D 经费支出、新产品收入、申请专利、授权专利均与 4 个指标的相关性大于 0.9；高技术收入指标与 1 个指标的相关性大于 0.8。而研发机构数、高等院校数、注册商标数、发表论文 4 个指标与其他指标相关性在 0.5 以下。根据潜在替代指标相关系数，初步选择 R&D 人员、R&D 经费支出、新产品收入、申请专利、授权专利共 5 项指标作为分析长三角城市群创新活动空间分布的备选指标。

表 5.1　长三角城市群创新活动替代指标相关性比较

	R&D 人员	R&D 经费支出	新产品收入	研发机构数	高等院校数	高技术收入	注册商标数	发表论文	专利申请量	专利授权量
R&D 人员	1	0.983	0.946	0.436	0.5	0.756	0.514	0.615	0.914	0.917
R&D 经费支出	0.983	1	0.941	0.739	0.342	0.824	0.367	0.576	0.982	0.944
新产品收入	0.946	0.941	1	0.59	0.384	0.792	0.598	0.661	0.962	0.912
研发机构数	0.436	0.739	0.59	1	0.377	0.62	−0.724	0.829	0.553	0.381
高等院校数	0.5	0.342	0.384	0.377	1	0.626	−0.547	−0.136	0.439	0.378
高技术收入	0.756	0.824	0.792	0.62	0.626	1	0.172	0.775	0.704	0.748
注册商标数	0.514	0.367	0.598	−0.724	−0.547	0.172	1	0.369	0.476	0.545
发表论文	0.615	0.576	0.661	0.829	−0.136	0.775	0.369	1	0.483	0.482
专利申请量	0.914	0.982	0.962	0.553	0.439	0.704	0.476	0.483	1	0.978
专利授权量	0.917	0.944	0.912	0.381	0.378	0.748	0.545	0.482	0.978	1

数据来源:《中国科技统计年鉴》(2016—2020)。

基于数据可得性和连续性，在现有公开资料中，以地级市为地域单元的统计资料有《上海市统计年鉴》《江苏省统计年鉴》《江苏省科技统计年鉴》《浙江省统计年鉴》《浙江省科技统计年鉴》《安徽省统计年鉴》等。通过对上述统计资料整理发现，在表征创新活动 10 项潜在替代指标中，长三角城市群 41 个城市专利申请量、专利授权量是可以获得且是连续的（表 5.2）。

表 5.2　长三角城市群创新活动替代指标数据可得性比较

	指标	上海	江苏	浙江	安徽
投入指标	R&D 人员	√			√
	R&D 经费支出	√			√
产出指标	新产品收入	√		√	√
	高技术收入	√	√	√	
	注册商标数	√			
	发表论文	√			
	专利申请量	√	√	√	√
	专利授权量	√	√	√	√
组织指标	研发机构数	√	√		
	高等院校数	√			

备注：此表根据《上海市统计年鉴》《江苏省统计年鉴》《江苏省科技统计年鉴》《浙江省统计年鉴》《浙江省科技统计年鉴》《安徽省统计年鉴》整理。

基于长三角城市群城市个体创新规模指标相关性和数据可得性，本书将专利数据作为测度创新规模空间分布的主要指标。以专利申请量作为分析创新活动的基本变量，这里之所以选择专利申请量，而不是专利授权量，基于两个方面考虑：首先，专利授权量同专利申请量之间存在较强的线性相关，专利申请量所包含的信息在很大程度上已经覆盖了专利授权量；其次，与专利申请量相比，专利授权量具有一定的时间滞后性，以其作为分析指标，可能在一定程度上引起信息失真（刘凤朝等，2005）。

另外，我国专利权包括发明专利、实用新型和外观设计三种类型。在三种专利中，发明专利的技术含量最高，能够体现专利的水平，且很少受到专利授权机构审查能力的约束，更能客观地反映出一个地区原始创新能力与科技综合实力（Cohen，1990，刘凤朝等，2006）。因此，除了专利申请量这一核心指标以外，还采用了发明专利量作为辅助分析指标。

5.2.2　研究方法

① 长三角城市群个体创新空间差异性，重点是从整体研究各城市之间创新规模空间差异及其演化。尽管研究中也涉及不同区域之间创新活动的差异性比较，但主要是针对不同区域整体空间差异性比较。通过对比各种创新空间均衡类方法的特点，本书选择空间均值法和基尼系数作为长三角城市群个体创新的测度方法。

② 长三角城市群个体创新空间集中性，重点是研究创新活动在个体创新高值点的聚集情况，即研究出长三角城市群创新中心的数量及其创新中心的聚集比例。结合空间集中类的四种方法特点，拟选择首位度、集中率对长三角城市群个体创新规模的空间聚集情况进行数理分析。

③ 长三角城市群创新活动空间相关性分析，重点是研究长三角城市群空间聚集模式。本书拟采用 ESDA 中全局自相关和局部自相关进行综合分析。

5.3　长三角城市群城市个体创新空间特征

5.3.1　创新发展水平

知识经济时代，创新成为社会经济发展的第一驱动力。在国家实施创新战略引领下，围绕着自主创新能力提高，长三角城市群创新取得了瞩目成就，突出表现在创新规模的迅速扩大和创新能力的显著提升。

1. 整体特征

（1）创新规模发展速度快，总量趋于递增

随着社会经济持续发展和科技研发投入的逐渐增加，长三角城市群创新活动保持着较快增长速度，创新规模不断扩大。

从 2005 年到 2012 年，长三角城市群创新活动发展很快，专利申请量增长速度一般在 25% 左右，有些年份增长速度甚至超过了 50%，也普遍高于同期全国平均增长速度。2012 年后，长三角城市群的速度出现下降。2005—2021 年，长三角城市群专利申请量年均递增率为 22.86%，比全国平均增长速度高出 2.61 个百分点（图 5.1）。

长三角城市群创新活动一直处于领先状态，创新规模总量整体趋于递增。2005 年，长三角城市群专利申请量是 114 289 件，2020 年达到 1 639 093 件，比 2005 年增加 13 倍多。

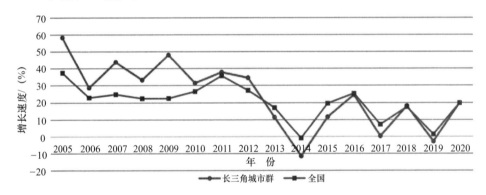

图 5.1　长三角城市群与全国专利申请量增长速度比较

（2）长三角城市群已成为我国创新高地

作为中国经济最繁荣的地区和世界六大城市群之一，长三角城市群聚集了我国大量的创新活动。从创新投入来看，2020 年长三角城市群 R&D 人员是 177.61 万人年，占全国的 33.93%；R&D 经费支出是 5747.7 亿元，占全国的 23.56%。丰富的创新资源为长三角城市群创新活动提供了强劲的支持，创新产出成果丰硕。2020 年，长三角城市群专利申请量达到 1 639 093 件，占全国的比重达到 32.68%，即中国有超过 1/3 的专利申请量是来自长三角城市群。

从我国三大城市群创新活动比较来看，长三角城市群无论是 R&D 经费支出、R&D 人员还是专利申请量占比均远超其他两大城市群，位居第一，长三角城市群已成为我国创新活动高地。

2. 发展水平

在城市个体创新产出规模增加的同时，长三角城市群创新活动产出能力也逐渐提高。

以发明专利占专利申请量数比例为测度指标，2005 年以来，长三角城市群发明专利比例波动上升，尤其是 2008 年以后，长三角城市群发明专利比例上升速度较快。其中，2005 年，发明专利占专利申请量比例为 26.42%，2020 年这一比例提高到 34.09%，提高了将近 8 个百分点，反映了长三角城市群创新活动的技术水平不断提升（图 5.2）。在某些关键领域，长三角城市群创新活动甚至达到世界领先水平。国家高性能集成电路（上海）设计中心研制了"申威26010"处理器，申威 26010 整体性能居国际领先，是全球第一款性能超过每秒 3 万亿次浮点结果的芯片，性能超过 Intel、Amd、Nivdia 等国际厂商的商用量产芯片，达到国际领先水平。单芯片计算能力相当于 3 台 2000 年全球排名第一的超级计算机。

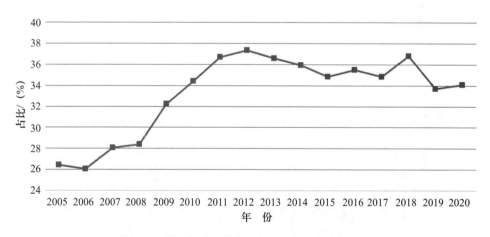

图 5.2　长三角城市群发明专利占专利申请量比例

5.3.2 空间整体格局

为避免城市一年专利申请数据的偶然性,选取了三年(2018—2020)专利申请量和发明专利量的平均数作为基本指标,分析长三角城市群城市个体创新空间整体格局。

1. 创新规模层级明显

作为一种特殊的经济活动,创新生产需要门槛基础,如丰富的创新资源(创新人群、创新资金)、旺盛的创新需求(高新技术产业发达)等。城市群各城市创新基础的差异,决定了创新活动在城市群不是均匀发展的。具有创新优势的城市,创新活动相对丰富,且在创新空间规模报酬递增趋势下,创新规模呈现递增趋势;相反,缺乏创新优势的城市,由于不具备创新活动的门槛基础条件,创新活动相对较少。因此,城市群城市个体创新活动差异显著,呈现出明显的层级性。

从专利申请量来看,长三角城市群 41 个城市专利申请量差异较大,其中申请专利最多的是上海,其专利申请量达到 179 474 件;紧随其后是苏州、杭州和南京,专利申请量分别为 145 902 件、118 623 件和 107 677 件;另外有 16 个城市专利申请量不足万件,其中最少的黄山,专利申请量仅 1765 件,不足上海专利申请量的 1/10,长三角城市群专利申请量最多城市和最少城市之间差距较大(图 5.3 和图 5.4)。

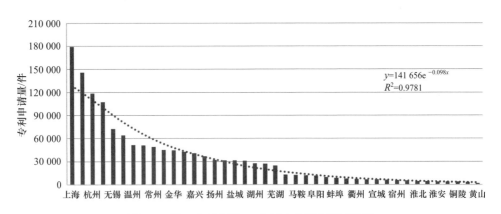

图 5.3　长三角城市群 41 个城市专利申请量比较

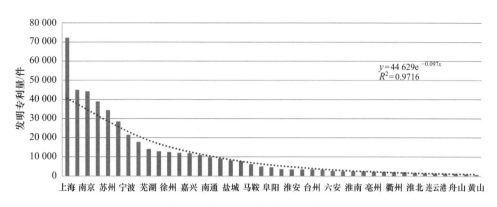

图 5.4　长三角城市群 41 个城市发明专利量比较

为进一步分析长三角城市群 41 个城市创新规模的分布规律，借鉴了周一星城市位序-规模分布理论，建立了 2018—2020 年长三角城市群城市专利申请量和发明专利量的位序-规模模型，公式如下：

$$Y = 141\ 656\mathrm{e}^{-0.098x}\ (\ R^2 = 0.9781\ )$$
$$Y = 44\ 629\mathrm{e}^{-0.097x}\ (\ R^2 = 0.9716\ )$$

其中，Y 表示城市专利申请量和发明专利量，x 表示城市在长三角城市群中的位序。

专利申请量和发明专利量的 R^2 均大于 0.9，且通过 1% 的显著性检验，说明该模型解释性大，因此以专利申请量和发明专利量所表征的创新规模与其排序存在着指数函数规律，即长三角城市群城市个体创新活动服从位序-规模规律。

既然长三角城市群城市个体创新活动具有位序-规模分布规律，因此可以根据创新规模对其类别划分。以长三角城市群各城市专利申请量、发明专利量为变量，根据数据固有自然组别划分，即组内差异最小、组间差异最大原则，将长三角城市群 41 个城市划分为 3 个等级，一、二、三级城市数量分别是 6 个、14 个、21 个，呈现出典型的"金字塔型"特点（表 5.3）。

表 5.3　长三角城市群城市个体创新规模层级

创新规模层级		城市数量 / 个	城市
一级	专利申请量 ≥ 5 万件	6	上海、苏州、杭州、南京、合肥、宁波
	发明专利量 ≥ 2 万件		
二级	专利申请量 ≥ 2 万件	14	泰州、无锡、芜湖、常州、徐州、温州、嘉兴、湖州、南通、镇江、盐城、扬州、台州、金华
	发明专利量 2000 ～ 2 万件		
三级	专利申请量 < 2 万件	21	丽水、马鞍山、连云港、滁州、阜阳、安庆、蚌埠、六安、衢州、亳州、宣城、连云港、宿州、淮南、淮北、宿迁、淮安、池州、铜陵、舟山、黄山
	发明专利量 < 2000 件		

2. 创新规模空间分异

长三角城市群城市个体创新活动的层级性在空间上表现为分布不均衡，即空间异质性。本书采用空间均值法和基尼系数法验证城市个体创新活动空间异质性。

（1）空间均值法

依据空间重心计算模型，运用 Arcgis 软件的数据计算功能，分别计算出长三角城市群地理几何中心和创新规模的空间重心坐标，两者进行对比重心是否偏移、如何偏移，侧面反映出长三角城市群创新空间分布的不均衡。

长三角城市群地理几何中心位于南京市境内，创新规模空间重心位于湖州市境内，创新规模重心偏离城市群地理几何中心 95.75 千米，反映出长三角城市群创新规模空间分布处于不均衡状况，即长三角城市群城市个体创新活动具有空间异质性。

另外，长三角城市群创新活动空间重心分布在地理几何中心东南象限内，表明长三角城市群创新活动主要分布在东南方位的城市，即长三角城市群南北方向相比，南部创新活动大于北部；东西方向城市相比，东部城市创新规模大于西部城市。

（2）基尼系数法

本书采用基尼系数法，以各城市专利申请量模拟城市个体创新洛伦兹曲线，分别计算了长三角城市群不同尺度空间单元的城市个体创新基尼系数（表 5.4）。

表 5.4 长三角城市群不同空间尺度创新基尼系数

	中心区	外围区	城市群
基尼系数	0.4729	0.3956	0.5679

长三角城市群 41 个城市创新活动基尼系数为 0.5679，从而验证了长三角城市群个体创新空间不均衡性，即存在创新活动空间异质性。

从不同空间尺度创新基尼系数比较来看，中心区和外围区创新基尼系数小于城市群整体的创新基尼系数，说明长三角城市群城市个体创新活动区内差异小于区间差异，即同一空间单元内城市创新规模的差异相对较小，而区域间的城市创新规模差异相对较大，城市个体创新活动存在空间俱乐部趋同现象。长三角城市群外围区创新基尼系数小于中心区，说明外围区城市创新差异小，空间分布相对均衡；而中心区城市创新空间差异性较大。

（3）创新规模梯次分布

从整体上看，长三角城市群东部地区城市创新规模普遍较大，尤其是中间地区苏州、上海、无锡等城市，专利申请量和发明专利量最多，构成了长三角城市群创新活动高地。这个地区城市创新规模之所以大，是因为该地区聚集了丰富的创新资源和旺盛的创新需求。创新资源禀赋方面，上海 R&D 人员 22.86 万人年，占长三角城市群的 12.87%；R&D 经费支出 1615.69 亿元，占长三角城市群的 28.11%；高等院校（机构）63 所，占长三角城市群 13.73%。

而长三角城市群西部边缘的衢州、黄山、池州、六安、亳州、淮北、淮南、宿州等城市专利申请量和发明专利量均普遍较小，很多城市专利申请量不足 1 万件、发明专利量不足 2000 件，说明这些城市创新规模较小。这是由于一方面城市自身创新资源较少，同时距离创新高地相对远，接受创新溢出机会少，因此城市个体创新规模普遍较小，构成了长三角城市群创新活动洼地。

介于东部和西部的中部区域的城市，城市创新要素禀赋和接受创新高地溢出机会均处于中间水平，因此城市个体创新规模也处于中间层级。

综上所述，从创新活动高地向创新活动洼地，长三角城市群创新规模依次递减，在空间上呈现出明显的核心-边缘的梯次分布规律。

为了进一步描述长三角城市群创新规模梯次分布规律，选择以专利申请量最多的上海市为中心分别向北、西北、西、西南、南 5 个方向作剖面线（图 5.5）。

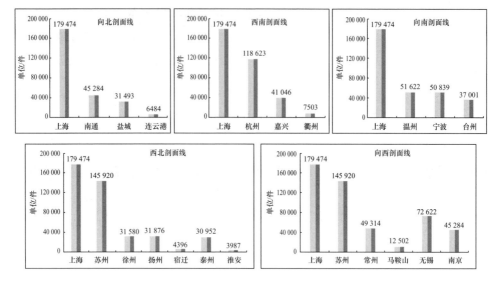

图 5.5　自上海市向 5 个方位的专利申请量剖面线（单位：件）

通过从上海向各方向的剖面线上专利申请量的变化，发现自上海向外，专利申请量随着距离增加而明显减少，呈现出梯次分布的规律。

其中向南、向西、向北，城市间专利申请量变化呈现渐变趋势，如向西剖面线上，专利申请量从上海市 179 474 件到苏州市 145 902 件，再到无锡市 72 622 件，到常州市 49 314 件，最后到南京市 45 284 件和马鞍山市 12 502 件，专利申请量变化相对较为平缓；而向北、向南和西北方向，城市间专利申请量呈现出突变趋势，如向南剖面线上，专利申请量从上海市的 179 474 件骤降到温州市的 51 622 件，专利申请量减少了 71%，梯度变化较为明显。

5.3.3　空间分布特征

1. 创新活动空间集聚明显

长三角城市群城市个体创新差异大，创新活动主要聚集在中心区。专利申请量前 4 位的上海、苏州、杭州和南京以及发明专利量前 4 位的上海、杭州、南京和泰州均位于长三角城市群中心区。另外，专利申请量大于 2 万件的 20 个城市均位于长三角城市群中心区，可见长三角城市群中心区的创新活动相对聚集。中心区 27 个城市的专利申请量共有 1 305 317 件、发明专利量 441 689 件，分别占长三角城市群的 93.44% 和 93.11%。

　　进一步考察长三角城市群中心区创新活动可以发现，中心区各城市创新规模也存在着较大差异。创新规模较大的城市主要分布在北翼沪宁和南翼的杭甬沿线地区，其中上海、苏州、无锡、南京、杭州、宁波 6 个城市的专利申请量和发明专利量位居前 6 位，专利申请量和发明专利量分别占长三角城市群的 48.33% 和 49.67%，由此可以看出这 6 个城市创新活动约占长三角城市群的一半（表 5.5）。

表 5.5　长三角城市群创新一二等级城市创新活动的比例

	城市名称	专利申请量 / 件	占长三角城市群比例 /（%）
一级城市	上海、苏州、杭州、南京	551 677	39.49
二级城市	无锡、合肥、温州、宁波、常州、南通、金华、绍兴、嘉兴、台州、扬州、徐州、盐城、泰州	625 536	44.78
一二级合计	——	1 177 213	84.27

　　此外，长三角城市群创新活动还以上海、杭州等少数几个创新优势明显的城市较为集中。上海专利申请量是 179 474 件，在长三角城市群 41 个城市中遥遥领先，占长三角城市群专利申请量的 12.85%。紧随其后的是苏州、杭州和南京，专利申请量都在 10 万件以上，占长三角城市群比例均在 7% 以上。这 4 个城市专利申请量占长三角城市群比例为 39.49%。由此可见，长三角城市群创新活动集中特征较为明显。

2. 创新活动空间集聚模式

　　为进一步识别长三角城市群创新活动空间聚集模式，借助空间探索性分析技术（ESDA）测度长三角城市群城市个体创新空间相关性及其显著性检验。

　　根据前述 Moran's Ⅰ指数计算方法，借助 Geoda 软件中 Space 分析，计算出长三角城市群创新规模 Moran's Ⅰ指数，并绘制出 Moran 散点图（图 5.6）。

　　长三角城市群创新规模 Moran's Ⅰ指数为 0.249，大于 0，从而验证了长三角城市群城市个体创新活动空间具有聚集特征，长三角城市群存在显著创新高地。

　　从长三角城市群创新活动 Moran 散点图可以看出，位于第一象限（High-High）的城市有 10 个，分别是上海、台州、金华、绍兴、嘉兴、宁波、南通、苏州、常州和无锡；位于第二象限（Low-High）的城市有 9 个，分别是丽水、衢州、湖州、泰州、镇江、扬州、马鞍山、黄山和宣城；位于第四象限（High-Low）的城市有 4 个，分别是南京、杭州、合肥和温州；位于第三象限（Low-High）的城市有 18 个。前三类城市除丽水和衢州外均位于长三角城市群中心区，第四类型城市多数位于长三角城市群外围区，Moran 散点图显示了长三角城市群创新活动在空间分布上并不是随机的，而是具有一定的规律性，即创新规模大的城市位于中心区，而创新规模小的城市多数位于外围区。

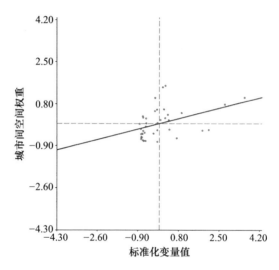

图 5.6　长三角城市群创新规模 Moran 散点图

从长三角创新规模 Moran 空间聚集来看，在具有 High-High 特征的城市中，上海、南通、苏州、嘉兴、绍兴 5 个城市通过显著性检验，形成了空间聚集，这些城市位于长三角城市群上海周边地区，具有 High-High 特征的城市在空间上连绵成片，反映了长三角城市群创新活动在空间上呈现出集群式特征。在具有 Low-High 特征的城市中，湖州和泰州通过显著性检验，产生了空间聚集；在具有 Low-Low 特征的城市中，亳州、阜阳、蚌埠、徐州、宿迁、宿州在空间上产生了聚集；而具有 High-Low 特征的城市未出现显著的空间聚集。由此验证了长三角城市群创新活动空间具有明显的自相关性，且在空间上呈现出聚集特征。总之，长三角城市群创新活动空间聚集明显，且创新中心城市聚集在一起，形成了典型多中心集群的空间模式。

5.4　长三角城市群城市个体创新空间演化

伴随着长三角城市群城市个体创新规模的扩大和创新能力的提升，城市群内部创新规模空间格局也出现了新的变化和特征。

5.4.1　空间整体特征趋势

1. 创新规模层级体系

2005 年以来，随着长三角城市群经济发展和科技研发投入持续增加，各城市创新规模均有不同程度的增加。由于各个城市创新资源禀赋和经济发展速度差异，创新规模增长速度也出现了明显差异，从而使长三角城市群城市创新规模等级体系发生了变化，并表现出新的特征和趋势。以 2005 年、2010 年、2015 年和 2020 年为时间截面，以专利申请量为测度指标，考察长三角城市群创新规模层级体系演化[①]。

创新活动需要一定的门槛基础，这使得创新活动往往首先在创新资源丰富的城市产生。2005 年，上海凭借着创新知识、创新人群和经济发展的突出优势，创新活动迅速发展。在长三角城市群 41 个城市中，上海创新活动"一枝独秀"，专利申请量为 32 741 件，遥遥领先于其他城市，属于一级创新城市。杭州、宁波、苏州、金华、无锡、南京 6 个城市专利申请量超过 5000 件，属于二级创新城市；其余 34 个城市专利申请量不足 5000 件，属于三级创新城市。城市创新规模等级体系为 1∶6∶34，呈现出明显的"金字塔"形态。

2006—2010 年，长三角城市群中创新活动发展较为突出的是苏州和合肥。苏州凭借先进制造业尤其是高新技术产业快速发展，以及受上海创新溢出效应影响，创新规模突飞猛进，专利申请量迅速由 2005 年的 6780 件上升到 2010 年的 77 194 件，5 年增加了 10 倍，且专利申请量超过上海，在长三角城市群排名第一，与上海共同构成了一级创新城市。合肥借助科研资源、高等院校优势，再加上 2009 年将巢湖划入的行政区划调整，创新活动发展也较为迅速，专利申请量由 2005 年的 640 件跃升到 2010 年的 15 138 件，与无锡、杭州、宁波、南京、

---

① 由于不同年份城市专利申请量差异较大，因此创新层级体系划分标准是依据各年份专利申请量数据自然差异进行划分，即不同年份同一层级标准不同。

常州、绍兴、温州、台州、镇江、金华共 11 个城市专利申请量超过 1 万件，属于二级创新城市。其他 28 个城市专利申请量不足 1 万件，属于三级创新城市。与 2005 年相比，城市创新规模等级体系发生了变化，一级二级创新城市数量增加，三级创新城市数量减少，创新规模等级体系出现了扁平化趋向。

2010 年以后，无锡、宁波、南京、杭州创新活动发展较快，专利申请量不断增加。到 2015 年，5 个城市专利申请量均超过了 5 万件，与上海、苏州专利申请量差距逐渐缩小，跻身于长三角城市群创新规模一级城市。常州、南通、温州、绍兴、泰州、镇江、合肥、嘉兴、扬州、金华、台州、盐城、芜湖、湖州、徐州、淮安共 16 个城市专利申请量超过 1 万件，属于创新二级城市；其他 20 个城市属于三级创新城市。

2016 年上海专利申请量超过苏州，重回长三角城市群创新规模第一名。苏州一直紧随其后，与上海的差值始终保持在 1.5 万件左右。2020 年，杭州专利申请量 143 912 件，反超苏州成为第二名，上海、杭州、苏州和南京均在 10 万件以上，无锡、合肥、温州和宁波专利申请量大于 6 万件，共 8 个城市属于一级创新城市；常州、金华、南通、绍兴、嘉兴、台州、扬州、徐州、盐城、泰州、湖州、镇江、芜湖、马鞍山、丽水、阜阳、安庆和滁州等 18 个城市专利申请量大于 1 万件，属于二级创新城市；其余 15 个城市属于三级创新城市。

从城市创新规模等级体系来看，4 个时间节点上长三角城市群各等级城市数量比例分别为 1∶6∶34、2∶11∶28、5∶16∶20、8∶18∶15。对比发现，4 个时间节点创新规模等级体系共同特征是高等级创新城市数量少，低等级创新城市数量多，各等级创新城市数量均呈现出明显的"三二一"的"金字塔"特征。

从各层级创新城市数量分布来看，2005—2020 年，一级和二级创新城市数量不断增加，其中一级创新城市由 1 个增加到 8 个，二级创新城市由 6 个增加到 18 个，三级创新城市数量则不断减少，由 34 个减少为 15 个。这是由于随着经济发展，城市创新规模不断扩大。通过上述分析表明，长三角城市群高等级创新城市数量不断增加，低等级创新城市数量不断下降，低等级创新城市逐渐融入高等级创新城市体系，长三角城市群创新规模层级体系逐渐向高级化发展。同时，一级、二级创新城市数量增多，城市创新层级格局呈现扁平化趋向（图 5.7）。

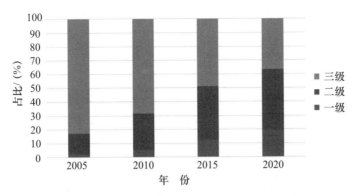

图 5.7　长三角城市群不同创新层级城市数量占比

2. 创新规模增长速度

根据长三角城市群空间层次划分，考察不同空间层次创新规模的增长差异。

2005—2020 年，长三角城市群专利申请总量由 107 953 件增加到 1 639 093 件，年均增长 19.88%；同期中心区专利申请量由 99 122 件增加到 1 430 485 件，增长了 13 倍多，年均增长 20.62%，低于长三角城市群整体专利申请量增长速度；外围区专利申请量由 8831 件增加到 208 608 件，增长了 22 倍多，年均增长 23.47%，高于长三角城市群整体专利申请量增长速度。2005 年，中心区专利申请量是外围区的 11 倍，而 2020 年，中心区专利申请量是外围区的近 7 倍。2009 年之后中心区专利申请量增长速度开始普遍低于外围区，说明外围区与中心区专利申请量的差距趋于缩小。

为进一步分析长三角城市群创新规模增长的空间变化，采用四分位的分类方法来反映长三角城市群各城市专利申请量增长率在城市群中的总体位序变化。

从 2005—2020 年的整体变化来看，长三角城市群专利申请量增长率位于第一分位的城市有芜湖、宣城、安庆、滁州、池州、阜阳、六安、黄山、泰州、亳州和淮北共 11 个城市，其中芜湖、宣城、安庆、滁州、池州、泰州 6 个城市位于城市群中心区，其余 5 个城市分布在中心区边缘区域。由此可见，长三角城市群中心区以及核心-边缘过渡区的创新规模增长较快。

同时长三角城市群各城市创新规模增长变化同样具有阶段性，2005 年专利申请量增长率第一分位内的外围区城市数只有 3 个，2009 年之后外围区城市的创新规模加速扩大，到 2020 年外围区有 5 个城市进入第一增长区。依据上述中心区与外围区增长变化的拐点，作为划分长三角城市群城市创新规模增长阶段划分依据（表 5.6）。

表 5.6 长三角城市群城市专利申请量增长率比较

	2005—2009	2010—2020	2005—2020
第一分位	宣城、安庆、滁州、芜湖、池州、铜陵、阜阳、黄山、六安、苏州、南通	芜湖、泰州、合肥、池州、安庆、淮安、六安、阜阳、淮北、亳州、滁州	芜湖、宣城、安庆、滁州、池州、阜阳、六安、黄山、泰州、亳州、淮北
第二分位	淮南、蚌埠、亳州、绍兴、镇江、泰州、衢州、无锡、常州、合肥	马鞍山、宁波、镇江、盐城、宣城、无锡、丽水、舟山、蚌埠、衢州	蚌埠、合肥、铜陵、淮南、宁波、盐城、镇江、马鞍山、无锡、淮安
第三分位	淮北、扬州、湖州、淮安、徐州、马鞍山、宁波、杭州、南京、盐城	黄山、南京、连云港、温州、铜陵、淮南、徐州、金华、常州、扬州	衢州、苏州、常州、丽水、绍兴、南通、徐州、南京、扬州、舟山
第四分位	连云港、丽水、嘉兴、温州、上海、台州、舟山、金华、宿州、宿迁	嘉兴、杭州、湖州、台州、绍兴、上海、南通、苏州、宿州、宿迁	连云港、湖州、温州、杭州、嘉兴、金华、台州、上海、宿州、宿迁

从城市专利申请量增长率来看，2005—2009 年，长三角城市群的专利申请量增速较快，年均增长率在 57.96%。其中宣城、安庆、滁州、芜湖、池州、铜陵、阜阳、黄山、六安、苏州和南通共 11 个城市属于专利申请量第一分位，其中阜阳、黄山、六安 3 个城市位于外围区，这 3 个城市属于安徽省域且距离中心区较近，接受创新规模较高值点合肥、南京等的创新辐射机会较多。总之，此阶段长三角城市群创新规模增长较快的城市位于中心区。

2010—2020 年，创新活动发展速度降低，年均增长率为 27.75%，由于中心区城市创新规模较大，因此中心区的创新活动增长数量仍处于绝对优势；相比之下外围区城市，随着自身经济发展和国家创新战略实施，创新活动较为活跃，创新规模增长较快，年均增长率为 25.67%。以增长率分位来看，这段时间长三角城市群的芜湖、泰州、合肥、池州、安庆、淮安、六安、阜阳、淮北、亳州和滁州共 11 个城市属于专利申请量第一增长区，其中亳州、淮北、阜阳、六安、丽水和淮安共 6 个城市位于外围区。

综上所述，无论从区域层面还是从城市层面，长三角城市群创新规模高增长区由中心区向外围区逐渐外推，专利申请量第一增长区内的外围区城市数量由 3

个扩大到 5 个，表明长三角城市群创新规模整体上出现了空间扩散趋向，但是空间演化阶段性特征明显，2005—2009 年，长三角城市群创新规模以空间聚集为主，中心区创新规模较大；2010 年后，长三角城市群创新规模具有空间扩散趋向，外围区城市创新活动逐渐加强。

3. 各类聚集区域比例

长三角城市群创新规模聚集性突出表现在中心区创新活动集中，尤其是中心区少数城市。但是随着外围区创新规模的迅速发展，中心区以及少数创新发达城市聚集性趋于下降。

（1）中心区创新规模比例降低

中心区是长三角城市群创新规模聚集区，占长三角城市群创新规模总量的比例整体上呈现下降趋势。2005 年，中心区创新规模占长三角城市群比例为91.82%，2020 年该比例下降到 86.68%，下降了 5.14 个百分点。同期外围区创新规模比例则由 8.18% 上升到 13.32%（图 5.8）。

（2）少数创新发达城市比例下降

长三角城市群创新活动聚集性下降还表现在少数创新规模较大城市所占比例下降。采用创新首位度、2 城市指数和 4 城市指数比例分析长三角城市群创新规模聚集程度演变。

长三角城市群正处于创新活动快速发展时期，城市之间创新活动位序变动较大，创新活动首位城市也发生了变动。

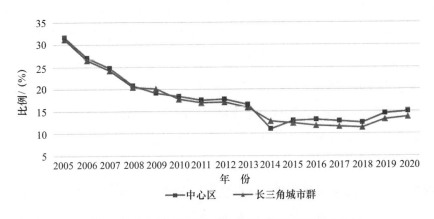

图 5.8　长三角城市群和中心区首位城市创新活动比例

2005 年，长三角城市群 41 个城市中，上海专利申请量位居首位，专利申请量占长三角城市群的 31.25%。2005—2009 年，尽管上海专利申请量仍位居首位，但是由于上海专利申请量增长慢，致使所占比例不断下降，到 2009 年上海专利申请量占长三角城市群比例下降为 20.12%。

同期，苏州凭借紧邻上海区位优势和自身先进制造业发展，创新活动发展较快，专利申请量增长迅猛。到 2010 年，苏州专利申请量超过了上海，成为专利申请量最多的城市，占长三角城市群比例为 17.77%，低于上一年上海占长三角城市群比例。之后，尽管苏州专利申请量稳步递增，但是其占长三角城市群比例则趋于下降（表 5.7）。

表 5.7　长三角城市群创新规模前 4 位城市构成

年份	创新前 4 位城市	年份	创新前 4 位城市
2005	上海、杭州、宁波、苏州	2013	苏州、上海、宁波、无锡
2006	上海、苏州、杭州、宁波	2014	苏州、上海、宁波、南京
2007	上海、苏州、绍兴、杭州	2015	上海、苏州、杭州、无锡
2008	上海、苏州、绍兴、杭州	2016	上海、苏州、杭州、无锡
2009	上海、苏州、杭州、宁波	2017	上海、苏州、杭州、南京
2010	苏州、上海、南通、无锡	2018	上海、苏州、杭州、南京
2011	苏州、上海、南通、无锡	2019	上海、苏州、杭州、南京
2012	苏州、上海、无锡、宁波	2020	上海、杭州、苏州、南京

除了创新规模首位城市变动以外，创新规模前 2 位和前 4 位城市位序变动也较大。2005—2020 年，创新规模前 2 位城市主要有上海-杭州、上海-苏州这 2 种组合。创新规模前 4 位城市中，上海位序相对较稳定，2009 年之前，创新规模活动前 4 位城市构成一般是上海、2 个浙江省城市和 1 个江苏省城市；2010 年以后，创新规模前 4 位城市构成发生变动，一般包括上海、2 个江苏省城市和 1 个浙江省城市。创新规模前 4 位城市构成格局的变化，在一定程度上说明了长三角城市群创新活动由浙北地区向苏南地区转移的轨迹。

根据 2 城市指数和 4 城市指数计算方法，分别计算出长三角城市群创新规模 2 城市和 4 城市指数，并绘制出长三角城市群创新规模 2 城市和 4 城市指数变化图（图 5.9）。

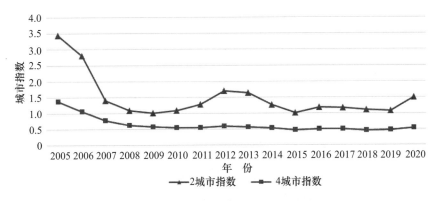

图 5.9　长三角城市群少数城市创新规模比例变化

长三角城市群创新规模 4 城市指数变化较为平稳，2 城市指数起伏波动较大，2005—2020 年，长三角城市群创新规模 2 城市指数和 4 城市指数整体上呈现出波动递减趋势。数值上看，2006 年之后 2 城市指数普遍小于 2，同时 4 城市指数小于 1，说明长三角城市群创新活动分布较为分散，2006 年开始出现空间扩散的趋势。

2005—2009 年，创新规模 2 城市指数和 4 城市指数均有所减小，说明创新活动集中性下降；2009 年，减小至最低值 1.015 和 0.565。

2009—2012 年，创新规模 2 城市指数和 4 城市指数逐渐回升，2 城市指数回升幅度相比 4 城市指数较大。2012 年分别比 2009 年增加了 0.678 和 0.028 个百分点，之后创新规模 2 城市指数和 4 城市指数逐渐下降。创新规模 2 城市指数和 4 城市指数趋于下降，说明长三角城市群创新活动高地的聚集度下降，创新活动空间分布趋于扩散（图 5.9）。

总之，2005—2020 年，长三角城市群首位城市、2 城市指数、4 城市指数均呈波动下降趋势，即长三角城市群创新高地的聚集性逐渐下降，反映了长三角城市群创新活动逐渐从创新高地向周边地区扩散。

4. 空间演化趋势验证

（1）重心向几何中心偏移

从长三角城市群创新活动空间重心演变来看：

一是，2005 年、2010 年、2015 年、2020 年创新活动空间重心与几何中心的距离分别是 171.82 km、129.72 km、89.46 km、98.62 km。创新活动空间重心与几何中心的距离趋于缩小，即创新活动空间重心偏移几何中心越来越小，表明长三角城市群创新规模空间分布不均衡性缩小，即长三角城市群创新规模具有空间趋同态势。

二是，2005 年，长三角城市群创新活动空间重心位于几何中心的东南象限内，这主要是上海创新规模位居首位，使得创新活动空间重心偏向城市群东南方向的上海。2005—2015 年，长三角城市群创新规模活动空间重心一直向西北方向移动，这一阶段主要是苏州创新活动异军突起所产生的拉动作用，使得创新活动空间重心向上海西北方向的苏州偏移；2015—2020 年，长三角城市群创新活动空间重心又向南移动，这一阶段主要是中心区边缘和外围区城市创新活动发展的拉动作用，使长三角城市群创新活动空间重心偏离了创新高地。总体来看，长三角城市群创新规模空间重心具有偏向几何中心的趋势，说明创新活动空间趋同态势明显。

（2）创新活动空间趋同

2005—2020 年，长三角城市群中心区、外围区以及城市群整体创新规模基尼系数均呈现出波动下降趋势（图 5.10），表明了长三角城市群创新规模活动空间非均衡缩小，创新规模呈现出空间趋同。

从不同层级空间单元来看，2005—2020 年，中心区和外围区创新基尼系数分别下降了 0.218 和 0.379，同期长三角城市群整体创新基尼系数下降了 0.167，由此来看，中心区和外围区创新基尼系数下降幅度均大于长三角城市群整体下降

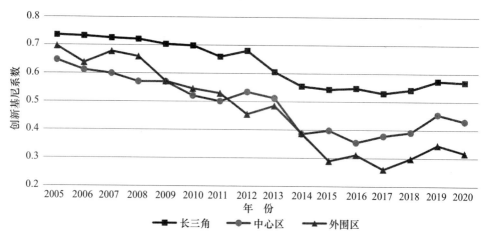

图 5.10　2005—2020 年长三角城市群创新活动基尼系数变化

幅度，反映了长三角城市群创新活动区内空间趋同大于区间趋同，其结果是区内创新活动空间分异小于区间空间分异。

从同一层级空间单元来看，中心区创新基尼系数变化幅度大于外围区，反映了与外围区相比，中心区创新活动更趋于均衡。从时间阶段来看，中心区创新基尼系数拐点在 2012 年；外围区创新基尼系数拐点在 2013 年，反映了外围区创新空间趋同要晚于中心区创新活动空间趋同。这与上述长三角创新活动由中心区向外围区空间扩散形成呼应，从而验证了创新活动空间趋同现象。

5.4.2　空间格局特征演化

2005—2020 年，长三角城市群创新活动的核心-边缘的整体格局未变，但是创新活动高地则由单中心极核向多中心集群模式演进。

1. 整体格局演变

从 2005 年和 2020 年长三角城市群创新活动空间分布来看，创新规模较大的城市主要分布在中心区，尤其是中心区中间区域城市，而外围区城市创新规模普遍较小。

2005 年，中心区 27 个城市专利申请量是 99 122 件，占长三角城市群总量的比例为 91.82%；外围区 14 个城市专利申请量仅 8831 件，占长三角城市群总量的比例为 8.18%。中心区创新规模占据绝对优势，长三角城市群创新活动呈现出核心-边缘的空间格局。

2020 年，中心区 27 个城市专利申请量达到 1 430 485 件，占长三角城市群总量的比例为 86.68%，尽管中心区比例有所下降，但是依然是长三角城市群创新活动的主要聚集地。外围区专利申请量占长三角城市群总量的比例增加到 13.32%，但是相比于中心区而言，其创新规模还较小，因此长三角城市群创新活动仍然呈现出核心-边缘的空间格局。

从 2005 年到 2020 年中心区创新规模占长三角城市群总量比例的演变来看，尽管中心区创新规模比例有波动，呈现出先上升后下降趋势，但是相比于外围区，中心区创新规模比例一直占据绝对优势。因此长三角城市群创新规模的核心-边缘整体空间格局未变。

2. 空间分布模式

根据 Moran's Ⅰ指数计算方法，借助 Geoda 软件中 Space 分析模块，计算出 2005—2020 年长三角城市群创新活动 Moran's Ⅰ指数，并绘制出 Moran's Ⅰ指数曲线图（图 5.11）。

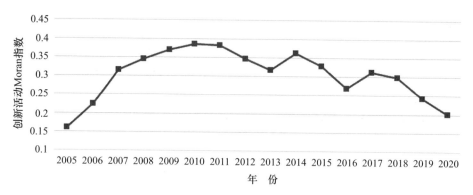

图 5.11　2005—2020 年长三角城市群创新活动 Moran's Ⅰ指数

2005—2020 年，长三角城市群创新活动 Moran's Ⅰ指数均为正数，表明长三角城市群创新活动存在空间正相关性，即创新活动空间聚集明显，长三角城市群存在显著的创新活动高地；而创新活动 Moran's Ⅰ指数先上升后下降的波动变化，表明长三角创新活动空间先聚集后分散的演变趋势。

从 2005 年和 2020 年长三角城市群创新活动 Moran 散点图和表对比看出（图 5.12 和表 5.8）：

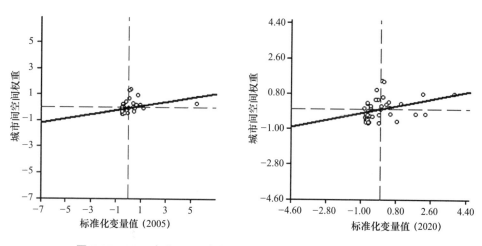

图 5.12　2005 年和 2020 年长三角城市群创新活动 Moran 散点图

表 5.8　2005 年和 2020 年长三角城市群创新活动 Moran 图中各象限城市数

	2005 年	2020 年
第一象限（High-High）	上海、台州、金华、绍兴、嘉兴、南通、苏州	上海、台州、金华、绍兴、嘉兴、南通、苏州、宁波、常州、无锡
第二象限（Low-High）	湖州、丽水、衢州、泰州、镇江、黄山、宣城	湖州、丽水、衢州、泰州、镇江、黄山、宣城、扬州、马鞍山
第三象限（Low-Low）	共 24 个城市	共 18 个城市
第四象限（High-Low）	南京、无锡、杭州	南京、杭州、合肥、温州

一是，2005 年，除个别城市，长三角城市群多数城市聚集在坐标点周围；2020 年长三角城市群城市离 Moran 散点图的坐标点普遍较远。这反映了 2005—2020 年，长三角城市群创新活动空间分散趋向。

二是，从各象限城市数量来看，第一象限（High-High）城市数量由 7 个增加到 10 个，新增的城市有宁波、无锡、常州，表明了长三角城市群创新规模由创新高地逐渐向外空间扩散。另外，第一象限所有城市均位于中心区，且距离上海和苏州较近，表明了受地理距离衰减规律影响，创新规模空间扩散具有地理邻近性。第二象限、第四象限城市数量也有所增加，其中第二象限增加的城市有扬州和马鞍山。2005 年，这两个城市创新活动普遍不高，创新规模均小于 2000件，但其周边城市创新规模较大。由于经济发展，再加上地理上邻近，这些城市容易接受周边城市创新活动扩散，使得自身创新活动发展较快，由原来创新规模 Low-Low 型转变为创新规模 Low-High 型。第四象限新增的城市有合肥和温州，因为这两个城市自身创新规模不低，加上周边城市的创新规模均大幅度增加，使得创新规模转变为 High-Low 型；同时 2005—2020 年里，无锡凭借自身经济发展和邻近苏州、上海、常州的区位优势，接受创新知识溢出和辐射，创新规模有了较快发展，由原来创新规模 High-Low 型转变为创新规模 High-High 型。

从 2005 年和 2020 年长三角创新活动空间集群来看，通过显著性检验的 High-High 类型的城市数量明显增多，反映了长三角城市群创新活动高地范围逐渐扩大，创新活动存在空间扩散。2005 年，长三角城市群通过显著性检验的 High-High 类型的城市仅苏州、嘉兴和南通 3 个城市，显著的创新活动高地呈孤立分布；2015 年，长三角城市群通过显著性检验的 High-High 类型的城市有苏州、上海、南通、嘉兴和湖州，这 5 个城市在空间上聚集在一起；2020 年长三角城市群通过显著性检验的 High-High 类型的城市有上海、苏州、南通、嘉兴和绍兴，这 5 个城市在空间上聚集在一起，反映了长三角城市群创新活动高地呈现出集群式分布特征。

5.5　长三角城市群城市个体创新影响因素

基于城市群城市个体创新活动影响因素的理论假设，本节首先分析了各因素对长三角城市群城市个体创新活动的影响；在此基础上，构建了以专利申请量为因变量、各影响因素为自变量的影响模型，以此对影响长三角城市群城市个体创新因素进行分析，探寻出影响长三角城市群城市个体创新的主要因素。

5.5.1　单影响因素分析

要素禀赋、城市规模、经济产业和地理区位等共同影响着城市个体创新空间分布。

1. 要素禀赋

创新要素是开展创新活动的前提和基础，其禀赋程度直接影响着创新活动产出规模。创新要素主要包括创新人群和创新资金，这两者绝对供给数量直接影响着创新规模的空间分布。相比于创新资金，创新人群数量之间可比性差。因此，以创新资金投入为指标，分析创新要素禀赋对长三角城市群个体创新空间分布的影响。

随着城市经济快速发展，长三角城市群各城市创新资金投入规模和强度均有明显增加，但城市间创新资金投入差异却较大。创新资金投入空间差异到底给创新规模空间差异多大的影响？我们以 41 个城市 R&D 经费支出和专利申请量为测度数据，从城市个体层面上分析创新资金投入对创新规模的影响。

2020 年，长三角城市群各城市 R&D 经费支出和专利申请量之间的散点图如图 5.13 所示。从散点图中可以看出，长三角城市群个别城市数值存在偏离。

为此，在进行影响模型分析前需要进行数据的残差分析。借助 SPSS 软件对数据进行标准化残差处理，结果显示上海专利申请量的标准化残差绝对值大于 3，被筛选掉；对其余城市 R&D 经费支出和专利申请量进行分析。利用创新影

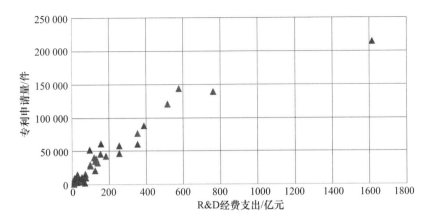

图 5.13　长三角城市群各城市 R&D 经费支出与专利申请量散点图

响模型构建长三角城市群 40 个城市 R&D 经费支出和专利申请量之间的关系模型，并进行 t 检验以及显著性检验。相关系数、变量参数如表 5.9 所示。

长三角城市群各城市专利申请量与 R&D 经费支出间的方程为

$$Y = 151.864X + 11\,064.407$$

其中，Y 为专利申请量，X 为 R&D 经费支出。

表 5.9　长三角城市群各城市 R&D 经费支出与专利申请量间系数

系数 [a]					
模型	非标准化系数		标准系数	t	显著性
	B	标准误差			
1　（常量）	11 064.407	2833.9175		3.904	0.000
1　R&D 经费支出 / 亿元	151.864	8.492	0.944	17.883	0.000

a. 因变量：专利申请量 / 件

通过长三角城市群各城市专利申请量与 R&D 经费支出间的方程，各城市 R&D 经费支出与专利申请量之间的相关系数为 0.944，且通过了 1% 的显著性检验。在其他因素不变的情况下，R&D 经费支出每增加 1 亿元，专利申请量增加 152 件。

总之，创新资金投入与创新规模均具有较强的正相关性，且 Sig 检验值通过 1% 的显著性检验，表明长三角城市群创新资金投入对创新规模的空间分布具有明显的正效应，从而验证了创新资金投入是影响创新活动的重要因素的理论假设。在其他因素不变的情况下，长三角城市群 R&D 经费支出每增加 1 亿元，城市群整体专利申请量增加 226 件，城市个体专利申请量增加 152 件。

2. 城市规模

作为创新活动的空间载体，城市规模会影响着创新规模和效率。城市规模通常是以人口数量和经济总量来衡量。本书从人口和经济两个方面分析长三角城市群城市规模对个体创新空间分布的影响。

基于城市规模是影响创新规模空间差异的重要因素的理论假设，以 41 个城市总人口、GDP 和专利申请量为测度数据，分析验证人口规模和经济规模在多大程度上影响着创新规模的空间差异。

2020 年，长三角城市群各城市常住总人口和专利申请量、GDP 和专利申请量之间的散点图，如图 5.14 所示。

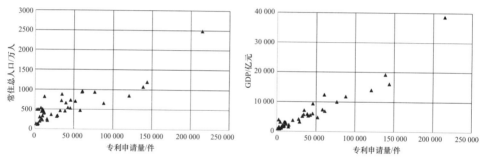

图 5.14　长三角城市群各城市常住总人口（左）、GDP（右）与专利申请量散点图

图 5.14 显示，长三角城市群个别城市数值存在偏离。为此，在进行回归模型分析前进行数据的残差分析。借助 SPSS 软件对数据进行标准化残差处理，结果显示：在城市年末总人口与专利申请量中，各城市化专利申请量标准化残差绝对值均小于 3，说明长三角城市群各城市专利申请量无异常值。利用一元线性回归分析构建长三角城市群各城市年末总人口、GDP 和专利申请量之间的关系模型，并进行 t 检验以及显著性检验。相关系数、变量参数如表 5.10 所示。

长三角城市群年末常住总人口与专利申请量：

$$Y = 96.939X - 16\,496.924$$

地区生产总值 GDP 与专利申请量：

$$Y = 6.413X + 330.322$$

其中，Y 为专利申请量，X 分别为常住总人口、GDP。

表 5.10　长三角城市群总人口、经济与专利申请量间系数

系数 [a]					
模型	非标准化系数		标准系数	t	显著性
	B	标准误差			
1 （常量）	−16 496.924	5990.662		−2.754	0.907
常住人口 / 万人	96.939	8.595	0.875	11.278	0.000
2 （常量）	330.322	2821.502		0.117	0.007
GDP / 亿元	6.413	0.314	0.956	20.401	0.000

a. 因变量：专利申请量 / 件

通过长三角城市群年末常住总人口与专利申请量、GDP 与专利申请量的方程可以发现：

一是，年末常住人口与专利申请量的相关系数为 0.875，介于 0.3～0.9，说明年末常住总人口与专利申请量为中度相关；但 Sig 为 0.907，大于 1%，没有通过显著性检验，说明总人口与专利申请量之间不具有线性关系。GDP 与专利申请量的相关系数为 0.956，大于 0.9，说明 GDP 与专利申请量有高度正相关关系；且 Sig 为 0.007，小于 1%，通过了显著性检验，亦即 GDP 与专利申请量之间具有明显的线性相关关系。

二是，在其他因素不变的情况下，长三角城市群常住人口每增加 1 万人，专利申请量增加 97 件；GDP 每增加 1 亿元，专利申请量增加 6.5 件。

总之，经济规模对创新规模有着较强的正相关性，且 t 检验值通过 1% 水平的显著性检验，表明长三角城市群经济规模对创新规模的空间分布具有明显的正效应，从而验证了经济规模是影响创新规模的重要因素的理论假设。经济规模通过创新服务设施、创新资金投入、创新需求机制影响着创新规模。随着长三角城市群经济不断发展和规模扩大，势必会改善创新服务设施、增加创新研发投入、刺激创新产业需求，促进创新活动的发生。

根据长三角城市群 GDP 与专利申请量之间的回归模型分析得出，在其他影响因素不变的情况下，长三角城市群 GDP 每增加 1 亿元，其专利申请量大约增加 6.5 件。

而人口规模，在城市群层面与创新规模具有较强的相关性，Sig 检验值通过 1% 的显著性检验；但是在城市个体层面，人口规模对创新规模的影响不显著，且没有通过 1% 水平的显著性检验，表明了长三角城市群人口规模对创新规模空间分布影响不明显，这不支持人口规模是影响创新规模的重要因素的理论假设。人口规模是通过市场需求和高素质人群影响着创新规模。2005 年以来，长三角城市群人口聚集明显，2020 年总人口已达到 23 538 万人，但是人口聚集并没有对创新规模产生显著影响，说明了长三角城市群人口聚集中还存在着问题。随着城市化快速推进，人口规模大的城市比较容易形成人才聚集效应，并对周边城市产生辐射作用。但由于行政隔阂和地理阻碍等因素，城市人口规模的促进作用在地理空间会明显减弱。且长三角城市群聚集人口中，低素质人群仍占有一定比例，这些人群对新产品和服务的需求小、对创新活动生产的贡献也不大，这些人群聚集并没有对创新规模产生显著影响。因此，长三角城市群应注重区域内的人口流动以及城市间的创新合作，并逐渐提高聚集人口的素质。

3. 经济产业

作为创新活动的最终目的，产业需求会激励和影响着创新规模。具体来讲，产业的规模和结构都影响着创新规模的空间分布。

（1）分析方法

产业有广义和狭义之分。广义上的产业是指国民经济各行业的总称；狭义上的产业仅仅是指工业。工业作为社会经济发展支柱以及创新活动的主体，其规模和结构在很大程度上决定着创新规模和水平。因此，本书重点从工业领域来研究产业活动对长三角城市群创新规模的影响。根据已有研究，工业规模通常采用反映工业总量的指标表征；工业结构则主要是从专业化和多样性两个方面反映。

工业总量通常采用工业增加值指标表征。工业增加值是以货币形式表现的工业生产活动的最终成果，是工业企业生产过程中新增加的价值。

专业化反映城市在社会经济发展过程中形成的一批各具特点的专业化生产部门。专业化程度通常采用区位熵来衡量。区位熵反映某一产业部门的专业化程度，以及某一城市在区域中的地位和作用。区位熵越高，说明城市专业化水平越高。一般来说，当区位熵大于 1 时，城市产业在地区中具有优势；当区位熵小于

1 时，城市产业具有劣势。一般采用工业各行业区位熵之和来表征城市工业专业
化程度，其计算公式为

$$LQ_i = \sum_{j=1}^{n} LQ_{ij}$$

其中，LQ_i 为 i 城市的工业专业化指数，LQ_{ij} 为 i 城市 j 行业的区位熵。

产业多样性是城市在社会经济发展过程中形成的相互联系、多层次的多种产
业类型。产业多样性测度方法较多，借鉴 Henderson、Duranton、颜礁等对产业
多样性指数的测度方法，将工业多样性指数计算公式定义为

$$Div_i = 1 - \sum_{j=1}^{n} S_{ij}^2$$

其中，Div_i 为 i 城市工业多样化指数，n 为 i 城市工业行业种类数量，S_{ij} 为 i 城
市第 j 类工业产值与该城市所有工业产值的比值。当城市仅有一个工业行业
时，该指数取得最小值零；当城市所有工业行业产值相同时，该指数取得最
大值。

（2）分析过程

为探寻出工业规模与工业结构对创新规模空间分布的影响，以工业增加
值、专业化指数、多样性指数为自变量，以专利申请量为因变量，借助 SPSS
软件分别对专利申请量与工业增加值、专业化指数、多样性指数的关系做定量
分析。

首先，借助 SPSS 软件计算出专利申请量与工业增加值、专业化指数、多样
性指数的相关系数分别是 0.904、−0.89 和 0.113。根据相关性判定标准，专利申
请量与工业增加值为高度相关、与专业化指数为中度负相关、与多样性指数为不
相关。

其次，既然工业增加值、专业化指数与专利申请量之间存在着相关性，分别
作散点图，如图 5.15 所示。

散点图显示，长三角城市群个别城市数值存在偏离。为此，在进行影响模型
分析前需要进行数据的残差分析。借助 SPSS 软件对数据进行标准化残差处理，
结果显示专利申请量与工业增加值中，上海、苏州标准化残差为 3.69、3.05。根
据残差绝对值小于 3 的标准，将这两个城市筛选掉，对其余城市专利申请量与工
业增加值进行分析。利用影响模型构建长三角城市群各城市工业增加值、专业化

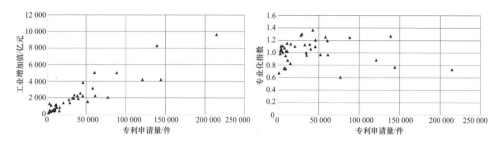

图 5.15　长三角城市群各城市工业增加值（左）、专业化指数（右）与专利申请量散点图

指数与专利申请量之间关系模型，并进行 t 以及显著性检验。相关系数、变量参数如表 5.11 所示。

表 5.11　长三角城市群工业增加值、专业化指数与专利申请量间系数

系数 [a]					
模型	非标准化系数		标准系数	t	显著性
	B	标准误差			
1 （常量）	−11 728.060	5164.421		−2.271	0.029
工业增加值 / 万元	31.335	2.443	0.904	12.825	0.000
2 （常量）	60 756.477	41 229.141		1.474	0.004
专业化指数	−221.185	39 781.758	−0.89	−0.556	0.002

a. 因变量：专利申请量 / 件

长三角城市群各城市工业增加值与专利申请量之间方程为

$$Y = 31.335X - 11\ 728.06$$

专业化指数与专利申请量关系为

$$Y = 60\ 756.477 - 221.185X$$

其中，Y 为专利申请量，X 分别为工业增加值、专业化指数。

通过长三角城市群工业增加值与专利申请量、专业化指数与专利申请量的方程可以发现：

一是，工业增加值与专利申请量的相关系数为 0.904，大于 0.8，说明工业增加值与专利申请量为高度相关；Sig 为 0.029，小于 1%，通过显著性检验，说明工业增加值与专利申请量之间存在着明显的线性关系。而专业化指数与专利申请量的相关系数为 −0.89，绝对值大于 0.8，说明专业化指数与专利申请量高度相

关；Sig 为 0.004，小于 1%，通过显著性检验，亦即专业化指数与专利申请量之间有线性相关关系。

二是，工业增加值、专业化指数与专利申请量之间的变量参数显示了，在其他因素不变的情况下，长三角城市群工业每增加 1 亿元，专利申请量增加 31 件；专业化指数提高 1，专利申请量减少 221 件。

（3）分析结论

总之，长三角城市群工业规模与创新规模空间分布具有较强的正相关性，且 Sig 检验值通过 1% 的显著性检验，表明了工业规模对长三角城市群创新规模空间分布具有明显的正效应，从而验证了产业规模是影响创新规模的重要因素的理论假设。工业是长三角城市群经济发展的支柱产业。长三角城市群在未来一段时间内，应持续加快城市群工业化道路，通过大力发展工业尤其是高新技术产业促进长三角城市群创新活动产生。

根据长三角城市群工业增加值与专利申请量之间的回归模型可以推断出，在其他影响因素不变的情况下，长三角城市群工业规模每增加 1 亿元，其专利申请量增加 31 件。因此，长三角城市群城市通过发展工业，壮大城市工业规模可以促进创新活动产生，继而扩大城市创新规模。

工业结构方面，长三角城市群专业化指数与创新规模呈负相关，且 Sig 检验值通过 1% 的显著性检验，表明了专业化指数对长三角城市群创新规模空间分布具有明显的负效应。这一实证结果不支持提高专业化水平可以促进城市创新活动产生的理论假设。专业化水平对创新活动的影响是通过建立专业化生产协作区、保持专业领域技术优势来提高城市创新能力的。2005 年以来，长三角城市群各城市通过发挥各自优势，工业专业化水平不断提高。但是在工业专业化过程中，多数城市专业化仅是同类企业的聚集和生产规模的扩大。这种专业化是生产加工的单一化，而没有由此转化成技术的专业化和优势，因此对创新活动并没有显著影响，有时因过于注重产业规模扩大而忽略了技术研发的投入，产业单一化水平提高反而不利于创新活动的产生。

长三角城市群多样性指数与创新规模的相关系数仅为 0.113，表明了多样性指数对长三角城市群创新规模空间分布无显著影响。这一实证结果不支持多样性产业有利于创新活动产生的观点。产业多样性通过来自不同产业之间创新交流和竞争刺激创新活动产生。改革开放以来，长三角城市群出现了很多新的产业类型，产业门类日趋多样化。这些新兴产业的出现，极大地促进了长三角城市群社会经济发展。但是由于这些新兴产业之间缺乏交流联系，尚未形成网络化的产业体系，因此对创新活动的影响不显著。另外，长三角城市群多样性指数对创新活动影响不显著可能与现行数据统计口径及方法有关。我国现行国民经济行业分类标准中，一些新的产业类型并未统计在内；同时，我国多数城市产业往往是全行业分布，并未体现城市间产业门类的差异。这在一定程度上会影响多样性程度对创新活动的影响测度。

4. 地理区位

地理区位通过区域创新环境和城市空间关系影响着创新规模空间分布。在城市群层面上，区域创新环境往往是相似的，而城市空间关系则差异较大。本书重点讨论城市空间关系对创新规模空间分布的影响。城市空间关系很大程度上取决于城市间的地理距离，因此以地理距离为表征指标分析地理区位对创新规模空间分布的影响。

创新溢出遵循着地理衰减规律（Jaffe 等，1993），即随着地理距离的增大，城市间创新溢出趋于减少。城市间创新溢出通常是由创新发达城市流向欠发达城市，因此以长三角城市群上海、苏州、杭州、南京、宁波、无锡 6 个创新中心为例，分析地理距离对创新规模空间分布的影响。

直观地看，创新中心周边城市的创新规模较大，即创新规模与地理距离有一定的相关性。6 个创新中心城市中，创新规模最大的上海与苏州间的距离仅为110 km。对于其他城市，距创新中心的距离近，其创新规模普遍较大。以上海为中心的各方向剖面线上的城市专利申请量递减趋势，反映了专利申请量随地理距离增加而减少。同理，苏州、杭州、南京、宁波、无锡创新中心城市也存在着类似的变化趋势。

为进一步探寻出长三角城市群地理距离对创新规模空间分布的影响，本书以距创新中心的距离和专利申请量为变量，借助 SPSS 软件对二者的关系作定量分析。

首先分别作距 6 个创新中心的距离与专利申请量之间的散点图（图 5.16）。从散点图总体趋势来看，距离创新中心近的城市，其专利申请量普遍较大；而距离创新中心远的城市，其专利申请量普遍较小，由此可见专利申请量与地理距离之间存在着反向关系。

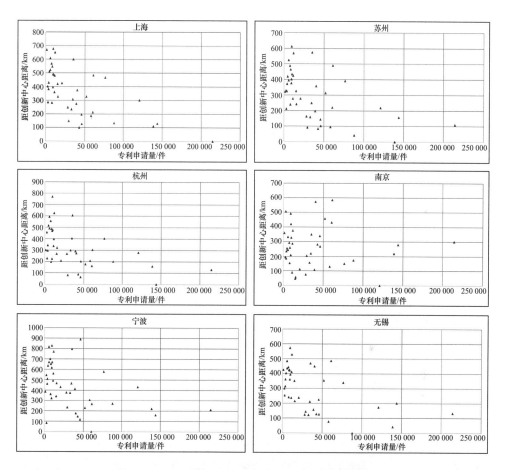

图 5.16 距 6 个创新中心的距离与专利申请量的散点图

在进行定量分析前，对数据进行预处理，判断数据是否存在异常值。借助 SPSS 软件对数据进行标准化残差分析，结果显示所有城市专利申请量的标准化残差值均小于 3，说明各城市数值无异常。对 41 个城市进行分析，并进行 t 检验以及显著性检验。相关系数、变量参数如表 5.12 所示。

表 5.12　长三角城市群距创新中心距离与专利申请量间系数

模型		非标准化系数		标准系数	t	Sig.
		B	标准误差	试用版		
上海	（常量）	80 931.161	11 883.758		6.810	0.000
	距离	−126.495	29.168	−0.575	−4.337	0.000
苏州	（常量）	76 354.861	14 136.065		5.401	0.000
	距离	−133.279	41.647	−0.461	−3.200	0.003
杭州	（常量）	73 309.732	13 988.224		5.241	0.000
	距离	−114.539	38.013	−0.439	−3.013	0.005
南京	（常量）	33 145.783	15 808.108		2.097	0.043
	距离	11.115	52.566	0.034	0.211	0.834
宁波	（常量）	78 267.690	15 674.361		4.993	0.000
	距离	−90.220	31.435	−0.422	−2.870	0.007
无锡	（常量）	85 285.520	15 486.823		5.507	0.000
	距离	−160.210	46.732	−0.486	−3.428	0.001

系数 [a]

a. 因变量：专利申请量 / 件

通过长三角城市群距 6 个创新中心的距离与专利申请量之间系数表可以发现：

一是，地理距离与专利申请量的相关系数均为负数，从而验证了地理距离与专利申请量之间存在着负相关关系。除南京以外，其余创新中心的相关系数绝对值均在 0.4 ~ 0.6，显示了地理距离与专利申请量之间为中度负相关，说明专利申请量遵循着地理衰减规律。

二是，创新中心的地理距离与专利申请量之间的相关系数是有差异的，这种差异性反映了各创新中心溢出效应的差异。创新规模最大的上海，地理距离与专利申请量之间的相关系数绝对值最大、以无锡和苏州为中心的地理距离与专利申请量之间的相关系数次之、其他创新中心的地理距离与专利申请量之间的相关系数相对较小。以上比较显示了，创新中心的创新规模大，地理距离与专利申请量之间的相关性大，说明了地理距离对创新规模的影响大，因此创新中心的创新规模影响着地理距离的创新溢出效应。

三是，创新中心的地理距离与专利申请量的回归分析中，除南京外，其余创新中心的 Sig 值均小于 1%，均通过了显著性检验，反映了地理距离与专利申请量之间存在着线性相关关系。创新中心的地理距离与专利申请之间的变量参数显示了二者之间的具体数量关系。在其他因素不变的情况下，长三角城市群内城市距创新中心地理距离每增加 1 km，专利申请量平均减小 125 件。

5.5.2　多影响因素比较

影响创新活动要素中，哪个要素的影响最大呢？为分辨比较出各因素对长三角城市群创新规模空间分布的影响程度，构建了以专利申请量为因变量，以各影响因素为自变量的创新规模影响模型，系统探讨了各因素对创新规模的影响。

1. 方法模型

根据前面单因素对长三角城市群创新规模影响分析可以发现，长三角城市群创新规模的 4 大类 5 小类因素与创新规模之间均存在着线性相关关系。借鉴相关学者的做法，将知识生产函数模型进行了两方面修正：一是增加了解释变量，将长三角城市群创新规模的 4 大类 5 小类影响因素全部纳入函数模型；二是将知识生产函数模型中的因变量与自变量之间的关系修正为多元线性回归模型。具体模型表达为

$$Pat_i = \beta_0 + \beta_1 RD_i + \beta_2 Pop_i + \beta_3 GDP_i + \beta_4 Ind_i + \beta_5 Sim_i + \beta_6 Dis_i + \varepsilon_i$$

其中，Pat_i 为专利申请量、RD_i 为 R&D 经费支出投入、Pop_i 为人口数、GDP_i 为国内生产总值、Ind_i 为工业增加值、Sim_i 为产业单一化指数、Dis_i 为地理距离，β_i 为各因素的估计参数，ε_i 为随机干扰项。

多元线性回归模型参数估计，是在误差平方和最小的前提下，采用最小二乘法（OLS）求解参数。

2. 分析过程

（1）各因素相关性

采用多元回归模型进行分析，其前提假设是各自变量相互独立，如果各变量之间出现相关性时，会使多元回归的各自变量显著性检验失效，同时也会降低参数估计的精准性。因此，在进行多元回归分析之前，需要对各变量的相关性进行判别。

由于影响长三角城市群创新规模空间分布的各因素指标量纲不统一，因此在进行相关分析前，需要对数据进行标准化处理，消除量纲（单位）和变量自身变异的影响。数据标准化方法有离差标准化和标准差标准化（Z-score）两种，其中标准差标准化是使用最多的数据标准化方法。

借助 SPSS 软件对影响长三角城市群创新规模空间分布的各因素进行 Pearson 相关性分析。影响城市群创新规模空间分布的 5 个因素，R&D 经费支出、GDP、工业增加值彼此之间相关系数在 0.8 以上，呈高度相关；而单一化指数、地理距离与其他指标相关系数介于 0.3 ~ 0.8，属于中度相关（表 5.13）。同时，各因素之间相关系数均通过单侧 Sig. 检验。由此可以判断，影响创新规模空间分布的这些因素之间相关性较大，各项指标之间不独立，这与回归模型分析的前提不符合，因此需要对指标数据进行修正。

表 5.13　长三角城市群创新规模空间分布影响因素的 Pearson 相关矩阵

		R&D 经费支出	GDP	工业增加值	单一化指数	地理距离
相关	R&D 经费支出	1.000				
	GDP	0.990	1.000			
	工业增加值	0.924	0.948	1.000		
	单一化指数	−0.312	−0.308	−0.441	1.000	
	地理距离	−0.492	−0.483	−0.583	−0.509	1.000
Sig.（单侧）	R&D 经费					
	GDP	0.000				
	工业增加值	0.000	0.000			
	单一化指数	0.085	0.042	0.037		
	地理距离	0.001	0.001	0.000	0.001	

（2）指标修正

采用回归模型进行分析时，当指标变量之间具有相关性或者相互不独立时，一般需要对指标变量进行修正，常用的方法是将具有相关性指标进行综合或者剔除。为了充分利用原始指标信息量，借鉴相关研究成果，采用主成分分析法将指标进行抽象综合。主成分分析方法是将原始指标变量综合成相互独立的主成分变量。

进行主成分分析前，首先做长三角城市群创新规模影响因素的适用性检验。通过检验发现，长三角城市群各影响因素主成分分析的 KMO 统计检验值为 0.654，可以进行主成分分析；Bartlett 的近似卡方为 14 891.542，且通过 Sig. 显著性检验（表 5.14）。因此，长三角城市群创新活动各影响因素可以进行主成分分析法进行修正。

表 5.14　KMO 和 Bartlett 的检验

取样足够度的 Kaiser–Meyer–Olkin 度量		0.654
Bartlett 的球形度检验	近似卡方	14 891.542
	df	10
	Sig.	0.000

通过 KMO 和 Bartlett 的检验后，借助 SPSS 对各影响因素进行主成分分析。成分 1 的特征值为 3.409，贡献率为 68.181%（表 5.15），所以提取 1 个主成分。根据主成分在各原始变量上的相关系数，建立主成分与各原始变量之间的模型：

$$f_1 = 0.986\text{R\&D} + 0.971\text{GDP} + 0.957\text{Ind} - 0.013\text{Sim} - 0.642\text{Dis}$$

式中，R&D 为 R&D 经费，GDP 为国内生产总值，Ind 为工业增加值，Sim 为产业单一化指数，Dis 为地理距离。

表 5.15　主成分解释原有变量的总方差情况

成分	初始特征值			提取平方和载入		
	合计	方差的 %	累积 %	合计	方差的 %	累积 %
1	3.409	68.181	68.181	3.409	68.181	68.181
2	1.269	25.385	93.566			
3	0.293	5.853	99.419			
4	0.027	0.537	99.956			
5	0.002	0.044	100.000			

用提取的主成分 f_1 代替原始变量，与因变量专利申请量进行回归分析建模，并进行 t 检验以及显著性检验（表 5.16）。

表 5.16　主成分 f_1 与专利申请量间回归分析系数

模型		非标准化系数		标准系数	t	Sig.
		B	标准误差			
1	（常量）	59.071	0.072		0.000	0.000
	f_1	4.359	0.001	0.958	15.441	0.000

系数 [a]

a. 因变量：专利申请量 / 件

从表 5.16 中显示，主成分 f_1 与因变量之间的相关系数是 0.958，说明提取的主成分 f_1 与专利申请量之间存在着高度正相关关系；Sig 为 0.000，小于 1%，通过了显著性检验，亦即主成分 f_1 与专利申请量之间具有明显的线性相关关系。

提取主成分 f_1 与专利申请量之间回归模型为

$$Y = 4.359 f_1 + 59.071$$

其中，Y 为专利申请量，f_1 为提取的主成分。

根据各影响因素在主成分 f_1 的相关系数和 f_1 的方差贡献率，将主成分 f_1 与专利申请量之间的回归模型转变为

$$Y = 4.29R\&D + 4.23GDP + 4.17Ind - 0.057Sim - 2.799Dis$$

式中，R&D 为 R&D 经费，GDP 为国内生产总值，Ind 为工业增加值，Sim 为产业单一化指数，Dis 为地理距离。

3. 结果分析

长三角城市群专利申请量与各影响因素的最终回归模型显示，长三角城市群创新规模与各影响因素的关系如下：

第一，创新规模的影响因素可以分为正、负效应因素两大类。在长三角城市群创新规模的 5 个影响因素中，R&D 经费支出、GDP、工业增加值的系数为正数，表明这 3 个变量对专利申请量具有正效应，即增加这 3 个变量的数量，可以促进专利申请量的增多。而产业单一化指数、地理距离的系数为负数，表明这两个变量对专利申请量是负效应，即随着这两个变量的增多，专利申请量是减少的。

第二，在创新规模正效应因素中，R&D 经费支出的系数最大，其次是 GDP，而工业增加值的系数最小。这说明在创新资金投入、经济规模和产业规模 3 个因素中，创新资金投入与创新规模的关系最为密切，是影响长三角城市群创新规模

最主要的因素，其次是经济规模，产业规模对创新规模的影响相对最小。R&D 经费分为政府财政经费和企业创新投入，从政府支出角度来说，政策支撑作为创新发展的重要驱动力，财政科技投入不仅能弥补企业研发资金的不足、降低企业创新活动的风险，还能够发挥导向和激励作用，正向推动科技创新；从企业研发来看，企业作为创新活动的主体，其创新活动影响着整个创新网络，资金投入的增加会吸引更多的技术人才，同时企业与其他创新主体协同合作的机会也会增多，从而刺激创新活动的产生。

第三，在创新规模负效应因素中，地理距离的系数大于专业化指数，说明了较创新投入而言，地理区位与创新规模的关系更为密切，对创新规模的影响更大。从长三角城市群现实来看，具有相同产业的城市、邻近创新中心的城市，其创新规模往往较大。因此创新中心周边城市，主动对接创新中心，通过接受创新中心知识溢出以降低城市自身创新生产成本，增加地区创新产出，这是提高创新规模的一个重要途径。而对于产业单一化越强、远离创新中心的城市，通过增强单一产业的创新能力则是提高创新规模的重点所在。

第6章 长三角城市群城市群体创新活动空间研究

城市群体创新活动是城市间创新主体在创新活动生产过程中所发生的要素交流与合作，以及在此基础上产生的关联性和参与性行为。城市间创新要素互补、地理距离、经济联系以及行政区划等因素不同，使得城市间创新联系存在着空间差异。本章从群体层面，以长三角城市群城市间联合申请专利量为基础数据，采用修正后的城市创新联系模型，重点分析了长三角城市群创新联系时空演化特征及其影响因素。

6.1 研究指标、方法和数据

6.1.1 方法指标选择

城市间创新联系的测度方法主要有两种：一种是采用引力模型，测算出城市间创新联系强度，进而分析城市间创新联系的结构特征；另一种是采用社会网络分析方法，通过分析节点之间创新联系，进而研究城市间创新联系的网络特性。

1. 方法指标

引力模型侧重于创新联系数量或强度的测算，而社会网络分析方法，是基于创新联系数量或强度，对城市间创新联系网络特征进行分析。本书在长三角城市群创新联系空间分布的研究，重点是研究城市群创新联系网络特性。尽管研究也会涉及创新联系数量或强度，但是创新联系数量或强度的调查、测算仅是作为研究基础，目的是通过创新联系数量或强度，探讨城市间创新联系网络特性及空间结构。因此，在创新联系空间测度上，本书拟选择社会网络分析方法作为主要分析方法。

在创新联系数量或强度指标选择上，通过引力模型法测算创新联系数据，计算方法简单；但是由于该模型是通过抽象模型测算出来的，是创新联系强度的理论值，与实际创新联系可能有出入。而采用调查获取的创新联系数据，工作量大，数据相对准确，但是此类数据基于创新联系某一视角，获取数据可能会以偏概全。权衡两种方法，相比于引力模型测算理想值，文献数据毕竟是城市间创新联系的实际数据，同时该数据考虑了城市间创新要素流动和创新合作，因此本书拟选择文献法获取表征城市间联系强度的数据。基于专利申请量是城市创新规模的基本变量，因此本书拟选择专利合作（共同申请专利）作为城市间创新联系测度指标。

2. 方法修正

采用社会网络分析方法来探讨城市间创新联系的空间分布，主要有密度（density）、中心度（centrality）、派系（cliques）等。本书拟采用网络密度、中心性、核心-边缘结构分析长三角城市群创新联系的空间分布格局，其中对于城市创新联系中心性的分析，是在美国扎克瑞·尼尔（Zachary Neal）教授提出的城市中心性的基础上，考虑到无向图中任意两城市间创新联系强度应相等，构建了修正后城市创新联系中心性模型。

尼尔采用递归中心性、转变中心性指标表征城市在网络中的位置和地位。尼尔构建了对称矩阵 R 表征城市网络特征，矩阵中每一项 R_{ij} 表示城市 i 和 j 之间的连接强度，则递归中心性（RC_i）：

$$RC_i = \sum_{i=1}^{n} R_{ij} \cdot DC_j \quad (j-1,2,3\cdots,n \text{ 且 } i \neq j)$$

式中，DC_j 是 j 城市的中心度。

从上述公式中可以看出，尼尔构建模型涉及两个参数：中心度和连接强度。这里需要注意的是，尼尔所讲的中心度不是城市自身中心度，而是与城市直接相连的其他城市中心度。因此尼尔提出的递归中心性，不仅取决于城市自身连接情况，还与跟城市直接相连的其他城市连接情况密切相关。这说明，尼尔在测度城市在网络中的地位和位置时，不仅要考虑城市间的直接联系，同时还要考虑城市间接联系的影响。

由于尼尔中心度是与城市直接相连的其他城市的中心度，因此对于彼此连接的两点，两点间的连接强度是相同的，该联系对于两点的作用取决于中心度。如图 6.1 中，A 的中心度是 3，B 的中心度是 1，假设 AB 之间的连接强度是 2。根据尼尔构建模型，AB 之间连接对于 A 的作用是 2，对于 B 的作用是 6。

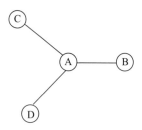

图 6.1　两点间连接示意

在无向网络图中，任意两点间的连接对于这两点的作用应是相同的。而尼尔构建的模型，由于两点中心度的不同，使得任意两点间的连接对于两点的作用是不同的。为了避免无向图中由于两点中心度不同导致连接对于两点作用的差异，本书对尼尔模型进行修订，采用两点间中心度的平均数作为综合中心度，公式变为

$$RC_i = \sum_{i=1}^{n} R_{ij} \cdot (DC_j + DC_i)/2 \quad (j = 1,2,3\cdots,n \text{ 且 } i \neq j)$$

式中，DC_i、DC_j 是 i、j 城市的中心度，R_{ij} 表示 i 城市与 j 城市之间的连接强度。

本书中借用修订后的尼尔模型测度城市间创新联系中心性，采用城市间共同申请受理专利数表征城市间连接强度、城市自身创新联系中心度和与其相连城市创新联系中心度的平均数作为综合中心度，即

$$RC_i = \sum_{i=1}^{n} R_{ij} * (DC_j + DC_i)/2 \quad (j = 1,2,3\cdots,n \text{ 且 } i \neq j)$$

式中，RC_i 表示城市 i 的创新联系中心性；R_{ij} 表示城市 i 和 j 之间的联合申请受理专利数；DC_i 是 i 城市的中心度，数值上是与 i 城市有创新联系的城市数量；DC_j 是 j 城市的中心度，数值上是与 j 城市有创新联系的城市数量。

6.1.2　数据获取

本书拟采用专利合作，即联合申请受理专利指标表征城市间创新联系。联合申请受理专利数据来源于中国专利数据库，该数据库由国家知识产权局开发提供，收录了中国自 1985 年实施专利制度以来的全部中国专利数据，是目前国内规模最大、最具权威的专利数据检索系统。

本书以中国专利数据库为平台，通过设定检索条件—编写程序—筛选样本的方式，获取城市间共同申请受理专利数据。具体步骤：

第一步，在中国专利数据库综合服务平台的专利检索分析中，以长三角城市群 41 个城市中任意两个城市名组合为申请（专利权）人，以 2005—2020 年中任意一年为申请日，通过编辑检索命令，从中国专利数据库中提取出任意一年申请人包含这两个城市名的申请受理专利项。

第二，通过编写程序，对提取出申请受理专利项专利进行筛选，剔除一个申请（专利权）人中含有两城市名的申请受理专利项。如"南京中航特种装备有限公司上海技术中心"，尽管这条申请受理专利项申请（专利权）人中含有南京、上海两个城市名，但事实上该申请受理专利项是一个申请（专利权）人，不属于城市间共同申请的范畴，因此该申请受理专利项不在本书范围内。

第三，以城市为单位，对筛选出申请受理专利项进行整理，包括城市间共同申请受理专利数量以及类型。城市间共同申请受理专利数量比较容易确定，而类型则是根据申请（专利权）人性质确定。按性质，申请（专利权）人主要有企业、高等院校、科研院所三种类型。依据申请（专利权）人之间的合作特点，本书将高等院校和科研院所合并为科研机构。这样城市间共同申请受理专利有企业之间、企业与科研机构、科研机构之间三种类型。根据城市间共同申请（专利权）人的名称，对其共同申请受理专利类型进行分类。

通过此方式获取共同申请受理专利数据在一定程度上表征了城市间的创新联系，但也存在明显的两点误差：

一是，由于共同申请（专利权）人是以 41 个城市任意两个城市为条件筛选出来的，就会把任意两个城市间自然人之间共同申请受理专利排除在外，这样缩小了城市间实际创新联系数量。

二是，以 41 个城市任意两个城市为条件筛选，就会将申请（专利权）人名称中不含城市名称的共同申请专利排除在外。譬如"同济大学、东南大学"二者共同申请专利，实际上是两个城市间共同申请专利项，但是由于两个申请（专利权）人中均未含有城市名，因此在该研究中被排除在外，这实际上也缩小了城市间的创新联系。

6.2　长三角城市群城市群体创新空间特征

作为创新网络节点，城市创新联系空间特征包括城市对外创新联系规模所反映的结构特征以及城市间创新联系所反映的网络特征。鉴于此，本书从规模、强度、结构和网络4个方面分析创新联系空间特征。

6.2.1　创新联系规模特征

1. 参与创新联系的城市数量不断增多

随着长三角城市群经济合作和创新知识溢出，长三角城市群越来越多的城市融入城市群创新联系网络中，参与创新联系的城市数量逐渐增加。2005年长三角城市群41个城市中，仅有14个城市与其他城市有联合申请专利，表明长三角城市群参与创新联系的城市还比较少。之后，越来越多的城市融入城市群创新联系中。2017年长三角城市群41个城市之间均产生了创新联系，2020年略有下降，除少数个别几个城市外，长三角城市群绝大多数城市与其他城市有联合申请专利，参与创新联系的城市数量达到39个。

根据参与联合申请专利的城市数量，将2005年以来长三角城市群城市间创新联系划分为三个阶段（图6.2）：

① 快速增长阶段（2005—2009年）：2005年，长三角城市群有14个城市与其他城市有联合申请专利，到2009年参与联合申请专利城市数量增加到32个。4年间参与联合申请专利的城市数量增加了18个，增长速度较快，尤其是2009年，参与联合申请专利的城市数量从24个增加到32个。

② 缓慢增长阶段（2010—2015年）：2010年和2011年，长三角城市群均有31个城市与其他城市有联合申请专利；2012年增加到35个城市；2015年，城市数量增加到39个。这一阶段，参与联合申请专利城市数量有所增加，但是增长速度较前一个阶段有所回落。

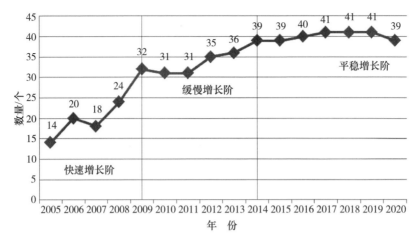

图 6.2　长三角城市群参与创新联系城市数量

③ 平稳发展阶段（2016—2020）：2016 年长三角城市群有 40 个城市与其他城市有联合申请专利，到 2017 年增加到 41 个，到 2020 年有轻微的波动，下降到 39 个。这一阶段，长三角城市群之间的联系基本保持稳定，所有城市均与其他城市有联合申请专利。

从长三角城市群整体来看，阜阳、宿州 2 个城市与其他城市没有联合申请专利，也就是说这 2 个城市还游离于其他 39 个城市形成的城市群创新联系网络之外，由此可以判断，作为我国创新高地，长三角城市群还未形成涵盖 41 个城市的完整创新联系网络。

2. 创新联系数量逐渐增加，但是整体还不多

随着参与创新联系城市数量的不断增加，长三角城市群创新联系数量也呈现出不断递增的趋势。以城市间联合申请专利数为衡量指标，2005 年长三角城市群城市间联合申请专利为 124 件，2008 年城市间联合申请专利达到 540 件，3 年间城市间联合申请授权年均增长 138 件，增长超过 4 倍。之后，长三角城市群城市间联合申请授权专利持续增加，到 2010 年，城市间联合申请授权专利首次超过了 1000 件，为 1136 件。到 2016 年，长三角城市间联合申请专利增加到 3034件，到 2020 年增长到 8138 件，15 年间平均增速达 35.04%，远高于同期专利申请量 25.55% 的增长速度。

尽管自 2005 年长三角城市群城市间创新联系不断增多，增长速度也较快，

但是与城市群创新规模相比，城市间创新联系还比较少。2020 年，长三角城市群城市间联合申请专利仅为申请专利量的 0.04%，即便考虑到两个城市间以自然人名义申请专利数量的存在，城市间实际联合申请专利数量仍比较少，因此长三角城市群城市间创新联系整体还不多。

6.2.2 创新联系强度特征

随着创新联系规模的不断扩大，长三角城市群城市间创新联系强度也有了明显的提升，突出表现在两个方面。

1. 城市创新联系度

社会网络分析中，度数指的是与一点直接相连的其他点的个数（斯科特，2011）。本书中创新联系度是指与城市有创新联系或合作的城市数量。随着长三角城市群创新联系数量的增加，城市间创新联系度也有明显的提高。

从单个城市来看，长三角城市群多数城市创新联系强度趋于上升。如中心区上海，2005 年与长三角城市群 9 个城市有创新合作，创新联系度是 9；2020 年，与上海有创新合作的城市达到 31 个，上海创新联系度为 31，提升了 22。外围区淮安，2005 年创新联系度较低，创新联系度为 0；2020 年淮安与 12 个城市有创新合作，创新联系度为 12，淮安创新联系度也有显著提升。

从长三角城市群整体来看，2005—2020 年长三角城市群创新联系度也趋于增加。2005 年，长三角城市群有 14 个城市参与创新联系，这 14 个城市平均创新联系度是 3；2020 年有 39 个城市参与创新联系，平均创新联系度为 10.2。因此，无论是单个城市还是城市群整体，长三角城市群创新联系度均有明显提升。

2. 城市间创新联系性

在社会网络分析中，强度是描述两个节点间联系大小的一种属性，且可以被量化。研究中将城市间联合申请专利数量作为城市间创新强度测度指标。随着长三角城市群城市间经济联系和创新合作增强，城市间联合申请专利数量逐渐增多。

从两两城市来看，城市间联合申请专利数普遍趋于递增。以创新联系数量最多的上海为例，其与主要城市联合申请专利数逐渐增多。其中上海-南京联合申请专利数，由 2005 年的 5 件增加到 2020 年的 314 件，增加较快；尤其是 2009 年以后，上海-南京联合申请专利数量更是进入快速增长时期。

从长三角城市群整体来看，城市间平均联合申请专利数也趋于递增。2005—2020 年，长三角城市群城市间联合申请专利数由 8.86 件增加到 208.67 件，15 年城市间联合申请专利增长近 23 倍，年均增速 24.86%（图 6.3）。因此，无论是单个城市还是城市群整体，长三角城市群创新联系强度均有显著提升。

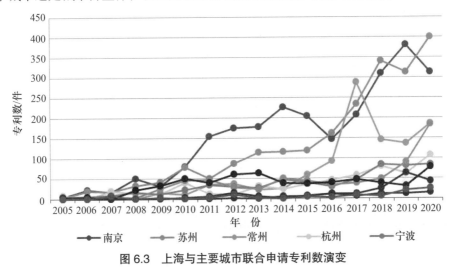

图 6.3　上海与主要城市联合申请专利数演变

6.2.3　创新联系结构特征

为避免一年城市间创新联系的偶然性，选取了近三年（2018—2020）城市间联合申请专利数为基础数据，分析长三角城市群群体创新联系的空间特征。

1. 整体格局特征

由于城市间创新要素互补、经济联系、地理距离以及行政区划等不同，城市间创新联系差异较大。

从城市创新联系数量来看，以联合申请专利数为衡量指标，长三角城市群 41 个城市中，上海联合申请专利数量最多，为 4802 件；其次是南京，联合申请专利数为 3898 件；另外，苏州、杭州、常州、宁波、南通、无锡、嘉兴、合肥共 8 个城市联合申请专利数量也超过了 400 件。相比之下，安庆、亳州、阜阳、蚌埠、池州 5 个城市联合申请专利数量未超过 40 件（图 6.4）。由此可见，长三角城市群城市间创新联系数量差异较大。

从城市创新联系度来看，长三角城市群也存在着明显差异。2018—2020 年，南京与 38 个城市有联合申请专利。根据社会网络分析方法得出南京创新联系

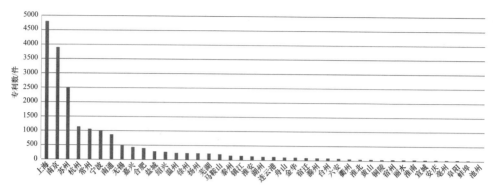

图 6.4　长三角城市群 41 个城市联合申请专利比较

度为 38，在长三角城市群 41 个城市中位居首位；其次是上海，与 36 个城市
有联合申请专利，创新联系度为 36。除此之外，宁波、苏州、杭州、合肥、常
州、无锡、扬州共 7 个城市创新联系度也超过 20。而创新联系度最小的衢州为
6。长三角城市群创新联系度最大城市与最小城市之间相差 32，差异较为显著
（图 6.5）。

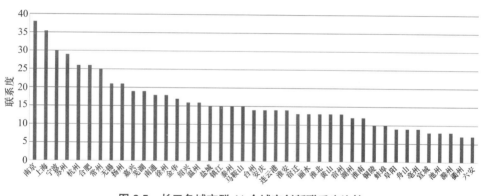

图 6.5　长三角城市群 41 个城市创新联系度比较

采用修正后创新联系中心性公式，计算出 2018—2020 年长三角城市群各城
市创新联系性，作为分析比较长三角城市群创新联系性的数据。

长三角城市群 41 个城市创新联系性差异较大，其中创新联系性最大的是上
海，其创新联系性为 147 590.5；其次是南京，创新联系性 123 180.5。而池州创
新联系性为 145.5，创新联系性最大与最小城市之间差异大。依据城市创新联系
性大小，将长三角城市群 41 个城市划分为 5 级（图 6.6）。

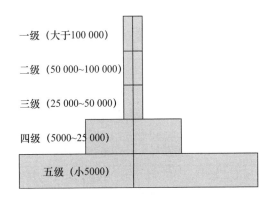

一级（大于100 000）

二级（50 000~100 000）

三级（25 000~50 000）

四级（5000~25 000）

五级（小5000）

图 6.6　长三角城市群创新联系性"金字塔"

创新联系性等级与城市数量呈反向关系，即城市创新联系性等级越高，城市数量越少；而创新联系性等级越低，城市数量越多。依据城市创新联系性等级，将城市数量进行排列，可以发现城市创新联系性呈现出"金字塔"特征。金字塔的基础是五级创新联系性的城市，塔的顶端是一级创新联系性的城市。

为了对长三角城市群创新联系空间差异进行检验，本书沿用基尼系数，分别以各城市创新联系数量、创新联系度、创新联系性模拟洛伦兹曲线，并计算出长三角城市群创新联系相关基尼系数，如表 6.1 所示。

表 6.1　长三角城市群创新联系相关基尼系数

	创新联系数量	创新联系度	创新联系性
基尼系数	0.7229	0.2556	0.7621

长三角城市群创新联系数量、创新联系性两者的基尼系数大于 0.5，其中创新联系性的基尼系数高达 0.7621，接近 1，从而验证了长三角城市群创新联系空间呈现出非均衡性，即创新联系空间存在差异性。

以城市间联合申请专利数为变量，测算出长三角城市群群体创新联系基尼系数为 0.7229，大于长三角城市群城市个体申请专利基尼系数 0.2556，说明创新联系的空间差异性大于创新规模，即相比于城市个体创新规模，长三角城市群城市间创新联系空间分布更加不均衡。

2. 空间分布特征

以创新联系数量为测度指标，将长三角城市群创新联系数量前 2 位和前 10 位城市进行整理，如表 6.2 所示。长三角城市群创新联系数量前 2 位城市联合申请专利量占长三角城市群比例超过 40%，而前 10 位城市联合申请专利量占长三角城市群比例达到 71.99%，由此可见长三角城市群创新联系具有很强的集中性。

表 6.2　长三角城市群前 2 位和前 10 位创新联系比例

	城市名称	联合申请专利	占长三角城市群比例 /（%）
前 2 位	上海、南京	8700	43.36
前 10 位	上海、南京、苏州、常州、无锡、南通、合肥、杭州、宁波、盐城	14 442	71.99

既然长三角城市群创新联系具有很强的集中性，这种创新联系集中性在空间上是分散的还是聚集的？

长三角城市群创新联系数量和创新联系性空间差异较大，创新联系数量和创新联系性较多的城市集中分布在中心区。2018—2020 年，长三角城市群中心区 27 个城市联合申请专利量是 19 001 件，占长三角城市群的比重为 94.72%；中心区 27 个城市平均联合申请专利 703.59 件，是长三角城市群平均联合申请专利数的 2 倍；从创新联系数量前 10 位城市来看，前 10 位城市均位于长三角城市群中心区。同样，长三角城市群创新联系性空间差异也较大，创新联系性较强的城市主要集中分布在中心区。由此来看，长三角城市群创新联系集中分布在中心区。

进一步分析长三角城市群中心区创新联系分布，中心区内各城市创新联系也存在着较大差异，创新联系较大的城市聚集在中心区北翼沪宁沿线地区。中心区北翼沪宁沿线的上海、南京、苏州、杭州、常州 5 个城市的创新联系数量、创新联系中心性均居长三角城市群 41 个城市前 5 位。这 5 个城市联合申请专利数分别占长三角城市群及中心区的 66.37% 和 77.31%。而这 5 个城市中，又以上海、南京创新联系尤为突出。上海、南京联合申请专利数占长三角城市群及中心区的 43.43% 和 50.24%。

长三角城市群中心区创新联系聚集，主要有两个方面：一方面，中心区上海、南京等城市聚集了大量高等院校、科研院所以及科研人员，科研创新生产能力强，创新活动溢出水平高，创新联系强；另一方面，中心区苏州、上海、无锡等城市高新技术产业发展水平高，高新技术企业对创新活动的需求和投入较大，创新活动引进的可能性大，从而促使中心区成为长三角城市群创新联系高地。

3. 空间模式验证

为进一步识别长三角城市群创新联系空间聚集模式，本书采用空间探索性分析技术（ESDA）测度长三角城市群创新联系空间聚集模式显著性检验。

根据前述 Moran's I 指数计算方法，借助 Geoda 软件中 Space 分析，计算出 2018—2020 年长三角城市群创新联系数量和中心性的 Moran's I 指数，并绘制出 Moran 散点图（图 6.7）。

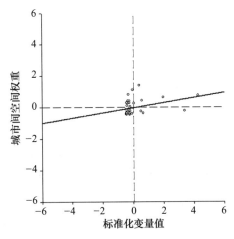

图 6.7　长三角城市群创新联系数量 Moran 散点图

2018—2020 年，长三角城市群创新联系数量和创新联系性的 Moran's I 指数分别是为 0.161 和 0.140，均大于 0，从而验证了长三角城市群创新联系在空间具有明显的自相关性。

长三角城市群创新联系数量和创新联系性的 Moran 散点图相似，从图 6.7 中可以看出，位于第一象限（High-High）的城市有 4 个，分别是上海、苏州、常州、南通；属于位于第二象限（Low-High）的城市有 10 个，分别是绍兴、湖州、嘉兴、泰州、镇江、扬州、无锡、马鞍山、滁州、宣城；位于第四象限的（High-Low）城市有 3 个，分别是南京、杭州、宁波；位于第三象限（Low-Low）的城市有 24 个。

第一、Moran 散点图中，第四类型城市均位于长三角城市群中心区，第三类型城市多数位于长三角城市群外围区，从而显示长三角城市群创新联系在空间分布上并不是随机的，而是具有一定规律性的，即创新活动联系多的城市位于中心区，而创新活动联系少的城市多数位于外围区。

此外，长三角城市群创新联系数量和创新联系性的 Moran 空间聚集图相同。在具有 High-High 特征的城市中，苏州、南通通过 1% 的显著性检验，即苏州周边城市创新联系多，反映了这些创新联系多的城市在空间上聚集形成创新高地。从区位上来看，长三角城市群创新高地位于中心区。在具有 Low-High 特征的 10 个城市中，镇江、嘉兴通过显著性检验，这个城市位于长三角城市群中心区创新高地边缘；在具有 Low-Low 特征的城市中，蚌埠、淮南、阜阳在空间上产生了聚集。由此验证了长三角城市群创新联系在空间上呈现出聚集特征。

综上所述，长三角城市群城市间创新联系空间差异较大，集中分布在中心区北翼沪宁沿线的城市，并形成了以上海、南京为中心的双中心空间分布模式。

6.2.4　创新联系网络特征

2018—2020 年，长三角城市群 41 个城市全部都有创新合作。这 41 个城市形成 317 对城市间创新合作，共联合申请专利 20 060 件，每对平均联合申请专利数为 63.28 件。

1. 网络整体特征

根据 2018—2020 年长三角城市群城市间合作申请专利数据，借助 Ucinet 软件绘制出长三角城市群城市间创新联系网络图（图 6.8）。从图 6.8 中可以看出，长三角城市群通过城市间不同强度的创新联系，形成了一个创新联系网络。在这个网络中，包含长三角城市群 41 个城市，由此可见，长三角城市群创新联系已经形成了一个涵盖 41 个城市完整的创新联系网络。

网络密度用来描述网络整体的紧密程度，取值范围为 [0, 1]，数值越大说明网络联系越为紧密。根据 2018—2020 年长三角城市群城市间联合申请专利数，借助 Ucinet 软件测算出长三角城市群创新联系网络密度是 0.3866，小于 0.5，说明长三角城市群创新网络密度不高，这在一定程度上反映了长三角城市群城市间创新联系整体上还不够紧密。

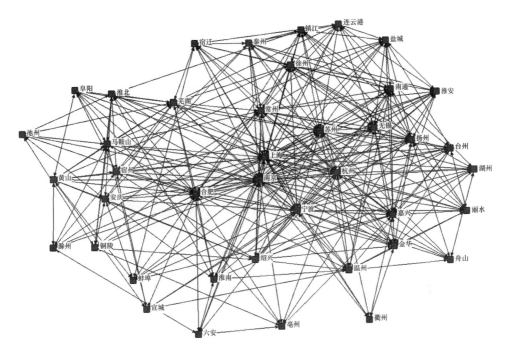

图 6.8　长三角城市群城市间创新联系网络

2. 网络空间差异

随着长三角城市群区域一体化推进，城市间创新联系普遍增强。由于城市间创新联系受到创新要素互补、经济联系、地理距离、行政区划等因素影响，长三角城市群城市间创新联系强度差异也较大。

以 2018—2020 年长三角城市群城市间联合申请专利数作为反映创新联系强度指标，采用 Arcgis 软件绘制出长三角城市群创新联系空间网络图（图 6.9），图中城市间连接线粗细反映了城市间创新联系强度，城市间连接线越粗说明城市间创新联系强度越大。

从城市间创新联系空间网络图来看，长三角城市群城市间创新连接线粗细不同，说明城市间联系强度差异大。在长三角城市群参与创新联系的 41 个城市中，上海-苏州之间创新活动连接线最粗，两个城市共联合申请专利 1054件，创新联系强度最大；其次是上海-南京，联合申请专利数是 1006 件。除此之外，上海-无锡、上海-常州、上海-南通、上海-宁波、上海-杭州、上海-嘉兴、上海-合肥、上海-芜湖、上海-徐州、上海-温州、南京-无锡、南京-常州、

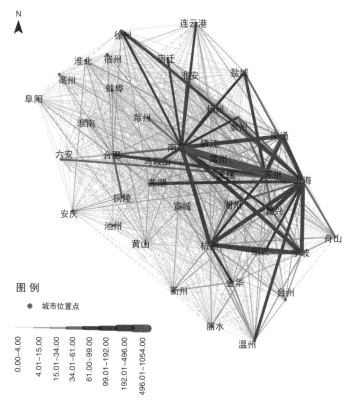

图 6.9 长三角城市群城市间创新联系空间网络图

南京-苏州、南京-杭州、南京-宁波、南京-马鞍山、苏州-南通、苏州-盐城以及杭州-宁波之间创新活动连接线较粗，两两城市间联合申请专利均超过 100 件，说明城市间创新联系强度也较大。而多数城市间创新联系连接线较细，如台州-常州、台州-苏州、合肥-宣城、舟山-湖州等 67 对城市间联合申请专利为 1，说明这些城市间创新联系强度较小。长三角城市群 41 个城市所形成的 1154 对城市间联合申请专利数量最多的是最少的 1054 倍，城市间创新联系差异极为显著。

3. 网络空间聚集

（1）空间聚集性

从创新联系空间网络图中可以看出，长三角城市群中心区创新联系连接线密集，反映了长三角城市群城市间创新联系主要集中在中心区。同时，长三角城市群中心区城市间，如上海-南京、上海-苏州、上海-无锡、南京-常州、上海-宁波、上海-南通，创新联系连接线较粗，表明了中心区城市间创新联系强度较大。

2018—2020 年，长三角城市群中心区 27 个城市形成 240 对城市间创新合作，共联合申请专利 19 001 件，占长三角城市群城市间联合申请专利的 94.72%，再次验证了长三角城市群创新联系主要集中在中心区城市间。中心区每对城市间平均联合申请专利 79.17 件、每个城市平均联合申请专利 703.79 件，比长三角城市群平均数多 214.67 件，也说明了中心区城市间创新联系强度较大。

从长三角城市群 317 对城市间创新联系中整理出创新联系强度前 10 位城市对，如表 6.3 所示。城市间创新联系强度前 10 位的城市对均位于中心区内，其中沪宁沿线的上海-南京、上海-苏州和南京-常州之间创新联系较多。

表 6.3　长三角城市群城市间创新联系强度前 10 位的城市对

排序	城市-城市	联合申请专利 / 件	排序	城市-城市	联合申请专利 / 件
1	上海-苏州	1054	6	上海-南通	325
2	上海-南京	1006	7	上海-杭州	251
3	南京-苏州	626	8	上海-宁波	249
4	上海-常州	470	9	南京-宁波	248
5	南京-常州	398	10	杭州-宁波	232

相比之下，外围区城市间创新联系数量少且城市间创新连接线较细，说明外围区城市间创新联系弱。2018—2020 年，外围区 14 个城市共联合申请专利 1059 件，占长三角城市群联合申请专利总数的 5.28%，说明外围区城市间创新联系少。外围区每对城市间平均联合申请专利 13.75 件，不到长三角城市群平均水平的 1/3；每个城市平均联合申请专利 75.64 件，也不足长三角城市群平均水平的 1/6，说明外围区城市间创新联系较弱。

总之，长三角城市群中心区城市间创新联系强度大、外围区城市创新联系小，创新联系集中分布在中心区，尤其是中心区北翼沪宁沿线。

（2）首位城市集中

2018—2020 年，长三角城市群 41 个城市全部参与创新联系。将有创新联系的 41 个城市中创新联系首位城市（即创新联系最多城市）进行整理（表 6.4）。

上海是创新联系首位城市最多的，有 19 个城市与上海创新联系最多。通过对比分析上海与这些城市间联合申请专利发现，上海与这些城市联合申请专

表 6.4 长三角城市群各城市创新联系前 5 位城市

创新联系的首位城市	城市数 / 个	城市名称
上海	19	南京、无锡、徐州、苏州、南通、常州、杭州、宁波、湖州、嘉兴、舟山、合肥、芜湖、安庆、徐州、温州、丽水、淮北、六安
南京	11	上海、无锡、扬州、镇江、泰州、马鞍山、滁州、连云港、淮安、宿迁、宿州
杭州	4	绍兴、湖州、金华、衢州
合肥	3	铜陵、淮南、亳州
黄山	2	丽水、阜阳
苏州	2	上海、盐城
宁波	1	台州
安庆	1	池州
温州	1	宣城
蚌埠	1	黄山

利主要有两种类型：一种是上海高等院校（科研机构）与其他城市企业之间创新联系类型，如苏州恩巨网络有限公司与上海交通大学、苏州二叶制药有限公司与上海医药工业研究院，等等，这种类型创新联系产生是因为上海高等院校、科研院所多，科研创新能力强，作为科研创新活动溢出地，其他城市作为科研创新活动受溢地，彼此间发生创新联系；另一种是上海某公司与其他城市某公司之间创新联系类型，两家公司同属于某集团，如无锡应达工业有限公司与应达工业（上海）有限公司、南京梅山冶金发展有限公司与上海梅山钢铁股份有限公司，这种类型多是因为上海是企业总部基地，母公司与子公司发生着创新活动联系。从以上海为创新联系最多的 19 个城市的分布来看，有 9 个城市位于长三角城市群中心区，8 个城市位于外围区，说明上海创新辐射交流范围已覆盖长三角城市群整个区域；同时分别比较中心区城市、外围区城市与上海联合申请专利数可以发现，中心区内城市与上海联合申请专利明显多于外围区城市，如上海与南京联合申请专利是 1006 件、与苏州联合申请专利是 1054 件，与徐州联合申请专利是 108 件，与黄山联合申请专利是 8 件，这说明城市创新活动向外溢出中受地理距离影响。

其次是南京，有 10 个城市与其创新联系最多。通过分析这 10 个城市与南京联合申请专利发现，南京与这些城市联合申请专利多是南京高等院校（科研机构）与其他城市企业之间联系类型，如南京林业大学与连云港都茂化工有限公司、绍兴贝斯美化工有限公司与南京理工大学、南京工业大学与铜陵金泰化工实业有限责任公司，等等，这种类型也是基于南京高等院校、科研机构多，科研创新优势明显，作为科研创新活动溢出地输出创新服务，其他城市作为科研创新活动受溢地，彼此建立创新联系。以南京为创新首位联系城市的 11 个城市，包括上海、江苏省 7 个城市、安徽省 3 个城市，这说明南京作为长三角城市群创新联系中心，其创新辐射范围已超越江苏省而覆盖到整个长三角城市群。同时，与南京联合申请专利较多的是上海、苏州、常州、宁波、南通等，而安庆、池州、丽水、南京、宣城、阜阳联合申请专利较少，这也说明了距离南京近、同属于江苏省的城市间联合申请专利较多，城市间创新联系同时受地理距离和行政区划的影响。

另外杭州、合肥、黄山、苏州、宁波、安庆、温州、蚌埠共 8 个城市分别是 1～4 个城市的创新联系首位城市。

从以上分析来看，上海和南京是长三角城市群首位创新联系最多城市，与其他城市创新联系较多，以这两个城市为创新联系首位城市的城市占长三角城市群有创新联系城市的 60%。此外，通过分析发现，除创新要素互补以外，地理距离和行政区划也会影响城市间创新联系。

（3）以上海为中心的创新联系

以 2018—2020 年上海与其他城市间联合申请专利作为创新联系强度，采用 Arcgis 软件绘制出以上海为中心的城市间创新联系空间网络图（图 6.10）。

以上海为中心的城市间创新联系具有以下特征：

① 作为长三角城市群创新联系中心，上海与长三角城市群多数城市已建立创新联系。2018—2020 年上海与长三角城市群 36 个城市有联合申请专利，占长三角城市群除上海以外城市数量的 87.80%。从空间分布来看，这 36 个城市包括中心区的 24 个城市和外围区的 12 个城市，说明上海与长三角城市群中心区内外均有创新联系。从与上海有创新联系来看，中心区 27 个其他城市中有 24 个城市与上海有创新联系，占总量的 88.89%，而外围区有 12 个城市，占 85.71%。

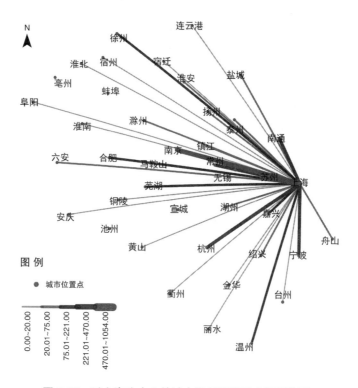

图 6.10　以上海为中心的城市间创新联系空间网络图

② 上海与其他城市间创新联系强度有差异。上海与其他城市间创新联系连接线粗细不同，其中上海与南京连接线最粗，说明二者创新联系强度最大。2018—2020 年，上海与苏州联合申请专利为 1054 件；其次是上海与南京，联合申请专利为 1006 件；除此之外，上海与无锡、南通、常州、杭州、宁波、嘉兴、合肥等 12 个城市的联合申请专利也超过 100 件，这些与上海创新联系强度较大的城市均位于中心区。而上海与外围区城市创新连接线普遍较细，说明彼此之间创新联系强度较小，如上海与淮南、上海与宿州等 5 个城市联合申请专利均小于 5。由此可见，上海与中心区城市创新联系较强、与外围区城市创新联系较弱，说明地理距离对上海与其他城市间创新联系有影响。

③ 上海与城市间创新联系主要是企业之间创新合作。根据城市间联合申请专利单位性质与名称，将城市间创新联系类型划分为 4 种：科研机构（高等院校）之间合作、科研机构（高等院校）与企业之间合作、同一集团企业之间合作和企业之间合作。在上海与长三角城市群 36 个城市的联合申请专利中，属于一

般企业之间创新合作占 39.39%，在各种创新联系类型中最多；其次是同一集团企业之间创新合作，占 34.12%；这两种创新联系占到 73.51%（图 6.11），说明在上海创新联系中，城市间经济联系影响着城市间创新联系。

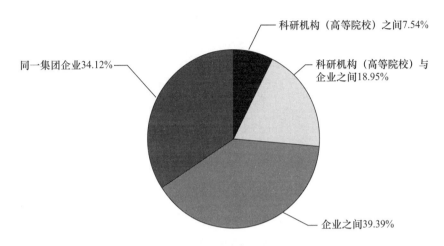

图 6.11　上海与长三角城市群城市间创新联系类型对比

（4）以南京为中心的创新联系

以南京为中心的城市间创新联系具有以下特征：

① 南京与长三角城市群多数城市已建起立创新联系。2018—2020 年南京与长三角城市群 39 个城市有联合申请专利，占长三角城市群除南京以外城市数量的 92.68%。从空间分布来看，这 39 个城市包括中心区的 26 个城市和外围区的 13 个城市，说明南京与长三角城市群中心区内外均有创新联系。从与南京有创新联系来看，中心区 26 个城市均与南京有创新联系；外围区 14 个城市中，有 1 个城市与南京还未建立创新联系，占外围区的 7.14%。

② 南京与其他城市间创新联系强度有差异。从图 6.12 看出，南京与其他城市间创新联系连接线粗细不同，其中上海与南京连接线最粗，说明南京与上海的创新联系强度最大。2018—2020 年，上海与南京联合申请专利为 1006 件；其次是南京与苏州，联合申请专利为 626 件；除此之外，南京与常州、无锡、南通、杭州、宁波、马鞍山的联合申请专利也超过 100 件，这些与南京创新联系强度较大的城市均位于中心区及周边。而南京与外围区城市创新连接线普遍较细，说明彼此之间创新联系强度较小，如南京与丽水城市联合申请专利仅为 1。由此可

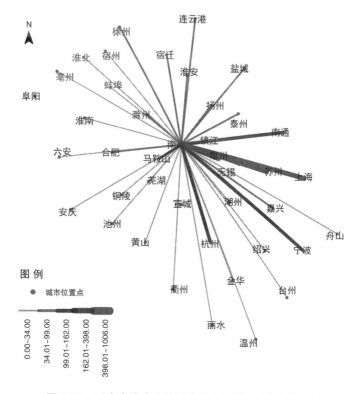

图 6.12 以南京为中心的城市间创新联系空间网络图

见，南京与中心区城市创新联系较强、与外围区城市创新联系较弱，说明空间距离对南京与其他城市间创新联系有影响。另外，南京与省内城市间创新联系较强。江苏省所有城市与南京有创新合作且城市间创新联系强度较大，在与南京联合申请专利前 5 位城市中，除上海、杭州以外，其他城市均为江苏省城市。相比之下，南京仅与安徽省的城市创新联合较少，且创新联系较弱。如安徽省 16 个城市，有 14 个城市与南京有创新合作，占安徽省城市总量的 87.50%（表 6.5）；在联合申请专利量上，除与马鞍山、合肥、芜湖、滁州联合申请专利超过 30 件

表 6.5 南京与长三角城市群各省城市创新联系比较

	城市数量 / 个	有创新联系城市数量 / 个	创新联系城市比例 / （%）
上海	1	1	100.00
江苏	12	12	100.00
浙江	11	11	100.00
安徽	16	14	87.50

以外，与其他城市联合申请专利均不足 10 件。由此可以，行政区划对城市间创新联系有障碍作用。

③ 企业之间创新合作是城市间主要创新联系，但是中心区内外，城市间创新联系类型有差异。在南京与长三角城市群 38 个城市联合申请专利中，企业之间创新合作比例为 35.43%，在各种创新联系类型中最多，说明在南京城市间创新联系中，城市间经济联系影响着创新联系。在中心区内，企业之间创新合作比例为 34.93%，在各种创新联系类型中最多。在外围区，科研机构（高校）与企业之间的合作比例为 36.36%，在各种创新联系类型中最多，这是因为南京高等院校、科研院所多，科研创新能力强，作为科研创新活动溢出地，其他城市作为科研创新活动受溢地，彼此间发生创新联系（图 6.13）。

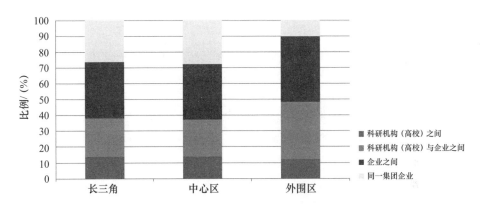

图6.13　南京与长三角城市群城市间创新联系类型对比

6.3　长三角城市群城市群体创新空间演化

6.3.1　整体特征演变

1.创新联系由中心区向外围区逐渐推进

2005，长三角城市群仅有上海、南京、无锡、常州等共 14 个城市参与城市间创新联系，参与创新联系的城市数量不到 1/2，说明长三角城市群参与城市间联系数量较少。之后，随着长三角城市群城市间经济联系增强和高新技术产业发展，参与城市间创新联系的城市逐渐增多。到 2020 年，已有 39 个城市参与城市间创新联系，占长三角城市群城市数量的 95.12%。

2005 年参与创新联系的 14 个城市，均位于中心区的核心区域，形成创新孤岛的空间格局。2006 年，长三角城市群新增 6 个参与创新联系城市，其中 3 个位于中心区，3 个位于中心区边缘；2008 年又新增 4 个创新联系城市，其中 2 个位于中心区，2 个位于中心区边缘。到 2015 年，中心区 27 个城市已全部融入长三角城市群创新联系网络。之后，新增创新联系城市逐渐向外围区域发展，2016 年新增 2 个创新联系城市，2017 年新增 1 个创新联系城市，而这 3 个城市均位于外围区。截止到 2020 年，长三角城市群尚未融入创新联系网络的 2 个城市也均位于外围区。因此，从新增参与创新联系城市的区位来看，长三角城市群参与创新联系城市逐渐由中心区域向边缘区域再向外围区域推进。

2. 中心区创新联系比例小幅下降

从创新联系数量来看，长三角城市群中心区创新联系比例趋于下降，而外围区所占比例趋于上升。2005 年，长三角城市群参与创新联系的 14 个城市均位于中心区，共有城市联合申请专利数为 124 件。2020 年，长三角城市群联合申请专利共 8138 件，其中中心区 27 个城市联合申请专利数 7799 件，占长三角城市群的 95.83%，比 2005 年所占比例下降了 4.17 个百分点；外围区联合申请专利数所占比例为 4.17%，比 2005 年所占比例上升了 4.17 个百分点。

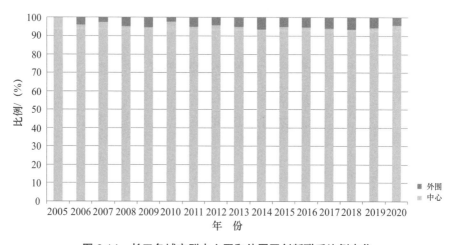

图 6.14　长三角城市群中心区和外围区创新联系比例变化

从创新联系增长速度来看，长三角城市群中心区创新联系增长慢于外围区创新联系增长。2005 年，长三角城市群联合申请专利共 124 件，到 2020 年联

合申请专利增加到 8138 件，15 年间联合申请专利增加了 64.63 倍，年均递增
32.04%。同期中心区联合申请专利由 124 件增加到 7799 件，增加了 61.90 倍，
年均递增 34.39%，比长三角城市群平均水平高 9.54 个百分点。相反，外围区联
合申请专利增加了 339 倍，年均递增 41.72%，比长三角城市群平均水平高 16.87
个百分点，高于中心区 7.33 个百分点。

3. 创新联系空间扩散及空间分异缩小验证

根据创新基尼系数公式，分别计算出 2005—2020 年长三角城市群不同区域
创新联系的基尼系数。

2005—2020 年，长三角城市群中心区、外围区以及城市群整体创新联系基
尼系数呈现出波动下降趋势，反映了长三角城市群创新联系空间差异整体在缩
小，创新联系空间呈现出均衡化趋向。

从不同层级空间来看，2005—2020 年，外围区创新联系基尼系数上升了
0.4595，长三角城市群和中心区创新联系基尼系数分别下降了 0.0801 和 0.0519，
由此来看，外围区创新联系基尼系数下降幅度最大，反映了外围区创新联系空间
更加趋于均衡。

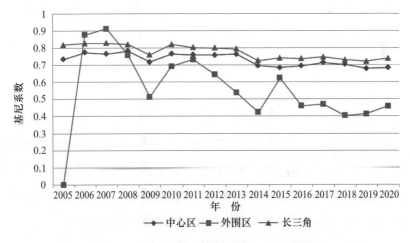

图 6.15　长三角城市群创新联系基尼系数变化

6.3.2　空间结构演变

2005—2020 年，长三角城市群创新联系的核心-边缘的整体结构未变，但是
创新联系中心则由单中心驱动向双中心共振模式演进。

1. 整体格局演进

2005 年，长三角城市群 41 个城市，仅有 14 个城市参与创新联系。这 14 个城市全部位于中心区，尤其是沪宁沿线地区成为长三角城市群创新联系的聚集地。中心区参与创新联系城市占所有参与创新联系城市的 100%，创新联系数量占长三角城市群的 100%。相比之下，外围区参与创新联系城市数量和创新联系规模均为 0。因此，长三角城市群创新联系呈现出核心-边缘的空间格局。

2020 年，长三角城市群 41 个城市中，有 39 个城市参与创新活动，其中中心区 27 个城市均参与到城市群创新联系中；外围区参与创新联系的城市增加到 12 个，仍然有 2 个城市没有参与创新联系。从创新联系规模来看，中心区联合申请专利 7799 件，占长三角城市群的 95.83%，中心区依然是长三角城市群创新联系的主要聚集地；外围区联合申请专利占长三角城市群的比例增加到 4.17%，但是相比于中心区而言，其创新联系数量较少，因此长三角城市群创新联系依然是核心-边缘的空间格局。

从 2005—2020 年中心区创新联系占长三角城市群比例的演变来看，尽管中心区创新联系比例有波动，且整体上呈现出下降趋势，但是中心区创新联系比例一直占据绝对优势。因此长三角城市群创新联系的核心-边缘空间格局未变。

2. 空间分布模式演进

上海凭借着创新资源（高等院校、科研院所）聚集和经济联系成为长三角城市群创新联系中心。2005 年，长三角城市群城市间联合申请专利数 124 件，其中上海城市间联合申请专利 36 件，在长三角城市群 41 个城市中联合申请专利最多，遥遥领先于其他城市，是位居第二位南京的 2.25 倍。借鉴城市首位度相关研究（汪明峰，2001），长三角城市群创新联系首位度大于 2，说明长三角城市群创新联系属于首位分布型，即长三角城市群创新联系高度集中在创新联系首位城市——上海。创新联系等值线图中，上海是长三角城市群创新联系高值点，进一步说明上海创新联系明显高于其他城市，长三角城市群在空间上形成了单中心分布模式。

2005—2010 年，随着长三角城市群经济发展和区域一体化推进，城市间科技、信息、知识等创新活动之间交流越来越频繁，城市间创新联系也不断增强，尤其是中心区上海、南京、苏州、杭州、宁波等城市创新联系增加较快。但是这一时期长三角创新联系的空间模式依然是单中心模式，创新联系仍主要聚集在上海。2010 年上海城市间联合申请专利 356 件，是位居第二位南京的 2.17 倍，说明长三角城市群创新联系仍属于首位分布型。创新联系等值线图中，依然是上海形成了一个创新联系高值点，说明长三角创新联系延续着单中心分布模式。

2010—2020 年，长三角城市群创新联系进一步增强，上海仍然是长三角城市群创新联系首位城市，但由于南京、常州、苏州、杭州创新联系增长较快，与上海差距在逐渐缩小。2020 年，上海城市间联合申请专利 1937 件，是位居第二位南京的 1.28 倍。长三角城市群创新联系首位度小于 2，说明长三角城市群创新联系不再属于首位分布型。从空间分布来看，长三角城市群创新联系数量有上海、南京 2 个峰值，这 2 个城市联合申请专利数占到长三角城市群的 42.36%，构成了长三角城市群创新联系的两大中心，因此长三角城市群在空间上形成了双中心分布模式。

6.3.3　空间网络演变

1. 创新孤岛向创新网络发展

根据长三角城市群城市间联合申请专利数据，借助 Ucinet 软件分别绘制出 2005 年、2010 年、2015 年、2020 年长三角城市群城市间创新联系空间网络图（图 6.16）。

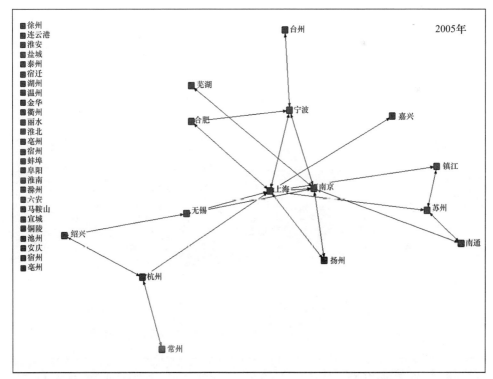

图 6.16　2005 年、2010 年、2015 年、2020 年长三角城市群城市间创新联系空间网络图

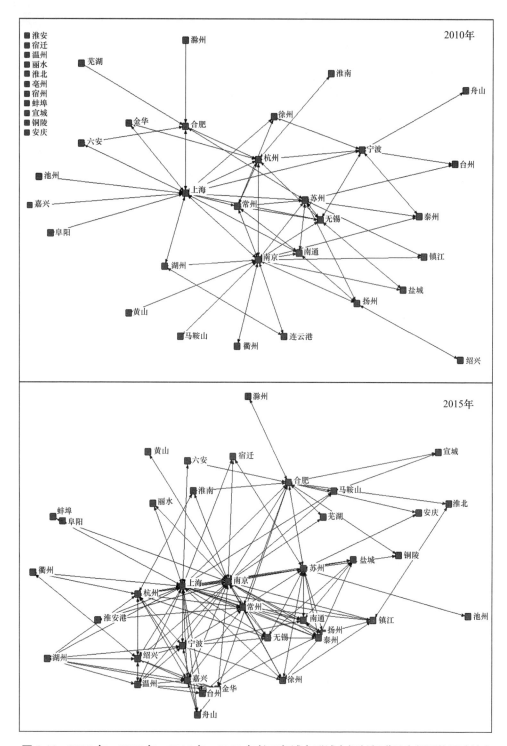

图 6.16　2005 年、2010 年、2015 年、2020 年长三角城市群城市间创新联系空间网络图（续）

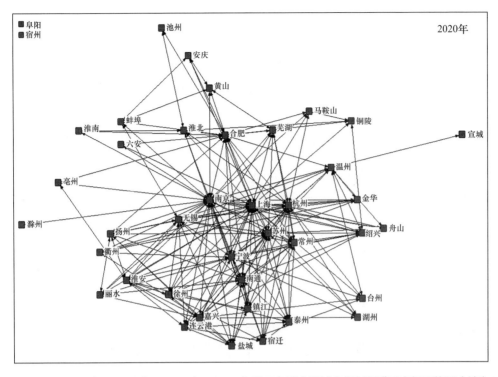

图 6.16　2005 年、2010 年、2015 年、2020 年长三角城市群城市间创新联系空间网络图（续）

　　2005 年长三角城市群创新网络图中有 15 个城市，其余 26 个城市分别作为孤立点游离于网络之外，即城市群创新网络没有涵盖大多数城市。2010 年，长三角城市群网络城市数量明显增多，达到了 30 个城市；同时，游离于网络之外的城市数量较 2005 年也有明显减少，长三角城市群创新网络正初步形成。到 2020 年，长三角城市群创新网络中已有 39 个城市，仅有 2 个城市作为孤立点游离于创新网络之外。总之，2005—2020 年，长三角城市群创新网络中城市数量逐渐增多，游离于网络外的城市数量逐渐减少。

　　2005—2020 年，长三角城市群创新联系网络密度由 2005 年的 0.0268 上升到 2020 年的 0.2415，整体上呈现逐渐增加趋势，反映了长三角城市群城市间创新联系越来越紧密。长三角城市群城市间创新联系，尤其是外围城市间创新联系日益增多，城市间创新联系网络化趋势明显。

尽管长三角城市群创新联系空间网络的节点和密度逐渐增加，创新联系逐渐增强，但是目前 41 个城市中，仍有 2 个城市游离于创新网络之外，涵盖 41 个城市的创新网络尚未形成。另外，从网络密度看，2015 年长三角城市群创新网络密度不足 0.2（图 6.17），长三角城市群创新联系网络密度不高，这在一定程度上反映了长三角城市群城市间创新联系整体上还不够紧密。

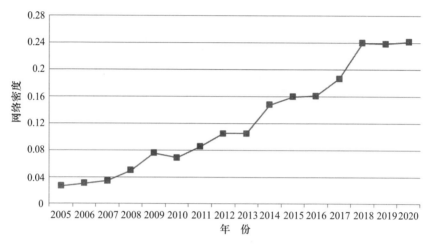

图 6.17　2005—2020 年长三角城市群创新网络密度变化

2. 城市间创新联系网络增强

根据长三角城市群城市间联合申请专利数据，借助 Arcgis 软件分别绘制出 2005 年、2010 年、2015 年、2020 年长三角城市群城市间创新联系空间网络图（图 6.18）。

2005 年，长三角城市群 17 个城市有联合申请专利，这些城市形成的创新联系空间网络主要集中在中心区，城市间创新联系线整体较细、差异小。其中最粗的是上海-杭州之间的创新联系线，其联合申请专利也仅有 9 件；其次是上海-南京创新联系线，联合申请专利 5 件。其余城市间联合申请专利仅 1 ～ 2 件。

2010 年，长三角城市群城市间创新联系线明显增多，其城市间创新联系线也较粗。其中最粗的是上海-南京之间的创新联系线，联合申请专利达到了 80 件，另外上海-苏州、上海-南通、上海-无锡之间的创新联系线也较粗。同时，外围区参与创新联系的城市数量增多，但此时外围区城市的创新联系还主要是与中心区城市之间的。

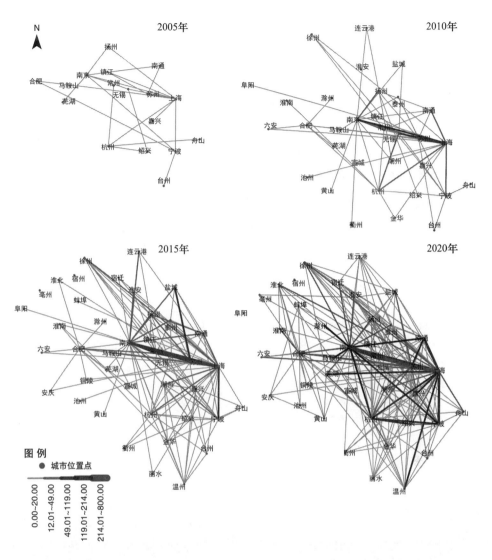

图 6.18　2005 年、2010 年、2015 年、2020 年长三角城市群城市间创新联系空间网络图

　　2015 年，长三角城市群城市间创新联系日益增多，城市间创新联系线进一步增粗。其中最粗的是上海-南京，其城市间联合申请专利达到 270 件，另外上海-苏州、南京-常州间的联合申请专利也超过了 100 件。另外，外围区的城市间创新合作明显增多，但是外围区的城市，如淮北、淮安、黄山等城市，仅与1 个城市有连接，创新联系比较薄弱。

2020 年，长三角城市群间的创新联系进一步增加，城市间的联系线进一步加粗。其中最粗的是上海-苏州，其城市间的联合申请专利达到 400 件，另外位于中心区的常州、南通、杭州、嘉兴 4 个城市与上海的联系也超过了 100 件，但是外围区的衢州、丽水等城市与上海的联系仍未超过 5 件，创新联系依旧较为薄弱。

3. 创新联系中心城市影响范围扩大

作为长三角城市群创新联系中心的上海和南京，随着区域一体化和对外联系增强，与其有创新联系的城市数量逐渐增多。2005 年，上海与 9 个城市有创新联系，到 2020 年增加到 31 个，增加了 22 个城市。同期，与南京有创新联系的城市数量也由 6 个增加到 32 个，增加了 26 个城市（图 6.19）。

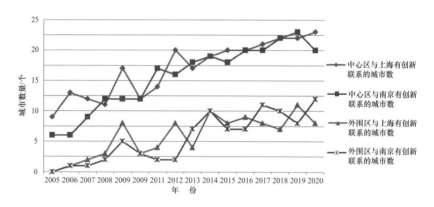

图 6.19　2005—2020 年与上海、南京有创新联系的城市数量变化趋势

分别以 2005 年、2010 年、2015 年、2020 年上海和南京与其他城市间联合申请专利作为创新联系强度指标，采用 Arcgis 软件绘制出以上海、南京为中心的城市间创新联系空间网络图（图 6.20 和图 6.21）。

2005 年，上海与 9 个城市有创新联系，均位于中心区；南京与 6 个城市有创新联系，同样均位于中心区，由此可见，2005 年上海、南京创新联系城市数量不多，且主要集中在中心区。从创新联系强度来看，上海、南京与其他城市创新联系网络线均较细，创新联系最多的是上海与杭州，其联合申请专利 9 件，多数城市间联合申请专利仅 1 件，此时长三角城市群创新网络联系较弱。

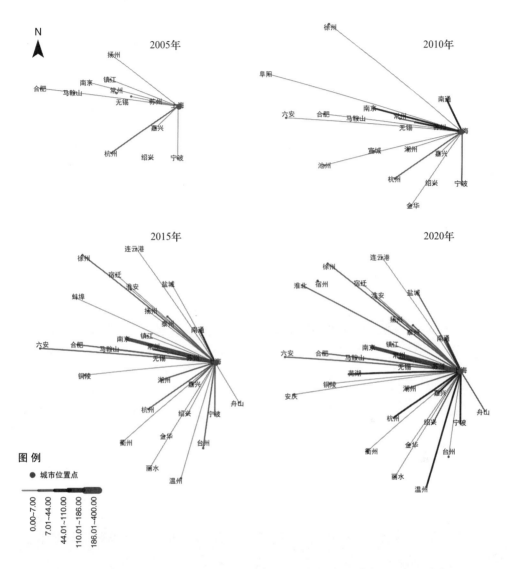

图 6.20 2005 年、2010 年、2015 年、2020 年以上海为中心的创新联系空间网络图

2010 年，与上海有创新联系的城市明显增多，增加到 15 个，包括中心区的 12 个城市和外围区 3 个城市，外围区城市数量由 2005 年 0 个增加到 3 个，外围区的增速大于中心区。与南京有创新联系的城市增幅较大，达到了 15 个，其中 12 个位于中心区、3 个位于外围区。随着与中心城市联系的城市数量增多，创新联系中心城市影响范围也逐渐由中心区拓展到外围区。创新联系强度方面，上海、南京与其他城市联合申请专利明显增强，其中最多的上海-南京之间的联合

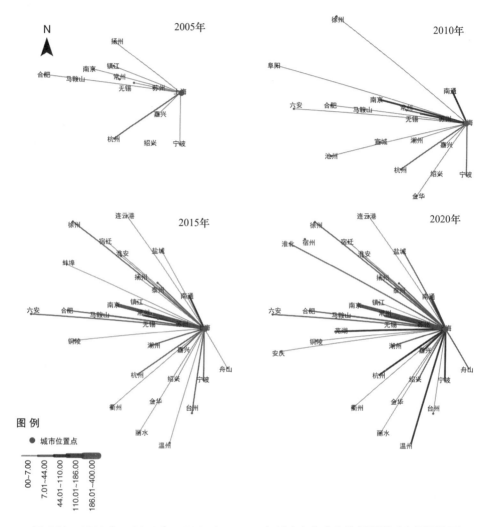

图6.21 2005年、2010年、2015年、2020年以南京为中心的创新联系空间网络图

申请专利达到80件，但是整体上看，与上海、南京联合申请专利的城市数量少，因此创新中心城市创新联系不强。

2015年，与上海有创新联系的城市进一步增加，增加到28个，其中20个位于中心区，8个位于外围区；南京与25个城市有创新联系，其中18个位于中心区，7个位于外围区，由此可以判断，2015年创新联系中心城市的创新影响尽管仍以中心区为主，但是对外围区的创新影响扩展较快。创新联系强度方面，上海、南京与其他城市联合申请专利较多的城市数量相差无几，说明此时上海、南京创新联系与其他城市创新联系强度还不是很强。

2020 年，与上海有创新联系的城市到达 31 个，其中 23 个位于中心区、8 个位于外围区；南京与 32 个城市有创新联系，其中 20 个位于中心区，12 个位于外围区，由此可以看出，2020 年创新联系中心城市创新影响虽然仍以中心区为主，但是已经基本形成对于长三角地区全覆盖的影响网络。

6.4　长三角城市群城市群体创新影响因素

6.4.1　创新要素互补及其增强

要素流动为创新联系提供了可能，而要素互补则是实现创新联系的基础和关键。创新要素互补是指城市间存在着某种创新要素（如创新人群、创新资金，创新技术）的供求关系，即一个城市提供某种创新要素，而另一个城市恰好需要这种创新要素，两个城市借助该创新要素交流或流动实现创新合作。常见的创新要素互补是创新资金与创新人群的互补，当城市间存在创新要素的供求关系时就发生创新合作。由于城市间创新资金和创新人群的真实流动很难度量，国内外学者通常采用替代指标进行研究。科研机构（高等院校）通常具有知识、信息和技术优势，企业在生产过程中往往具有创新需求和创新资金，这样科研机构（高等院校）与企业之间存在着创新要素互补，易发生创新合作。本书拟采用科研机构（高等院校）与企业之间的创新合作来反映要素互补对创新联系的影响。本节以长三角城市群创新联系中心城市上海、南京近 5 年科研机构（高等院校）与企业之间联合申请专利为指标，分析要素互补对城市间创新联系的影响。

上海和南京是我国重要的科研教育基地。上海市拥有普通高等院校 63 所，科研机构 172 所；南京拥有普通高等院校 57 所、中科院等研发机构 2176 家、各级工程技术研究中心 600 家。丰富的教育科研资源为上海、南京提供了大量科研创新人群。2020 年，上海在校大学生 54.06 万人，科技人员 49.88 万人；南京在校大学生 91.81 万人，科技人员 14.66 万人。同时，教育科研资源还为城市对外创新联系提供了有利条件。上海、南京科研机构（高等院校）通过发挥自身知识、技术等方面的创新优势，积极与长三角城市群其他城市企业建立创新合作生产，从而产生了城市间的创新联系。2020 年，上海与其他城市联合申请专利共 1937 件，其中科研机构（高等院校）与企业之间联合申请专利数是 367 件，占总数的 18.95%，在各类联合申请受理专利中位居第三。同年，南京与其他城市联合申请专利中，科研机构（高等院校）与企业之间联合申请专利数是 365 件，占总数的 24.15%，在各类联合申请专利中位居第二。由此可以看出，这两个由于创新要素互补而产生的联合申请专利数在各类联合申请专利中占有较大比例，由此说明创新要素互补是影响城市间创新联系的重要因素。

从变化趋势来看，上海科研机构（高等院校）与企业之间联合申请专利数由 2016 年的 179 件增加到 2020 年的 367 件，同期南京由 192 件增加到 365 件。两个城市科研机构（高等院校）与企业之间联合申请专利数均处于递增趋势，即由创新要素互补而产生的联合申请专利数趋于增加，反映了要素互补对于创新联系的影响趋于增强。

综上所述，上海和南京两个城市科研机构（高等院校）与企业之间联合申请专利数量在联合申请专利总量中占有较高比例且呈现出上升趋势，从而验证了要素互补是影响创新联系的重要因素且影响程度出现增强趋势的理论假设。上海和南京科研机构（高等院校）与企业之间联合申请专利数不断增加，反映了两个创新联系中心科研创新服务城市群的功能不断提升。但是相比于丰富的教育科研机构而言，目前两个城市科研创新服务功能还不高。同时实地调研中也发现，在科研机构（高等院校）服务城市群经济发展中，还存在着许多制度壁垒。鉴于此，长三角城市群有必要破除壁垒，充分发挥两个创新联系中心城市的科研教育优势，加强两个城市科研机构（高等院校）与其他城市企业之间的创新合作与联系。

6.4.2　经济联系促进及其增强

城市间经济联系有助于城市间创新联系。广义上经济联系是城市间商品、劳务、资金、技术和信息方面的交流，以及在此基础上发生的关联性和参与性经济行为，其过程极其复杂，因此要精确地测度出经济联系是比较困难的。国内外学者通过采用替代指标来表征城市间联系。企业是城市间联系的主体及其行动者，因此本书拟运用企业之间联合申请专利数反映城市间经济联系对创新联系的影响。以长三角城市群创新联系中心——上海、南京两个城市企业间联合申请专利为测度指标，分析验证经济联系对城市间创新联系的影响。

上海和南京经济发达，是长三角城市群重要的经济中心城市。2020 年，上海 GDP 是 38 700.58 亿元，位居长三角城市群之首；南京 GDP 是 14 817.95 亿

元，位居长三角城市群第四位。随着长三角城市群区域一体化推进，发达的经济
为上海、南京城市对外联系提供了良好的机遇与条件，上海和南京不断加强与长
三角城市群其他城市的经济联系。经济联系的增强促进了两个城市与其他城市间
劳动力、资金、技术等要素流动，继而也促进了两个城市与其他城市间的创新联
系。2020 年，上海与其他城市联合申请受理专利共 1937 件，其中同一集团企业
之间联合申请专利 661 件，不同集团企业之间联合申请专利 763 件，企业间联合
申请专利共 1424 件，占城市间联合申请专利总量的 73.51%，在各类联合申请专
利中位居首位。南京同一集团企业之间联合申请专利 611 件，不同集团企业之间
联合申请专利 362 件，企业间联合申请专利占城市间联合申请专利 64.39%，在
各类联合申请专利中位居首位。两个城市企业之间联合申请专利数都是各类联合
申请专利中最多的一类，反映了由经济联系延伸出的创新联系是城市间创新联系
最主要的类型。企业之间的创新合作是建立在经济合作基础之上的，企业之间及
企业内部经济联系是创新联系的重要渠道，因此城市间经济联系是影响创新联系
的重要因素。

　　从变化趋势来看，上海市企业之间联合申请专利数由 2016 年的 494 件增加
到 2020 年的 1424 件，同期南京市则由 125 件增加到 611 件。两个城市企业之间
联合申请专利数均处于递增趋势，反映了由经济联系而衍生的创新联系趋于增
加，反映了经济联系对创新联系的影响有所增加。

　　从在创新联系总量中占比变化来看，2016 年上海企业之间联合申请专利总
量占比 69.28%，2020 年该比例上升为 73.52%，上升了 4.24 个百分点。同期，
南京企业之间联合申请专利总量的比例则由 49.65% 上升到 61.75%，上升了
12.1 个百分点。两个城市科研机构（高等院校）与企业之间联合申请专利数占
比均有不同程度增加，这在一定程度上也反映了要素互补对创新联系影响有所
增加。

　　总之，上海和南京两个城市企业间联合申请专利在各自城市间联合申请专利
中所占的比例最高，且数量呈现出增加趋势，从而验证了经济联系是影响创新联
系的重要因素的理论假设。改革开放尤其是进入 21 世纪以来，随着长三角城市
群区域一体化的进程不断推进，城市间经济联系日趋紧密。但同时也需要看到，
长三角城市群区域一体化还有待进一步增强。

6.4.3　地理距离衰减及其减弱

距离衰减性是空间相互作用的重要规律，创新联系也遵循着地理距离衰减规律，亦即地理距离对创新联系具有负效应或者阻碍作用。随着现代交通和信息技术的发展，地理距离对创新联系的影响在逐渐减弱，但仍然是影响创新联系的重要因素。本书从不同空间层面上分析验证地理距离对创新联系的影响。

长三角城市群创新联系主要集中在中心区，中心区内城市由于地理空间上邻近，彼此间接受创新溢出的机会多，城市间创新联系多于跨区域间创新联系。2018—2020 年长三角城市群中心区 27 个城市的联合申请专利数共 19 001 件。其中中心区内 27 个城市间联合申请专利 18 036 件，占 94.92%；中心区 27 个城市与外围区城市的联合申请专利 965 件，占 5.08%，故中心区内城市间创新联系较多，而与外围区城市创新联系相对较少。

从单个城市来看，城市间创新联系同样受到地理距离的影响，呈现出随着距离增加而减少的规律。本书以上海为例，分析地理距离对城市间创新联系的影响。通过分析不同类型创新联系数量的城市与上海的平均距离比较发现，城市间创新联系数量多的城市，与上海的平均距离小；相反，城市间创新联系数量少的城市，与上海的平均距离较大。如创新联系数量在 100 件以上的城市，如苏州、无锡、南通、常州、南京，与上海平均距离仅为 240.09 km；而与上海没有创新联系的城市，与上海平均距离为 415.97 km，其中蚌埠、亳州、池州 3 个城市距离上海都在 400 km 以上（表 6.6）。

表 6.6　不同类型创新联系数量城市与上海平均距离比较

联合申请专利数量 / 件	与上海平均距离 / km
＞ 100	240.09
10 ～ 100	313.31
1 ～ 10	414.64
0	415.97

为进一步探寻出长三角城市群地理距离对创新联系空间分布的影响，本书以距创新中心的地理距离和联合申请专利量为变量，对二者的关系进行定量分析。

首先，借助 SPSS 软件分别计算出上海 2005—2020 年的联合申请专利与地理距离的皮尔逊相关系数，如图 6.22 所示。

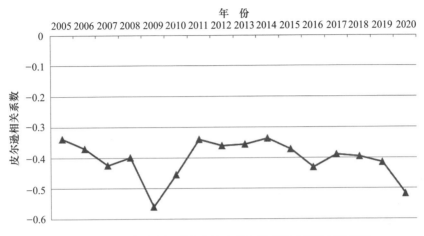

图 6.22　上海城市间联合申请专利与地理距离相关系数变化

一是上海城市间联合申请专利与地理距离的皮尔逊相关系数小于 0，反映了城市间创新联系强度与城市间距离呈负相关关系，亦即地理距离对城市间创新联系有障碍作用，即城市间创新联系符合"距离衰减规律"。

二是上海城市联合申请专利与地理距离皮尔逊相关系数呈现出波动下降趋势。上海联合申请专利与地理距离皮尔逊相关系数由 2007 年的 -0.424 上升到 2019 年的 -0.415，表明了上海创新联系中心的空间距离对创新联系的影响趋于减弱。

既然联合申请专利与地理距离之间存在着负相关关系，本书借助 SPSS 软件分别求上海、南京的联合申请专利与地理距离之间的回归模型。在进行定量分析前，对数据进行预处理，判断数据是否存在异常值。

利用 SPSS 回归分析模块，对数据进行标准化残差分析，结果显示：上海城市间联系中，上海-南京、上海-苏州联合申请专利的标准化残差绝对值分别为 3.949、3.634，大于 3，因此在构建上海联合申请专利与地理距离回归模型时，南京和苏州被筛选掉。利用一元线性回归分析构建上海、南京两个城市间联合申请专利与地理距离之间的关系模型，并行 t 检验以及显著性检验。相关系数、变量参数如表 6.7 所示。

表 6.7 上海、南京联合申请专利与地理距离间系数

系数 [a]					
模型	非标准化系数		标准系数	t	Sig.
	B	标准误差			
上海　（常量）	174.937	38.072		4.595	0.000
地理距离	−0.326	0.109	−0.442	−2.997	0.005

a. 因变量：联合申请专利量 / 件

上海联合申请专利与地理距离的关系为

$$Y = -0.326X + 174.937$$

其中，Y 为联合申请专利量，X 为地理距离。

通过上海地理距离与联合申请专利量的回归方程可以发现：

① 上海地理距离与联合申请专利量的相关系数 −0.442，绝对值介于 0.3 ～ 0.8，说明城市的地理距离与联合申请专利受理为中度相关；Sig 为 0.005，小于 10%，通过了 10% 的显著性检验，亦即两个城市地理距离与联合申请专利量之间具有线性相关关系。

② 上海地理距离与联合申请专利量的变量参数显示了，在其他因素不变的情况下，与上海距离每增加 100 km，城市间联合申请专利减少 142 件。

总之，长三角城市群上海创新联系中心城市的地理距离与联合申请专利之间均具有负相关关系，且 t 检验值通过 10% 显著水平的显著性检验，表明上海城市间地理距离对创新联系具有负效应，从而验证了地理距离是影响创新联系的重要因素的理论假设。

6.4.4　行政区划屏障及其削弱

创新联系是建立在创新要素空间流动基础上的，不可避免地也会受到行政体制和区划的屏障影响。同一行政区内创新联系往往较多，而跨行政区的创新联系相对较少。随着市场经济体制改革的逐步推进，促进了创新要素在跨行政区的流动，在一定程度上削弱了行政区划的屏障作用，但是区域创新联系行政区划屏障作用依然存在。

长三角城市群城市间创新联系受到行政区划的影响，主要表现在省域内城市间创新联系多于跨省域城市间创新联系。以长三角城市群的 3 个省的城市间创新联系最多的城市为例，分析行政区划对城市间创新联系的影响（图 6.23，图 6.24）。

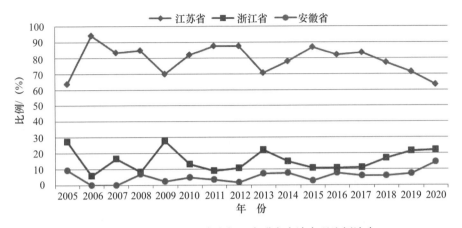

图 6.23　2005—2020 南京与三省联合申请专利比例演变

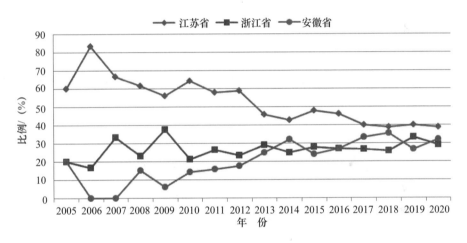

图 6.24　2005—2020 南京与三省创新城市数量比例演变

　　2018—2020 年，江苏省创新联系最多的南京，与 38 个城市有创新合作，共联合申请专利 3898 件。从创新联系城市来看，南京与江苏省 12 个城市有创新联系，占全部创新联系城市的 31.57%；在江苏省内，南京与其他 12 个城市均有创新联系；从三省比较来看，南京与江苏省创新联系城市数量最多，占到三省创新联系城市的 32.43%。从联合申请专利来看，南京与省内城市联合申请专利 2021 件，占全部联合申请专利 51.84%；从三省比较来看，南京与江苏省联合申请专利最多，与省内城市联合申请专利数量远远超过省外。总之，无论是创新联系城市数量还是创新联系强度，南京与省内城市创新联系远远多于省外，因此省域范围内南京城市创新联系较多。同样，浙江省创新联系最多的杭州、安徽省创新联系最多的合肥，也是省内城市间创新联系多于省外城市间创新联系。

　　市场经济体制改革和长三角城市群一体化推进，极大促进了创新要素在跨行政区间的流动，跨行政区创新联系逐渐增多。以江苏省南京为例，对比分析2005—2020年省内外创新联系演变。

　　从南京与三省创新联系城市数量、联合申请专利量变化来看（图6.23和图6.24），南京与江苏省的创新联系城市数量和联合申请专利占三省总数比例均呈现出波动下降趋势，其中2006年，南京创新联系城市和联合申请专利比例分别为83.33%和94.00%；到2020年，南京创新联系城市和联合申请专利比例分别为38.71%和63.49%。相反，南京与浙江省、安徽省，无论是创新联系城市数量还是联合申请专利数量均呈现出波动上升态势，创新联系城市方面，浙江省和安徽省均上升到25%；联合申请专利分别上升到21.97%和14.54%。总之，南京与省内城市创新联系趋于下降，而与省外创新联系趋于增强。由此可见，行政壁垒对城市间创新联系的影响趋于减弱。

第7章 长三角城市群城市整体创新活动空间研究

城市作为创新活动的空间载体，包括个体创新和群体创新两个层面。第 5 章和第 6 章分别从个体和群体视角分析了长三角城市群创新活动空间特征。城市群创新活动是个系统，需要将城市群创新活动两个子系统整合起来形成整体空间特征。

城市个体创新和群体创新具有很强相关性，二者共同影响着城市群创新活动空间分布以及城市创新类型。城市群创新活动系统整合的关键在于其两个子系统关系的研究。以往的研究多是基于"规模决定联系"的思路，分析创新规模对创新联系的单向影响。在今天这个强调"流"和"协作"的时代，传统观点是否成立？

基于此，本章从整体的视角，在验证其个体创新规模与群体创新联系关系相关研究基础上，采用格兰杰因果关系法进一步测定创新联系与创新规模的因果关系，以此作为长三角城市群城市创新类型及空间分布特征研究的依据。

7.1 个体创新规模与群体创新联系关系的相关研究

自熊彼特提出"创新"概念后，创新活动一直是关注热点，学者们围绕着创新规模和创新联系分别进行了全面深入的研究，但是针对创新规模和创新联系关系的研究很少，相关研究多是出现在城市间创新联系测度分析中。如 Fabio

Montobbio（2013）利用引力模型分析了国际技术合作的影响因素，指出在新兴国家创新规模对国际技术合作有积极影响，创新规模与国际技术合作具有很强相关性，在新兴国家二者相关性为 0.96。Giusy（2015）利用引力模型对 429 个高新技术企业跨国流动进行了分析，验证了在 10% 和 1% 水平下，创新能力显著地影响高新技术企业跨国流动。

国内有关创新规模和创新联系关系的研究也多出现在城市间创新联系定量分析中。牛欣等（2013）在原有引力模型基础上加入修正指数，建立修正后的城市创新引力模型，指出城市间创新引力与各城市创新产出成正比，与城市间距离成反比，城市创新联系是区域内城市对除自身以外其他城市创新引力之和，并计算我国 287 个地级市及以上城市间创新联系。蒋天颖等（2014）运用空间引力模型量化分析区域创新空间联系，指出区域创新联系强度与两城市创新能力乘积成正比，与城市间距离成反比，并利用创新引力模型测算出长三角 24 个城市区域创新空间联系。吴志强等（2015）提出了修正后的城市创新引力模型，以各城市百万人拥有专利数和专利授权数的加权平均值作为衡量城市创新产出的基本指标，并计算出长三角 41 个城市创新引力和城市外向联系。吕拉昌等（2015）在测算城市创新规模的基础上，利用创新引力模型，计算出中国主要城市之间的创新联系的引力强度。刘建华等（2019）利用修正后的引力模型测算城市间创新联系强度，探讨了中原城市群的创新空间联系结构。

综上所述，已有相关文献研究具有以下特点：① 这些研究多是采用反映城市个体创新规模（能力、水平、产出）的单一指标（如专利授权数）或者综合指标等属性指标，通过创新引力模型（修正引力模型）测算出城市间创新联系，是城市间创新联系的理想值或理论值；② 在创新规模和创新联系关系上，尽管大多研究没有正面回答创新规模和创新联系的因果关系，但是从创新引力模型中，创新规模是自变量、创新联系是因变量，这就可以推断出多数研究前提是基于创新联系与创新规模具有相关性且创新规模影响着创新联系，或者说创新规模决定着创新联系，即扩大城市自身创新规模可以增强城市间创新联系。

事实上，城市对外联系增强会促进城市自身创新规模的提升，从这个意义上来说，创新联系又深刻影响着创新规模，创新联系和创新规模两者具有双向互动性。对于创新规模与创新联系关系的认识，在今天这个强调"流"的时代，不能仅仅停留在"创新规模决定创新联系"的层面，而是应根据城市创新活动的发展阶段，分析研究创新规模与创新联系的相互作用关系。

7.2　长三角城市群个体创新规模与群体创新联系关系

7.2.1　关系初步判定

1. 城市群相关性

创新规模反映的是城市个体创新活动能力大小，创新联系是指城市群体间创新联系的紧密程度。作为城市创新活动的两个层面，创新规模与创新联系是否存在内在联系？本研究以长三角城市群为例，分析验证创新规模与创新联系相关性的大小。

研究中沿用专利申请量作为城市个体创新规模衡量指标，以城市间联合申请专利数作为衡量城市群体创新联系指标。长三角城市群创新规模是 41 个城市专利申请量之和，创新联系是 41 个城市联合申请专利数总和。

2005 年以来，长三角城市群创新规模与创新联系均呈现出增长趋势，其中专利申请量由 2005 年的 107 953 件增加到 2020 年的 1 639 093 件，15 年内专利申请量增加了 14 倍；联合申请专利数由 124 件增加到 8138 件，增加了近 65 倍（图 7.1）。从变化曲线来看，长三角城市群创新规模与创新联系曲线具有相似趋向，说明长三角城市群创新规模与创新联系具有很强相关性。

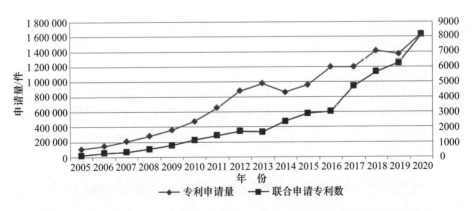

图 7.1　2005 年以来长三角城市群个体创新规模与群体创新联系发展趋势

为了进一步明确长三角城市群个体创新规模与群体创新联系的相关性，本书借助皮尔逊相关系数进行分析。采用 SPSS 软件对 2005—2020 年长三角城市群个体创新规模与群体创新联系进行标准化残差分析，结果显示历年标准化残差均小于 3，说明长三角城市群个体创新规模和群体创新联系均无异常值；计算城市群个体创新规模与群体创新联系之间的相关系数为 0.925（大于 0.7），说明长三角城市群创新规模与创新联系具有极强的相关性。

2. 单个城市相关性

以长三角城市群个体创新规模和群体创新联系最大的上海为例，探讨单个城市创新规模和创新联系的相关性。

2005 年以来上海专利申请量由 32 741 件增加到 214 600 件，同期城市间联合申请专利数由 36 件增加到 1937 件，说明上海个体创新规模和群体创新联系均趋于增加，二者具有相似的变化趋势（图 7.2）。

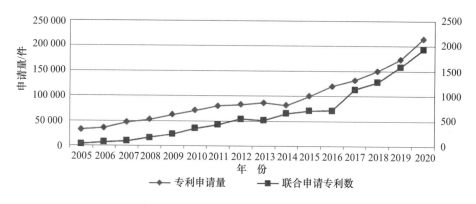

图 7.2　2005 年以来上海个体创新规模与群体创新联系变化曲线

为了进一步明确上海个体创新规模与群体创新联系的相关性，采用 SPSS 软件对 2005—2020 年上海个体创新规模与群体创新联系进行标准化残差分析，结果显示历年标准化残差均小于 3，说明上海个体创新规模和群体创新联系均无异常值；然后计算出上海个体创新规模与群体创新联系之间的相关系数为 0.989（大于 0.7），说明上海个体创新规模与群体创新联系具有极强的相关性。

依据相同思路与方法，分别对长三角城市群其他 40 个城市个体创新规模与群体创新联系进行标准化残差分析以及相关系数测算。

长三角城市群 41 个城市中，个体创新规模与群体创新联系相关系数大于 0.7 的极强相关性的城市有 27 个，占城市总量的 65.85%，其中有 5 个城市个体创新规模与群体创新联系的相关系数在 0.9 以上；相关系数为 0.5～0.7 的强相关性的城市有 10 个，占城市总量的 24.39%；而中度相关和弱相关的城市仅 4 个（图 7.3）。由此说明长三角城市群城市个体创新规模与群体创新联系相关性普遍强。

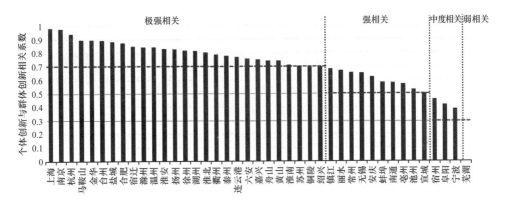

图 7.3　2005 年以来长三角城市群城市个体创新规模与群体创新联系相关系数

综上所述，无论是长三角城市群整体还是单个城市，个体创新规模与群体创新联系之间相关系数均较大，因此长三角城市群创新规模与创新联系存在着较强的相关性。

7.2.2　关系检验分析

城市群创新活动的两个层面，个体创新规模和群体创新联系具有很强相关性，二者共同影响着城市群创新活动空间分布。城市群创新活动系统整合的关键在于两个子系统关系的研究。

创新规模和创新联系的关系具有多样性，即创新规模决定创新联系，或者创新联系决定创新规模，因此整合城市创新活动时，不能采用多指标综合评价方法。四象限划分法是根据重要和紧急程度划分类型，避免了多指标综合评估中权重的确定。

1. 检验方法

具有相关性的两个变量关系有三种情况：一个变量是另一个变量的原因、另一个变量是第一个变量的原因、两个变量互为因果。如何确定两个变量的具体因果关系？本书采用格兰杰因果关系检验方法确定两个变量的具体因果关系。格兰杰因果关系检验是经济学中分析两个经济变量间有无因果关系的重要方法（马丽君，2017），用于分析两个变量之间的因果关系，并且可以检验出各自的影响程度大小。

（1）格兰杰因果关系基本原理

格兰杰因果关系检验"依赖于使用过去某些时点上所有信息的最佳最小二乘预测的方差"。

在时间序列情形下，两个变量 X、Y 之间的格兰杰因果关系定义为：若在包含了变量 X、Y 的过去信息的条件下，对变量 Y 的预测效果要优于只单独由 Y 的过去信息对 Y 进行的预测效果，即变量 X 有助于解释变量 Y 的将来变化，则认为变量 X 是引致变量 Y 的格兰杰原因。

进行格兰杰因果关系检验的一个前提条件是时间序列必须具有平稳性，否则可能会出现虚假回归问题。因此在进行格兰杰因果关系检验之前应对各指标时间序列的平稳性进行单位根检验（unit root test）。

（2）格兰杰因果关系实现步骤

格兰杰因果关系检验假设了有关 Y 和 X 每一变量的预测的信息全部包含在这些变量的时间序列之中。变量 X 是否为变量 Y 的格兰杰原因，是可以检验的。检验的过程如下：

第一步，检验原假设"H0：X 不是引起 Y 变化的格兰杰原因"。首先，估计下列两个回归模型：

无约束回归模型（u）：

$$Y_t = \alpha_0 + \sum_{i=1}^{p} \alpha_i Y_{t-i} + \sum_{i=1}^{q} \beta_i X_{t-i} + \varepsilon_t$$

有约束回归模型（r）：

$$Y_t = \alpha_0 + \sum_{i=1}^{p} \alpha_i Y_{t-i} + \varepsilon_t$$

其中，α_0 是常数项，p 和 q 分别为变量 Y 和 X 的最大滞后期数，通常可以取得稍大一些；ε_t 为白噪声；α_i 是 Y_{t-i} 对 Y_t 的影响系数；β_i 是 X_t 对 Y_t 的影响系数。

然后，用这两个回归模型的残差平方和 RSS_u 和 RSS_r 构造 F-统计量：

$$F = \frac{(RSS_r - RSS_u)/q}{RSS_u/(n-p-q-1)} \sim F(q, n-p-q-1)$$

其中 n 为样本容量，RSS_u 是指模型不能解释的随机误差，RSS_r 是指由于观察数据的随机性而产生的误差。

检验原假设 "H0：X 不是引起 Y 变化的格兰杰原因"（等价于检验 H0：$\beta_1 = \beta_2 = \cdots = \beta_q = 0$）是否成立。

如果 $F \geqslant F_\alpha (q, n - p - q - 1)$，则 β_1，β_2，$\cdots$，β_q 显著不为 0，应拒绝原假设 "H0：X 不是引起 Y 变化的格兰杰原因"；反之，则不能拒绝原假设 "H0：X 不是引起 Y 变化的格兰杰原因"。

第二步，将 Y 与 X 的位置交换，按同样的方法检验原假设 "H0：Y 不是引起 X 变化的格兰杰原因"。

第三步，要得到 X 是引起 Y 变化的格兰杰原因的结论，必须同时拒绝原假设 "H0：X 不是引起 Y 变化的格兰杰原因" 和接受原假设 "H0：Y 不是引起 X 变化的格兰杰原因"。

（3）通过 Eviews 软件进行格兰杰因果关系检验

借助 Eviews 软件，可以快速地进行格兰杰因果关系检验，具体步骤：

第一，建立工作文件，录入需检验是否存在格兰杰因果关系的变量 Y 和 X 的样本观测值；

第二，在工作文件窗口中，同时选中序列 Y 和 X，单击鼠标右键，在弹出的菜单中选择 Open/as Group，生成一个群对象（Group）；

第三，在群对象观测值窗口的工具栏中选择 View/Granger Causality，在屏幕出现的对话框（Lag Speci.cation）中 Lags to include 一栏后面输入最大滞后期数 k，点击 OK，即可得到格兰杰因果关系检验的结果。

表 7.1　格兰杰因果关系检验结果列表

	观测量	F- 统计量	概率
X 不是引起 Y 变化的格兰杰原因			
Y 不是引起 X 变化的格兰杰原因			

表 7.1 中最后一列的概率是 F- 统计量（F-Statistic）的相伴概率，表示拒绝第一列中的原假设犯第一类错误的概率，该概率越小，越应该拒绝原假设。观测量（Obs）表示每个变量序列的观测值个数，等于 $n - k$。

2. 长三角检验

长三角城市群创新规模与创新联系存在密切相关性，本书引入格兰杰因果关系检验方法，借助 Eviews 软件 Granger Causality 模块对长三角城市群创新规模与创新联系之间的因果关系进行检验。

（1）城市群整体创新规模与创新联系因果关系检验

根据 Eviews 软件 Granger Causality 分析步骤，得到了长三角城市群整体创新规模与创新联系格兰杰因果检验的结果，如表 7.2 所示。

表 7.2　长三角城市群整体创新规模与创新联系格兰杰因果检验结果

滞后期：2

	观测量	F- 统计量	概率
创新规模不是创新联系格兰杰原因	14	0.6297	0.5547
创新联系不是创新规模格兰杰原因	14	1.0297	0.3956

从检验结果可以看出，当取最大滞后期数 2 时，在 5% 置信区间下，拒绝原假设"创新规模不是创新联系格兰杰原因"的 F- 统计量是 0.6297，概率为 0.5547；而拒绝原假设"创新联系不是创新规模格兰杰原因"的 F 统计量是 1.0297，概率仅为 0.3956，因此拒绝原假设"创新规模不是创新联系格兰杰原因"的 F- 统计量小于拒绝原假设"创新联系不是创新规模格兰杰原因"的统计量，而拒绝原假设"创新规模不是创新联系格兰杰原因"的概率大于拒绝原假设"创新联系不是创新规模格兰杰原因"的概率，所以长三角城市群整体创新联系确实是创新规模的格兰杰原因，即长三角城市群整体上创新联系影响着创新规模。

（2）单个城市创新规模与创新联系因果关系测定

借用 Eviews 软件 Granger Causality 分析模块，检验长三角城市群单个城市 2005 年以来创新规模与创新联系格兰杰因果关系。

以 2018—2020 年长三角城市群 41 个城市中创新联系最大的上海市为例，检验 2005 年以来创新规模和创新联系的格兰杰因果关系（表 7.3）。

表 7.3　上海创新规模与创新联系格兰杰因果检验结果

滞后期：2

	观测量	F- 统计量	概率
创新规模不是创新联系格兰杰原因	14	4.3101	0.0486
创新联系不是创新规模格兰杰原因	14	7.4541	0.0123

从检验结果可以看出，当取最大滞后期数 2 时，在 5% 置信区间下，拒绝原假设"创新联系不是创新规模格兰杰原因"的 F- 统计量是 7.4541，概率为 0.0123；而拒绝原假设"创新规模不是创新联系格兰杰原因"的 F- 统计量是 4.3101，概率为 0.0486。因此拒绝原假设"创新联系不是创新规模格兰杰原因"的 F- 统计量大于拒绝原假设"创新规模不是创新联系格兰杰原因"的 F- 统计量，而拒绝原假设"创新规模不是创新联系格兰杰原因"的概率大于拒绝原假设"创新联系不是创新规模格兰杰原因"的概率，所以上海创新联系确实是创新规模的格兰杰原因，即上海市创新联系决定着创新规模。

依据相同思路与方法，分别测算长三角城市群所有城市创新联系与创新规模格兰杰因果检验结果，并比较各城市"创新联系不是创新规模格兰杰原因"与"创新规模不是创新联系格兰杰原因"的 F- 统计量和概率，41 个城市可以划分成两种类型：

① 创新联系是创新规模的格兰杰原因。上海、南京、苏州、无锡、南通、合肥、杭州等 15 个城市中，拒绝原假设"创新联系不是创新规模格兰杰原因"的 F- 统计量大于拒绝原假设"创新规模不是创新联系格兰杰原因"的 F- 统计量，且拒绝原假设"创新联系不是创新规模格兰杰原因"的概率小于拒绝假设"创新规模不是创新联系格兰杰原因"的概率。所以对这 15 个城市来说，创新联系确实是创新规模的格兰杰原因，即这些城市创新联系决定着创新规模。

② 创新规模是创新联系的格兰杰原因。常州、宁波、盐城、扬州等 26 个城市，拒绝原假设"创新联系不是创新规模格兰杰原因"的 F- 统计量小于拒绝原假设"创新规模不是创新联系格兰杰原因"的 F- 统计量，且拒绝原假设"创新联系不是创新规模格兰杰原因"的概率大于拒绝原假设"创新规模不是创新联系格兰杰原因"的概率。所以对于这 26 个城市，创新规模确实是创新联系的格兰杰原因，即这些城市创新规模决定着创新联系。

（3）结果分析

根据长三角城市群创新规模与创新联系的格兰杰因果关系检验结果，可以判断出长三角城市群创新规模与创新联系的关系如下：

从长三角城市群整体来看，创新联系是创新规模的格兰杰原因，即长三角城市群创新联系决定着创新规模，通过增强城市群创新联系可以增加城市群创新规模。

从单个城市来看，长三角城市群创新规模与创新联系关系有两种：一种是创新规模决定创新联系；另一种是创新联系决定创新规模。

创新联系决定创新规模的城市，其城市创新规模普遍较大，创新联系也较强，如上海、南京、苏州等城市。这些城市拥有较好的创新资源基础和创新产出水平，且多数已成为长三角城市群创新中心城市。未来需要进一步加强其对外创新联系，不仅可以促进城市自身创新产出，以创新联系促进创新规模扩大，继而提升城市创新活动集聚能力；而且可以改变创新孤立发展的格局，发挥该城市在区域中的创新影响力，还可以带动周围城市共同发展，以提升长三角城市群整体创新规模。

创新规模决定创新联系的城市，其城市创新规模相对较小，创新联系也较弱，如盐城、徐州、亳州等城市。这些城市大多位于长三角城市群外围区，创新资源与地理位置不占优势，城市自身创新产出较低，对外创新联系也由此受到限制。因此对于这类城市，创新活动发展的重点是增强城市创新资源要素聚集能力，扩大城市创新规模，以创新规模提升城市创新对外联系广度和强度，继而提升城市在区域中的创新地位以及与其他城市间合作发展的动力。

从以上分析来看，长三角城市群创新规模与创新联系关系具有多样性，难以用统一确定的模式来表征城市群创新活动空间整体特征。但是由于创新规模与创新联系具有相关性，二者共同影响着城市在城市群创新体系中的地位和作用。鉴于此，本书依据城市创新规模和创新联系研究分析长三角城市群创新活动空间整体特征，并依此确定长三角城市群创新活动空间体系。

7.3　长三角城市群城市创新类型与空间特征

7.3.1　城市创新类型划分

1. 划分过程

长三角城市群创新规模与创新联系关系具有多样性，这里借鉴四象限分析方法和 Neal（2011）对世界城市网络的划分方法，划分长三角城市群城市整体创新类型。

为避免一年城市创新规模与创新联系的偶然性，本书仍沿用了三年（2018—2020）城市创新规模与创新联系数据的算术平均数作为分析的基础数据。

首先，采用级差标准化法，将长三角城市群城市创新规模和创新联系进行标准化处理，获取各城市创新规模和创新联系标准化值；其次，参照城市创新标准化变量值取值范围（其中变量值为 0.5 表示处于平均水平）。

2. 划分结果

依据各城市创新规模和创新联系标准化值，将长三角城市群城市创新活动划分为三类（图 7.4）：

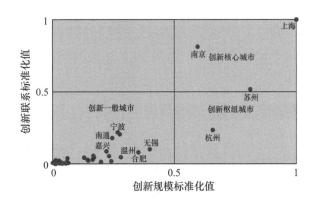

图 7.4　长三角城市群城市创新类型

第一类是创新核心城市——上海、苏州、南京。依托雄厚的创新资源、开放的对外联系以及优越的城市区位，这 3 个城市不仅个体创新规模大而且城市间群体创新联系紧密，一举成为长三角城市群创新核心城市。从创新规模和创新联系对比来看，上海、苏州、南京的创新规模标准化值分别为 1、0.8111 和 0.5959，分别位列长三角城市群第一、二、四位；创新联系标准化值分别为 1、0.5175、0.8113，分别位列长三角城市群的第一、三、二位。从前面创新规模和创新联系关系检验中，这 3 个城市创新联系决定着创新规模。作为城市群创新核心城市，未来应当在加强城市创新联系的基础上，进一步提高自身的创新规模。

第二类是创新枢纽城市——杭州。杭州作为浙江省会城市，有众多的高等院校、科研机构以及高新技术产业，这些产业对于创新活动的需求较高，因而城市创新活动较大。在长三角城市群 41 个城市中，杭州创新规模标准化值为 0.6576，位居第三。但是受限于地理位置，杭州主要与上海、南京、苏州以及浙江省内其他城市有一定的创新联系，与其他地区创新联系较少，使得杭州的创新联系不强，因此创新联系标准化值不高。对于杭州而言，未来应当在加强个体创新规模的同时，增强与其他城市的创新联系。

第三类是创新一般城市——其他城市均属于此类。这些城市创新规模和创新联系均较低。创新一般城市产生的原因存在着不同情况：一类是创新要素少，如科研机构和高等院校少、创新资金（R&D 经费支出）投入少等，城市创新投入不足导致创新规模和创新联系少，这类城市未来创新活动发展重点是加强创新要素聚集能力；一类是创新需求少，这类城市往往经济产业尤其是高新技术产业不发达，对于此类城市以需求为导向，通过增强创新需求激发创新活动发展；还有一类城市距离创新核心城市远，接受创新外溢机会少，使得城市创新规模和创新联系都比较低。

7.3.2 城市创新空间特征

1. 空间层级

（1）城市创新等级明显

根据城市创新类型，可以将长三角城市群 41 个城市创新划分为 3 个等级：城市个体创新规模和群体创新联系均较大，城市创新能力整体较强，属于一级创新城市，包括上海、苏州、南京 3 个城市。城市个体创新规模较大，但是群体创新联系相对较弱，属于二级创新城市，包括杭州。城市个体创新规模和群体创新联系均较小，城市创新能力整体较弱，属于三级创新城市，有 37 个城市。长三角城市群 41 个城市创新等级层级明显。

（2）高等级创新城市数量少

从长三角城市群三级创新城市数量分布来看，一级创新城市 3 个，二级创新城市仅 1 个，一、二级创新城市数量之和不足长三角城市群城市总量的 1/10；而三级创新城市 37 个，占长三角城市群城市总量的 90.24%，由此可以说明长三角城市群高等级创新城市数量少，而低等级创新城市数量偏多。

2. 空间分布

长三角城市群城市创新空间差异较大，创新等级较高的核心城市、枢纽城市均位于中心区，外围区均为创新一般城市。在创新一般城市中，创新规模和创新联系数值较大的常州、宁波、南通，均位于中心区，而创新规模和创新联系较低的蚌埠、淮南、淮北、黄山、六安、亳州均位于长三角城市群西部边缘区；创新规模和创新联系数值处于中间的，位于长三角城市群中间区域。由此，长三角城市群城市创新空间差异明显。

　　进一步分析长三角城市群中心区城市创新空间发现，中心区内城市创新也存在着较大差异，创新等级较高的城市聚集在以上海为核心的中心区北翼沪宁沿线。中心区北翼沪宁沿线的苏州、南京为创新核心城市；无锡、常州为创新一般城市，但其创新规模和创新联系数值也较高，因此中心区北翼沪宁沿线创新等级较高。中心区南翼沪杭甬沿线的杭州为创新枢纽城市；宁波、嘉兴、绍兴为创新一般城市，其创新规模和创新联系数值低于北翼城市，因此相比于北翼沪宁沿线城市，南翼沿线城市创新等级低。

7.4　城市群创新活动空间理论模式

　　通过长三角城市群创新活动实证发现，城市群创新活动在空间维度、时间维度以及影响要素方面都具有规律性特征，这种规律性特征最终归纳为城市群创新活动空间理论模式（图 7.5）。

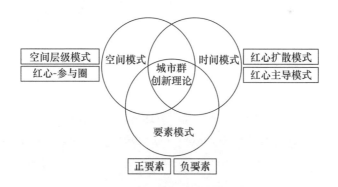

图 7.5　城市群创新活动理论模式

7.4.1　空间模式

1. 空间层级模式

从个体层面看，创新生产是个复杂的过程。要完成这个过程，需要研发资金、智力资源等创新资源的投入和较强的创新风险承受能力。由于这些原因，创新活动只能在少数地方进行，这样就产生了创新活动的空间差异。长三角城市群中心区上海、苏州等城市创新规模大，外围地区很多城市创新规模小，创新规模具有明显的层级性。

从群体层面看，城市间创新活动是创新主体在创新生产过程中发生的要素交流与合作。由于城市间创新要素流动、经济联系差异等原因，有些城市间创新活动交流与合作较强，有些城市间创新活动交流与合作较弱，城市间创新活动的交流与合作就出现了空间差异。长三角城市群中上海和南京创新联系较多，而亳州、宣城、安庆等城市的创新联系较少，城市间创新联系空间差异显著。

总之，无论是个体层面还是群体层面，城市群创新活动差异明显且呈现出显著的层级性。根据创新活动的参与程度，城市群中城市可以划分为创新红心、创新参与层和游离层 3 个层级。

城市群中创新活动参与度高的城市，创新层级明显高于周围地区，称为创新红心。创新红心凭借着其创新规模大、创新合作交流强，在城市群创新活动系统中具有引领和主导作用。

在创新红心周围城市，创新能力较创新红心次之，参与到创新红心主导形成的创新活动系统中，被称为创新参与层。创新参与层与创新红心具有不同程度的合作与交流，在整个城市群中具有支撑和辅助创新红心的作用。

除此之外，在城市群广大的小城镇和乡村地区，几乎没有创新活动，因此没有参与到城市群创新活动网络中，被称为创新游离层。

城市群中，不同创新层级城镇数量往往是不同的。通过长三角城市群实证研究发现，无论是个体层面还是群体层面，创新层级与城市数量呈反向关系，即创新活动层级越高，城市数量越少；反之，城市数量越多。依据城市创新层级，将城市数量进行排列，可以发现城市创新活动层级呈现出"金字塔"的特征。根据前面对城市群创新层级的划分，创新红心城市数量最少、创新游离城市数量最多，创新参与城市数量介于两者之间。

2. 创新红心-参与圈

城市群创新活动差异大、层级显著，但在空间上并不是随机分布，而是具有一定的规律性，突出表现在城市群创新活动集中在少数几个城市，且这些城市在空间上聚集在一起。

从长三角城市群实践分析看，无论是个体、群体还是整体层面，创新规模大、创新联系强、创新层级高的城市均位于中心区，尤其是中心区北翼沪宁沿线地区；而创新规模小、创新联系弱、创新层级低的城市多数位于外围区，尤其是长三角城市群边缘地区，不同创新层级城市在空间上形成聚集，导致城市群创新活动具有显著的空间聚集性。

同时，城市群不同创新层级的城市不仅聚集，而且在空间上还连绵在一起，形成不同层级创新城市的聚集区。创新红心城市聚集在一起，形成了城市群创新红心圈；创新参与城市的聚集则形成城市群创新参与圈；而数量众多的游离层的城市在空间上也往往连绵在一起。由于游离层没有参与到城市群创新活动中，因此在城市群创新活动网络中，实际上仅有创新红心和创新参与两个圈层，这两个圈层往往表现出圈内相对一致性与圈间的差异性，从而形成了"创新红心-参与圈"。

尽管城市群创新活动可以划分出创新红心与创新参与两个圈层，但这两个圈层并没有明确的边界线。城市群创新活动具有突出的创新红心，但是创新活动从创新红心向创新参与圈层转变往往是渐变的过程，因此创新红心圈层与创新参与圈层之间的边界是模糊的，且随着城市群创新活动的整体发展，二者的空间范围也会发生变化。创新红心圈层范围的扩大使得二者边界不断外推。另外，创新红心与创新参与圈不同于城市行政管理范围，不是人为主观划定的，而是取决于城市创新活动参与程度，因此具有客观性特点。

7.4.2 时间模式

城市群创新活动系统内部以及外部环境都处在不断变化之中。城市群创新活动空间演化表现为聚集与分散此消彼长态势，这种态势直接影响着城市群创新活动的空间演化特征。

1. 红心扩散模式

城市群创新活动具有动态演化性。从个体层面看，创新活动生产门槛高，往往首先出现在创新优势明显的城市，然后在空间报酬递增和要素流动作用下不断增强而形成创新聚集。当创新聚集出现不经济或创新主体寻求新的创新机会时，创新活动开始出现分散。

从群体层面看，创新交流和合作首先出现在要素互补性强的主体间，然后在创新交流成本下降和潜在创新机会刺激双重作用下不断增强而形成创新联系聚集。而当新兴产业城市出现、创新主体拓展创新机会时，创新联系开始走向分散。实践分析中，长三角城市群创新规模和创新联系高增长区不断由中心区向外围区推进。

总之，无论是个体层面还是群体层面，随着城市群创新活动的发展，创新活动出现了由创新红心向外的空间分散。在城市群创新分散过程中：

第一，随着创新活动向外扩散，创新红心部分创新活动转移到创新参与圈或者游离层，从而使得自身创新活动比例趋于下降；相反，创新参与圈则由于创新活动转移以及自身创新活动的发展，其在城市群中创新活动的比例趋于上升。

第二，在城市群创新活动发展中，原来创新参与城市，随着创新参与程度的提高，发展成创新红心；原来游离在城市群创新活动之外的城市，因为创新活动的发展，进入创新参与圈。如此循环发展，城市群高层级创新城市数量不断增加，低层级创新城市数量不断下降，低层级创新城市逐渐融入高层级创新活动，使得城市群创新活动层级体系逐渐向高级化发展。同时，由于创新红心、创新参与圈城市数量增多，城市群创新层级格局呈现扁平化趋向。

第三，城市群发展初期，创新活动往往集中在一个城市，其创新能力远远高于城市群其他城市，成为城市群创新红心；随后，周围某些城市创新活动迅速崛起，也发展成为城市群创新红心，这样城市群创新红心由单极模式向多极模式演进。长三角城市群中心区苏州、宁波、无锡等城市创新规模的快速发展，使长三角城市群创新规模高地由上海单中心向多中心演进；随着南京创新联系增强，长三角城市群创新联系由上海单中心模式演变为上海-南京双中心模式。

2. 红心主导模式

尽管城市群"创新红心"规模比重呈下降趋势，但是"创新红心"的规模仍占据绝对优势，城市群创新活动的"红心-参与"空间格局未变。

第一，在城市群创新活动演化中，高层级创新城市数量不断增多，低层级创新城市数量不断减少；但是从绝对数量来看，依然是高层级创新城市数量少、低层级创新城市数量多，城市群创新活动层级的"金字塔"特征未变。

第二，从创新活动聚集区的聚集比重来看，无论个体层面还是群体层面，长三角城市群中心区创新活动的比重分别出现了不同程度的下降，但是中心区活动的比重仍在 70% 以上。这说明在城市群创新活动演化中，尽管创新红心的规模比重趋于下降，但依然是城市群创新活动主要聚集地，创新红心的规模仍占据着绝对和主导优势。相比之下，参与圈创新规模还较小。城市群创新红心-参与圈的空间格局未变。

城市群创新红心扩散与红心主导模式演进可以抽象为"创新红心-参与铃形"模式的形成过程（图 7.6）。

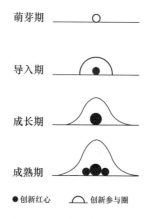

图 7.6　创新红心-参与铃形模式形成过程

萌芽期：城市群创新活动发展初期，某个城市因达到创新活动门槛要求，而产生了创新活动，但创新规模较小；城市群的其他城市因不具备创新活动条件，均没有出现创新活动。有创新活动的城市，其创新要素仅在本城市内组织运行，未实现城市间的流动与合作。

导入期：城市创新规模较大，成为城市群创新红心，城市群形成了创新红心-参与圈。创新红心与参与圈间开始出现创新联系，但创新联系的数量不多，强度也不大。

成长期：创新红心和参与圈均出现快速发展的势头，同时城市群越来越多的城市出现了创新活动，并参与到城市群创新活动系统中，创新红心和参与圈的规模均呈现显著的扩大，创新红心与参与圈间创新联系也明显增强。红心周边参与圈的创新活动发展较快，红心-参与圈初步形成了铃形模式。

成熟期：参与圈某些城市创新活动迅速崛起，其创新规模达到甚至超过早期创新红心城市的规模，也成为城市群的创新红心，因此城市群创新红心由单中心模式向多中心模式演进。城市群创新红心和参与圈规模继续扩张,创新联系也持续增强,红心-参与圈的铃形模式逐渐形成。

7.4.3 要素模式

城市群个体创新活动和群体创新活动具有不同形成条件和路径。

从个体层面看,城市群创新活动形成取决于系统内外两个方面。创新活动本质上是一个投入-产出过程,创新供给和创新需求直接影响着创新活动;同时,创新活动离不开外部环境。因此,创新供给、创新需求、创新环境(内外)共同影响着城市群个体创新活动的形成。通过长三角城市群实践发现,城市群创新活动受要素禀赋、产业活动、城市规模和地理区位共同影响,其中产业规模、研发投入、经济规模对城市群创新活动具有正影响,且产业规模对城市群创新活动正效应最大,这些正效应因素多是系统内因;产业单一化、地理区位对创新活动具有负效应,且地理区位的影响大于产业单一化,这些负效应因素多是系统外因。

从群体层面看,城市群创新联系形成也取决于系统内外两个方面,城市间创新要素互补、地理距离、行政区划以及经济联系共同影响着城市群创新联系的形成。通过长三角城市群实践发现,创新要素互补与经济联系对城市群创新联系具有正效应,且这种正效应出现了增强趋势;地理距离和行政区划具有屏障作用,但这种负影响出现了减弱或削弱趋势。创新联系影响因素中,趋于增强的因素一个是系统内因,一个是与创新联系紧密的经济联系,而趋于减弱或削弱的因素均来自系统外因。

作为城市群创新系统两个子系统,个体创新活动与群体创新活动并不是相互孤立或脱离的,而是相互影响、相互作用的,二者共同构成了城市群创新活动系统。从城市群创新活动整体层面看,个体创新活动和群体创新活动之间相互关联、相互影响,个体创新活动影响因素与群体创新活动影响因素之间存在错综复杂的交互关系。长三角城市群实践表明,无论是城市群整体还是单个城市,反映个体创新规模与群体创新联系之间相关性的系数都较大,反映出城市群个体创新活动与群体创新联系具有较强相关性。

综上所述,① 无论是个体层面还是群体层面,影响城市群创新活动的因素有正因素和负因素,其中产业规模、研发投入、经济规模、经济联系、要素互补是影响城市群创新活动的正因素；地理区位、产业单一化、行政区划是影响城市群创新活动的负因素。② 城市群创新活动系统内因是主导且影响程度在增强；系统外因是辅助且影响程度出现减弱或者递减趋势。这就意味着城市群创新活动的形成更多的是遵循系统自组织产生与发展，外在的、人为因素对城市群创新活动有影响，但是需要通过与内因相协调才能促进城市群创新活动的发展。

参考文献

英 文 文 献

[1] Agrawal A, Cockburn. The anchor tenant hypothesis: Exploring the role of large, local, R&D-Intensive firms in regional innovation systems[J]. International Journal of Industrial Organization, 2003, 21（9）: 1217-1433.

[2] Almeida P and B Kogut. Localization of knowledge and the Mobility of Engineers in Regional Networks[J]. Management Science, 1999, （45）: 905-917.

[3] Anselin L, Varga A, Acs Z. Local Geographic Spillovers Between University Research and High Technology Innovations[J]. Journal of Urban Economics, 1997, 42（3）: 422-448.

[4] Audretsch D, Feldman M. Knowledge spillovers and the geography of innovation[J]. Handbook of Urban and Regional Economics, 2004, （4）: 2713-2739.

[5] Audretsch D, Feldman M. R&D spillovers and the geography of innovation and production[J]. American Economic Review, 1996, 86（3）: 630-640.

[6] AuRtio E. Evaluation of RDT in regional systems of innovation[J]. European Planning Studies, 1998, 6（2）: 131-140.

[7] Autio E. Evaluation of RTD in regional systems of innovation[J]. European Planning Studies, 1998, 6（2）.

［8］Bernardi 'Cabrer-Borr' as, Guadalupe Serrano-Domingo. Innovation and R&D spillover effects in Spanish regions: A spatial approach［J］. Research Policy, 2007, 36（9）: 1357-1371.

［9］Bordogna, Joseph. Innovation and Creative Transformation in the Knowledge Age: Critical Trajectories［DB/OL］（1997-7-29）. http://www.nsf.gov/ bordogna［2022-12-30］.

［10］Cantner U, Graf H. The network of innovators in Jena: An application of social network analysis［J］. Research Policy, 2006, 35（4）: 463-480.

［11］Christian W M, Annertte W S.The top-level global research system, 1997— 1999: Centers, networks and nodality: An analysis based on bibliometric indicators［J］. Urban Studies, 2002, 39（5/6）: 903-927.

［12］Ciraci D, Palma D. The role of knowledge-based supply specialization for competitiveness: A spatial economic approach［J］. Papers in Regional Science, 2008, 87（3）: 453-476.

［13］Cohen W M, S Klepper. The tradeoff between firm size and diversity in the pursuit of technological progress［J］. Small Business Economics, 1992, 4（1）: 1-14.

［14］Cohen, Levinthal. Absorptive capability: A new perspective on learning and innovation［J］. administrative science quarterly, 1990,（35）: 128-152.

［15］Cook P. Hans, Joachim Braczyk H J, Heidenreich M. Regional innovation systems: The role of governance in the globalized world［M］. London: UCL Press, 1996.

［16］Cook P. Regional innovation systems: Competitive regulation in New Europe［J］. Geoforum, 1992,（23）: 365-382.

［17］David Doloreux, Steve Dionn. Is regional innovation system development possible in peripheral regions? Some evidence from the case of La Pocatire, Canada［J］. Entrepreneurship & Regional Development, 2008, 20（3）: 259-283.

［18］David T Coe, Elhanan Helpman. International R&D spillovers［J］. European Economic Review, 1995, 39（5）: 859-871.

［19］Duranaton G, Puga D. Nursery. Cities: urban diversity, process innovation, and the Life cycle of products［J］. American Economic Association, 2001, 91 (5): 1454-1477.

［20］Eduardo Goncalves, Eduardo Almeida. Innovation and spatial knowledge spillovers: Evidence from brazilian patent Data［J］. Regional Studies, 2009, 43 (4): 513-528.

［21］Ellision G, Glaeser E L. Geographic concentration in US manufacturing industries: A dartboard approach［J］. Journal of Political Economy, 1997, 105 (5): 889-927.

［22］European Commission. Europe 2020 strategy［R］, 2010.

［23］Fabio Montobbio. The globalization of technology in emerging markets: A gravity model on the determinants of international patent collaborations［J］. World Development, 2013, 44: 281-299.

［24］Feldman M P, Florida R. The geographic sources of innovation: Technological infrastructure and product innovation in the United States［J］. Annals of the Association of American Geographers, 1994, 84 (2): 210-229.

［25］Feldman M P. The Geography of Innovation［M］. Boston: Kluwer Academic Publishers, 1994.

［26］Ferrary M, Granovetter M. The role of venture capital firms in silicon valley's complex innovation network［J］. Economic and Society, 2009, 38 (2): 326-359.

［27］Florida R L, Kenney M S. Venture capital, high technology and regional development［J］. Regional Studies, 1988, 22 (1): 34-48.

［28］Fornahl D, Brenner T. Geographic concentration of innovative activities in Germany［J］. Structural Change and Economic Dynamics, 2009, 20: 163-182.

［29］Freeman C. The Economics of Industrial Innovation［M］. Harmondsworth: Penguin Books. thinknow Global Innovation Agency. Innovation CitiesTM Program. http://www.innovation-cities.com/, 1974.

［30］Freeman C. The Economics of Industrial Inonvation［M］. Cambridge, MA: The MIT Press, 1982.

［31］Freeman L C. Centrality in social networks: Conceptual clari.cation［J］. Social Networks, 1979, 1（3）: 215-239.

［32］Funke M, Niebuhr A. Regional geographic research and development spillovers and economic growth: evidence from West Germany［J］. Regional Studies, 2005, 39（1）: 143-153.

［33］Furman J, Porter M, Stem S. The determinants of national innovative capacity［J］. Research Policy, 2002, 31: 899-933.

［34］Geddes P. Cities in Evolution, Second Edition［M］. Oxford: Oxford University Press, 1950.

［35］Gerben Van der Panne. Agglomeration externalities: Marshall versus jacobo［J］. Jornal of Evolutionary Economy, 2004, 14（50）: 593-604.

［36］Giusy Cannone, Elisa Ughetto. Internationalization .ows of high-tech start-ups: A gravity model［J］. European Business Review, 2015, 27（1）: 60-79.

［37］Glaser E L, Kallal H D, Scheikman J. A, Shleifer A. Growth in cities［J］. Journal of political economy, 1992, 100（6）: 1126-1152.

［38］Gottmann J. Metropolis Systems Around the World, in Systems of cities: Readings on Structure, Growth and Policy［M］. Edited by Bourne L. S, etal. Oxford: Oxford University Press, 1978.

［39］Gottomann J. Megalopolis or the urbanization of the northeastern seaboard［J］. Economic Geography, 1957,（33）: 189-200.

［40］Greunz L. Industrial structure and innovation-evidence from european regions［J］. Journal of Evolutionary Economics, 2004,（14）: 563-592.

［41］Griliches Z. Issues in Assessing the Contribution of Research and Development to Productivity Growth［J］. The Bell Journal of Economics, 1979（1）: 92-116.

［42］Griliches Z. Patent statistics as economic indicators: A survey［J］. Journal of Economic Literature, 1990, 28（4）: 1661-1707.

［43］ Hagerstrand T. Innovation Diffusion as a Spatial Process［M］. Chicago: University of Chicago Press, 1967.

［44］ Hall P, Pain K. The Polycentric Metropolis: Learning from Mega-City Regions in Europe［M］. London: Earthscan, 2006.

［45］ Herderson J V. Efficiency of resource usage and city size［J］. Journal of Urban Economics, 1986, 19（1）: 47-70.

［46］ Hoekman J, Frenken K, Van Oort F. The geography of collaborative knowledge production in Europe［J］. The Annals of Regional Science, 2009, 43（3）: 721-738.

［47］ J D Adams. Comparative localization of Academy and industry spillovers［EB/OL］. （2001）［2022-12-15］. http://www.nber.org/papers/w8292.pdf

［48］ J Sláma. Gravity model and its estimations for international flows of engineering products, chemicals and patent applications［J］. Acta Oeconomica, 1983, 30（2）: 41-253.

［49］ Jacobs. The Economy of Cities［M］. New York: Vintage, 1969.

［50］ Jaffe, Adam B, Trajtenberg, Manuel, Henderson, Rebecca. Geographic Localization of knowledge spillovers as evidenced by patent citations［J］. Quarterly Journal of Economics, 1993, 63（3）: 577-598.

［51］ Jaffe, Adam B. Real affects of academic research［J］. American Economics Review, 1989, （79）: 957-970.

［52］ James Simmie. Innovation and space: A critical review of the literature［J］. Regional Studies, 2005, 39（8）: 789-804.

［53］ Jan Fagerberg, Bart Verspagen. Innovation studies: The emerging structure of a new scientific field［J］. Research Policy, 2009, （38）: 218-233.

［54］ Johnson M. Risk Management［R］. Bradford, 2008（21）: 141-176.

［55］ Joshua L Rosenbloom. The geography of innovation commercialization in the United States during the 1990s［J］. Economic Development Quarterly, 2007, 21（1）: 3-16.

［56］ Keller, Wolfgang. Geographic Localization of International Technology

Diffusion [J]. American Economic Review, 2002, 120-142.

[57] Kleinknecht and Donald Bain, eds. New Concepts in Innovation Output Measurement[M]. New York: St. Martin's Press Inc, 1993.

[58] Krugman P. Geography and Trade[M]. Cambridge Massachusetts: The MIT Press, 1991.

[59] Laura Bottazzi, Giovanni Peri. Innovation and spillovers in regions: Evidence from European patent data[J]. European Economic Review, 2003, (47): 687-710.

[60] Lee Fleming, Koen Frenken. The evolution of inventor networks in the Silicon valley and Boston regions[J]. Evolutionary Economic Geography, 2006, 10 (01): 53-71.

[61] Lim U. The spatial distribution of innovative activity in US. metropolitan areas: Evidence from patent data[J]. Journal of Regional Analysis and Policy, 2003, 33 (2): 97-126.

[62] LMA Bettencourt, J Lobo, D Strumsky. Invention in the city: Increasing returns to patenting as a scaling function of metropolitan size[J]. Research Policy, 2007, 36 (1): 107-120.

[63] Luico Picci. The internationalization of inventive activity: A gravity model using patent data[J]. Research Policy, 2010, (39): 1070-1081.

[64] M Wilhelmsson. The spatial distribution of inventor networks[J]. The Annals of Regional Science, 2009, 43 (3): 645-668.

[65] Maggitti P G, Smith K G, Katila R. The complex search process of invention[J]. Research Policy, 2013, 42 (6): 90-100.

[66] Mansfield E. Costs and patents: An empirical study[J]. Economic Journal, 1981, (4): 907-918.

[67] Mario A. Maggioni, Mario Nosvelli, Teodora Erika Uberti. Space versus networks in the geography of innovation: A European analysis[J]. Regional Science, 2007, 86 (3): 471-494.

[68] Marios Zachariadis, 2003, R&D, Innovation, and Technological Progress:

A Test of the Schumpeterian Framework without Scale Effects[J]. Canadian Journal of Economics, 36（3）, 566-586.

[69] Mark Granovetter. The strength of weak tie[J]. American Journal of Socioigy, 78（6）: 1360-1380.

[70] Maryann P. Feldman, David B. Audretsch. Innovation in cities: Science-based diversity, specialization and localized competition[J]. European Economic Review, 1999, （43）: 409-429.

[71] Maryann P. Feldman. The new economics of innovation, spillovers and agglomeration: a review of empirical studies[J]. Economics of Innovation and New Technology, 1999, （8）: 5-25.

[72] Massard N, Riou S. Limpact des structures locales surlinnobation en France: SpéCialisation ou Diversité[J]. RéGion et DéVeloppement, 2002, （16）: 111-136.

[73] Michael Fritsch, Grit Franke. Innovation, regional knowledge spillovers and R&D cooperation[J]. Research Policy, 2004, （33）: 245-255.

[74] Michael Fritsch. Interregional differences in R&D activities: An empirical investigation[J]. European Planning Studies, 2000, 8（4）: 409-427.

[75] Mohnen P, DeBresson C. Explaining and estimating propensities to innovate in China in 1993[R]. The 14th International Conference on Input-Output Techniques, at Montreal Canada, part four: 1-37, part five: 1-32, 2002.

[76] National Economic Council and Office of Science and Technology Policy. A Strategy for American innovation[R], 2015.

[77] Ohnson B. Cities, systems of innovation and economic developmen[J]. Innovation: Management, Policy & Practice, 2008, （10）: 146-155.

[78] Packalen M, Bhattacharya J. Cities and ideas[R]. National Bureau of Economic Research, 2015.

[79] Paul M Romer. Increasing returns and long-run growth[J]. The Journal of Political Economy, 1986, 94: 1002-1037.

[80] Pedersen P O. Innovation diffusion within and between national urban systems[J]. Geographical Analysis, 1970, 2（3）: 203-254.

［81］Pedro Conceição and James K. Galbraith. Constructing long and dense time-series of inequality using the theil index［J］. Eastern Economic Journal，2000，26（1）：61-74.

［82］Philip Cooke，Patries Boekholt，and Franz Tödtling. The governance of innovation in Europe：Regional perspectives on global competitiveness［M］. London：Pinter，2000.

［83］Porter M，Stern S. Measuring the "Ideas" Production Function：Evidence from International Patent Output［R］. New York：NBER，2000.

［84］Raffaele Paci，Stefano Usai. The role of specialization and diversity externalities in the agglomeration of innovation activities［Z］. Working Paper CRENoS，1999：67-89.

［85］Riccardo Crescenzi，Michael Storper. The territorial dynamics of innovation：A Europe-United States comparative analysis［J］. Journal of Economic Geography，2007，7（6）：673-709.

［86］Roland Andersson，John M. Quigley，Mats Wilhelmsson. Agglomeration and the spatial distribution of creativity［J］. Papers in Regional Science，2005，84（3）：445-464.

［87］Romer P. Endogenous technological change［J］. Journal of Political Economy，1990，（98）：71-102.

［88］Rosina Moreno，Raffaele Paci，Stefano Usai. Spatial spillovers and innovation activity in European regions［J］. Environment and Planning A，2005，（37）：1793-1812.

［89］Rosina Moreno. A relation approach to the geography of innovation：A typopgy of regions［J］. Journal of Economic Survey，201226（3）：492-516.

［90］Stefan Krätke. Regional knowledge networks：A network analysis approach to the Interlinking of knowledge resources［J］. European Urban & Regional Studies，2010，17（1）：83-97.

［91］Stefano Breschi. The geography of innovation：A case-sector analysis［J］. Regional studies，2000，34（3）：213-229.

［92］Taylor Peter J，Ben Derudder，Pieter Saey，Frank Witlox. City in Globalization：Practices，Policies and Theories［M］. Oxon：Routledge，2007.

［93］Teodora Diana Corsatea Hubert Jayet. Spatial patterns of innovation activities in France：Market's role versus public research efforts［J］. Ann Reg Sci，2014（52）：739-762.

［94］Z J Acs，D B Audretsch. Patent as a measure of innovative activity［J］. Kyklos，1989，42（2）：171-180.

［95］Zachary Neal. Differentiating centrality and power in the world city network［J］. Urban Studies，2011，48（13）：2733-2748.

［96］Zachary Neal. Differentiating centrality and power in the world city network［J］. Urban Studies，2011，48.

［97］Zachary Neal. Does world city network research need eigenvectors?［J］. Urban Studies，2013，3（12）：1-12.

［98］Zoltan J Acs，Audretsch D. Innovation and Small-firms［M］. Cambridge，MA：The MIT Press.，1990.

［99］Zoltan J Acs，David B. Audretsch and Maryann P. Feldman. R&D spillovers and recipient firm size［J］. Review of Economics & Statistics，1994，76（2）：336-340.

［100］Zoltan J Acs，Luc Anselin，Attila Varga. Patents and innovation counts as measures of regional production of new knowledge［J］. Research Policy，2002，（31）：1069-1085.

［101］Zoltan J ACS，Luc Anselin，Attila Varga. Patents and innovation counts as measures of regional production of new knowledge［J］. Research Policy，2002，31（7）：1069-1085.

［102］Zvi Griliche. Issues in assessing the contribution of research and development to productivity growth［J］. The Bell Journal of Economicss，1979，10（1）：92-116.

［103］金本良嗣，德冈一幸. 日本の都市圏设定基準 ［J］. 日本：应用地域学研究，2002（7），1-15.

中 文 译 文

[1] 冯·贝塔朗菲著.一般系统论基础、发展和应用 [M].林康义，魏宏森译.北京：清华大学出版社，1987.

[2] 福雷斯特著.工业动力学 [M].胡汝鼎等译.北京：科学出版社，1985.

[3] 马汀·奇达夫，蔡文斌著.社会网络与组织 [M].王凤彬，朱超威译.北京：中国人民大学出版社，2007.

[4] 马歇尔著.经济学原理（上卷）[M].朱志泰译.北京：商务印书馆，1964.

[5] 伊丽莎白.A.席尔瓦，帕奇·希里，尼尔·哈里斯等编著.规划研究方法手册 [M].顾朝林，田莉，王世福等译.北京：中国建筑工业出版社，2016.

[6] 约翰·霍兰德等著.隐秩序：适应性造就复杂性 [M].周晓牧等译.上海：上海科技教育出版社，2011.

[7] 约翰·斯科特著.社会网络分析方法.2版 [M].刘军译.重庆：重庆大学出版社，2011.

[8] 约瑟夫·阿洛伊斯·熊彼特著.经济发展理论：对利润、资本、信贷、利息和经济周期的探究 [M].叶华译.北京：中国社会科学出版社，2009.

[9] W.W罗斯托著.经济增长的阶段 [M].郭熙保，王松茂译.北京：中国社会科学出版社，2001.

中 文 文 献

[1] 艾晓玉，尹继东.协同创新的动态演进机制：基于 CAS 理论的分析框架 [J].科技管理研究，2015，35（18）：161—165.

[2] 鲍涵，滕堂伟，胡森林等.长三角地区城市绿色创新效率空间分异及影响因素 [J].长江流域资源与环境，2022，31（02）：273—284.

[3] 毕亮亮.长江三角洲区域创新系统：基于产业升级与政府合作 [M].北京：知识产权出版社，2013.

[4] 毕秀晶.长三角城市群空间演化研究 [D].上海：华东师范大学博士学位论文，2013.

［5］卜凡彪，薛惠锋.基于CAS理论的协同创新系统研究［J］.生产力研究，2014（05）：138—140，160. DOI：10.19374/j.cnki.14-1145/f.2014.05.031.

［6］曹毅君，Hou Yuqiao.财政科技投入、科研人力资本与科技创新研究：基于2003—2019年数据的实证分析［J］.长江技术经济，2021，5（5）：65—72.

［7］曹勇，秦以旭.中国区域创新能力差异变动实证分析［J］.中国人口·资源与环境，2012，22（03）：164—169.

［8］曹玉平.空间集聚、技术创新与中国省域经济增长：基于面板数据FE-IV模型的实证研究［J］.北京理工大学学报（社会科学版），2017，19（06）：58—69.

［9］柴志贤，项后军.空间经济结构特征对区域创新的影响［J］.南方经济，2010（3）：3—10.

［10］陈超凡，蓝庆新，王泽.城市创新行为改善生态效率了吗？——基于空间关联与溢出视角的考察［J］.南方经济，2021（01）：102—119. DOI：10.19592/ j.cnki.scje.380483.

［11］陈存友，刘厚良，詹水芳.世界城市网络作用力：评Taylor等人的相关研究［J］.国外城市规划，2003，18（2）：47—49.

［12］陈大峰，陈媛，王文鹏.中国城市创新空间溢出及其影响因素：基于行政边界效应的视角［J］.审计与经济研究，2021，36（5）：118—127.

［13］陈贵富，韩静.中国区域创新系统空间结构演化差异研究［J］.经济研究参考，2021（15）：37—50，128.

［14］陈晶，陈宁.我国专利分布的空间特征与区域创新能力影响因素分析［J］.中国科学技术大学学报，2012，42（3）：252—258.

［15］陈莞.大都市圈创新系统要素配置研究［D］.上海：上海交通大学博士学位论文，2009.

［16］陈雄辉，张本祥等.基于复杂网络理论的广东区域创新能力测度方法研究［J］.科技进步与对策，2010，（10）：121—124.

［17］陈雅诗，刘明广.基于CAS理论的区域创新生态系统演化研究［J］.科技和产业，2016，16（9）：50—52，64.

［18］陈依曼，李立勋，符天蓝.中国城市创新能力及其影响因素的空间分异：基

于 GWR 模型的实证 [J].热带地理，2020，40（02）：323—334.

［19］陈禹.复杂适应系统（CAS）理论及其应用：由来、内容与启示 [J].系统辩证学学报，2001（04）：35—39.

［20］陈智，吉亚辉.中国高技术产业创新绩效的影响因素研究：基于中国省级面板数据的空间计量分析 [J].江南大学学报（人文社会科学版），2019，18（2）：108—115.

［21］程开明.专业化、多样性与技术创新：一个文献综述 [J].自然辩证法研究，2011，（9）：42—47.

［22］程中华.产业集聚对区域创新影响的空间计量分析 [J].华东经济管理，2015，29（11）：59—65，87.

［23］崔功豪，魏清泉，刘伟科.区域分析与区域规划.2 版 [M].北京：高等教育出版社，2006.

［24］党文娟、张宗益、康继军.创新环境对促进我国区域创新能力的影响 [J].中国软科学，2008，（3）：52—57.

［25］邸俊鹏，朱平芳，王浩宇.中国企业创新的空间集聚及其对生产率的影响研究 [J].南京社会科学，2018（8）：26—34.

［26］丁玉莹，张峥.区域产学研协同创新绩效影响因素分析 [J].经济研究导刊，2021，No.481（23）：33—36.

［27］董必荣，赵婷婷，王敬勇，凌华.基于引力模型的省域创新产出空间联系研究 [J].南京审计大学学报，2018，15（1）：25—34.

［28］窦鹏辉，陈诗波.我国科技创新能力的绩效评估与影响因素分析 [J].科技进步与对策，2012，29（07）：133—138.

［29］杜德斌，段德忠.全球科技创新中心的空间分布、发展类型及演化趋势 [J].上海城市规划，2015（1）：76—81.

［30］杜德斌."大洗牌"前夜：第 5 次创新资源跨国大转移看亚洲 [N].东方早报，2014-10-14.

［31］杜德斌.跨国公司 R&D 全球化：地理学的视角 [J].世界地理研究，2007，4：106—114.

［32］杜国庆.Spatial structure of urban system in the rapidly changing period in China

［J］.南京大学学报（自然科学版），2006，42（3）：1—14.

［33］段德忠，杜德斌，谌颖，翟庆华.中国城市创新网络的时空复杂性及生长机制研究［J］.地理科学，2018，38（11）：1759—1768.

［34］段德忠，杜德斌，刘承良.上海和北京城市创新空间结构的时空演化模式［J］.地理学报，2015（12）：1911—19251.

［35］范晓莉，李秋芳.创新主体研发投入对区域创新产出的影响研究：基于空间面板模型的实证检验［J］.科技与经济，2021，34（03）：26—30.

［36］方大春，马为彪.我国区域创新空间关联的网络特征及其影响因素［J］.西部论坛，2018，28（02）：50—61.

［37］方远平，谢蔓.创新要素的空间分布及其对区域创新产出的影响：基于中国省域的 ESDA-GWR 分析［J］.经济地理，2012，（9）：8—14.

［38］冯之浚.国家创新系统的理论与政策［M］.北京：经济科学出版社，1999.

［39］符淼.地理距离和技术外溢效应：对技术和经济集聚现象的空间计量学解释［J］.经济学（季刊），2009，8（4）：1549—1565.

［40］傅星.基于复杂适应系统理论的经济仿真研究［D］.北京：首都经济贸易大学博士学位论文，2005.

［41］辜胜阻，洪群联，杨威.区域经济文化对创新模式影响机制研究［J］.经济纵横，2008，（10）：16—21.

［42］顾朝林，庞海峰.基于重力引力模型的中国城市体系空间联系与层域划分［J］.地理研究，2008，（27）1：1—12.

［43］顾朝林，赵晓斌.中国区域开发模式的选择［J］.地理研究，1995，14（4）：8—21.

［44］顾朝林.基于重力模型的中国城市体系空间联系与层域划分［J］.地理研究，2008，（1）：1—12.

［45］顾新.区域创新系统论［D］.成都：四川大学博士学位论文，2002.

［46］关爱萍，陈锐.产业集聚水平测度方法的研究综述［J］.工业技术经济，2014，（12）：150—155.

［47］郭嘉仪，张庆霖.省际知识溢出与区域创新活动的空间集聚：基于空间面板计量方法的分析［J］.研究与发展管理，2012，（6）：1—11.

［48］国家统计局、科学技术部编.中国科技统计年鉴［M］.北京：中国统计出版社，2015.

［49］国胜铁，姚常成.我国城市群知识创新的空间结构演变趋势：来自 Web of Science 核心数据库的经验证据［J］.求是学刊，2019，46（4）：54—63.

［50］何键芳，张虹鸥，叶玉瑶等.广东省区域创新产出的空间相关性研究［J］.经济地理，2013，（2）：117—121.

［51］洪名勇.科技创新能力与区域经济实力差异的实证研究［J］.经济地理，2003，（5）：605—610.

［52］胡彩梅.产业集聚结构对创新活动空间差异影响的实证研究［J］.科技进步与对策，2012，29（15）：61—66.

［53］胡晓辉，杜德斌.长三角城市间科学合作的社会网络动态分析［J］.科技与经济，2012，（1）：13—17.

［54］胡序威，周一星，顾朝林等.中国沿海城镇密集地区空间集聚与扩散研究［M］.北京：科学出版社，2000.

［55］胡艳，时浩楠.长三角城市群城市创新的空间关联分析：基于社会网络分析方法［J］.上海经济研究，2017，（4）：87—97.

［56］胡志坚.国家创新系统：理论分析与国际比较［M］.北京：社会科学文献出版社，2000.

［57］黄亮.国际研发城市的特征、网络与形成机制研究［D］.上海：华东师范大学博士学位论文，2014.

［58］黄晓东，马海涛，苗长虹.基于创新企业的中国城市网络联系特征［J］.地理学报，2021，76（04）：835—852.

［59］黄欣荣.复杂性科学的方法论研究［D］.北京：清华大学博士学位论文，2005.

［60］纪宝成.创新型城市战略论纲［M］.北京：中国人民大学出版社，2009.

［61］姜劲，徐学军.技术创新的路径依赖与路径创造研究［J］.科研管理，2006，（3）：36—41. DOI：10.19571/j.cnki.1000-2995.2006.03.006.

［62］姜磊，戈冬梅，季民河.长三角区域创新差异和位序规模体系研究［J］.经济地理，2011，31（7）：1101—1105.

［63］姜南，徐明.我国专利密集型产业及其影响因素的实证研究［J］.科学学研究，2013，（2）：201—208.

［64］蒋天颖，谢敏，刘刚.基于引力模型的区域创新产出空间联系研究：以浙江省为例［J］.地理科学，2014，34（11）：1320—1326.

［65］蒋天颖、华明浩.长三角区域创新空间联系研究［J］.中国科技论坛，2014，（10）：126—131.

［66］金浩，李瑞晶.基于 CAS 理论的京津冀区域治理系统演化机制研究［J］.河北大学学报（哲学社会科学版），2018，43（5）：43—51.

［67］荆虎山，王宏伟.基于 CAS 理论视角的中小企业技术创新环境研究［J］.企业导报，2013，（6）：262—263.DOI：10.19354/j.cnki.42-1616/f.2013.06.183.

［68］雷淑珍，王艳，高煜.交通基础设施建设是否影响了区域创新［J］.科技进步与对策，2021，38（21）：24—33.

［69］李春燕.我国创新活动空间差异及其影响因素研究［D］.天津财经大学，2010.

［70］李福刚，王学军.地理邻近与区域创新关系探讨［J］.中国人口资源与环境，2007，（3）：35—39.

［71］李国平，王春扬.我国省域创新产空间分布出的空间特征和时空演化：基于探索性空间数据分析的实证［J］.地理研究，2012，31（1）：95—106.

［72］李琳，彭璨.长江中游城市群协同创新空间关联网络结构时空演变研究［J］.人文地理，2020，35（5）：94—102.

［73］李盛竹，马建龙.国家科技创新能力影响因素的系统动力学仿真：基于2006—2014 年度中国相关数据的实证［J］.科技管理研究，2016，36（13）：8—15.

［74］李习保.区域创新环境对创新活动效率影响实证研究［J］.数量经济技术经济研究，2007，（8）：13—26.

［75］李小建.经济地理学［M］.北京：高等教育出版社，1999.

［76］李新，李柏洲.哈长城市群协同创新网络结构洞与中间人研究：基于专利数据的产学研网络与城际关系网络双维度测量［J］.科技进步与对策，2020，37（14）：66—75.

［77］李迎成.基于创新活动分布视角的城市创新空间结构测度与演变特征［J］.城市规划学刊，2022，（1）：74—80.

［78］李志刚，汤书昆，梁晓艳等.我国创新产出的空间分布特征研究：基于省际专利统计数据的空间计量分析［J］.科学学与科学技术管理，2006，（8）：64—71.

［79］梁吉义，梁枫.区域经济系统论［J］.现代经济，2007，（6）：161—163.

［80］梁洁鸣.广东省区域创新活动空间差异分析：基于探索性空间数据分析（ESDA）［J］.福建农林大学学报（哲学社会科学版），2010，13（4）：58—63.

［81］梁政骥.中国主要城市间的创新联系研究［D］.广州大学，2012.

［82］林晓言，李明真.高铁对沿线城市科技创新的影响：基于粤桂地区的实证研究［J］.华东经济管理，2020，34（3）：94—102.

［83］刘备，王林辉.创新要素空间流动对区域创新能力的影响：外地吸引与本地依赖［J］.求是学刊，2020，47（5）：66—75，181. DOI：10.19667/j.cnki. cn23-1070/c.2020.05.009.

［84］刘凤朝，潘雄锋.我国八大经济区专利结构分布及其变动模式研究［J］.中国软科学，2005（6）：96—100.

［85］刘凤朝，沈能.基于专利结构视角的中国区域创新能力差异研究［J］.管理评论，2006，（11）：62—67.

［86］刘凤朝，孙玉涛.基于三维模型的国家创新能力两步测度［J］.科学学研究，2009，27（11）：1749—1756.

［87］刘和东，冯博涵.区域创新空间关联特征及其关键因素分析［J］.中国科技论坛，2019（5）：98—106.

［88］刘和东，施建军.区域创新及其影响因素的空间计量分析［J］.科技管理研究，2009，（10）：198—199.

［89］刘建华，李伟.基于修正引力模型的中原城市群创新空间联系研究［J］.地域研究与开发，2019，38（05）：63—68，90.

［90］刘军，李廉水等.产业聚集对区域创新能力的影响及其行业差异［J］.科研管理，2010，（6）：191—198.

［91］刘军.社会网络分析导论［M］.北京：社会科学文献出版社，2004.

［92］刘君德.中国行政区划的理论与实践［M］.上海：华东师范大学出版社，1996.

［93］刘君德.中国转型期"行政区经济"现象透视：兼论中国特色人文–经济地理学的发展［J］.经济地理，2006，26（6）：897—901.

［94］刘琼，郭俊华.空间视角下 R&D 投入对区域创新能力的影响研究：基于科技政策组合的调节作用［J］.工业技术经济，2022，41（02）：77—86.

［95］刘帅，李琪，徐晓瑜，乔志林.中国创新要素集聚能力的时空格局与动态演化［J］.科技进步与对策，2021，38（16）：11—20.

［96］刘续棵.对测量不平等的泰尔指数和基尼系数比较［J］.经济研究导刊，2014，（7）：12—13.

［97］刘晔，曾经元，王若宇等.科研人才集聚对中国区域创新产出的影响［J］.经济地理，2019，39（07）：139—147.

［98］刘迎霞.基于空间外溢效应的经济增长空间俱乐部趋同研究［D］.开封：河南大学博士学位论文，2010.

［99］刘友金，黄鲁成.基于行政区划的区域创新系统［J］.企业经济，2001，（3）：14—17.

［100］柳御林.区域创新体系成立的条件和建设的关键因素［J］.中国科技论坛，2003，（1）：18—22.

［101］卢现祥.创新主体；政府还是企业［DB/OL］.（2015-03-25）［2022-09-28］.http://epaper.gmw.cn/gmrb/html

［102］陆天赞，吴志强，黄亮.网络关系与空间组织：长三角与美国东北部城市群创新合作关系的比较分析［J］.城市规划学刊，2016，No.228（02）：35—44.

［103］陆天赞.长三角城市创新协作关系的社会网络、空间组织及演进：基于专利合作数［C］//新常态：传承与变革：2015 中国城市规划年会论文集（区域规划与城市经济），2015：298—309.

［104］吕承超.中国高技术产业专业化比多样化更有利于区域产业创新吗？［J］.研究与发展管理，2016，28（6）：27—37.

［105］吕凤兰，卢奇，周治.基于多元线性回归的高校科技成果转化能力提升研究［J］.科技创业月刊，2021，34（04）：82—85.

［106］吕拉昌，李勇.基于城市创新职能的中国创新城市空间体系［J］.地理学报，2010，（2）：177—190.

［107］吕拉昌.中国大都市的空间创新［M］.北京：科学出版社，2009.

［108］吕拉昌、梁政骥、黄茹.中国主要城市间的创新联系研究［J］.地理科学，2015，（1）：30—37.

［109］吕荣杰，贾芸菲，张义明.中国区域科技创新的空间关联及其解释［J］.经济与管理评论，2019，35（4）：106—115.

［110］罗发友.中国创新产出的空间分布特征与成因［J］.湖南科技大学学报，2004，（6）：76—81.

［111］罗震东，张京祥.全球城市区域视角下的长江三角洲演化特征与趋势［J］.城市发展研究，2009，16（9）：65—72.

［112］马海涛，黄晓东，李迎成.粤港澳大湾区城市群知识多中心的演化过程与机理［J］.地理学报，2018，73（12）：2297—2314.

［113］马静，邓宏兵，张红.空间知识溢出视角下中国城市创新产出空间格局［J］.经济地理，2018，38（9）：96—104.

［114］马丽君，龙云.基于社会网络分析法的中国省际入境旅游经济增长空间关联性［J］.地理科学，2017，37（11）：1705—1711.

［115］马学广，李贵才.全球流动空间中的当代世界城市网络理论研究［J］.经济地理，2011（10）：1630—1637.

［116］毛炜圣，钟业喜，吴思雨.长江经济带战略性新兴产业创新能力时空演化及空间溢出效应［J］.长江流域资源与环境，2020，29（6）：1268—1279.

［117］慕静，彭长清.基于复杂适应系统理论的企业内生式科技创新模式研究［J］.科技管理研究，2009，29（10）：15—17.

［118］宁越敏，张凡.关于城市群研究的几个问题［J］.城市规划学刊，2012，（1）：48—53.

［119］牛欣，陈向东.城市创新跨边界合作与辐射距离探析：基于城市间合作申请专利数据的研究［J］.地理科学，2013，（6）：659—667.

［120］牛欣，陈向东.城市间创新联系及创新网络空间结构研究［J］.管理学报，
　　　2013，10（4）：575—582.

［121］潘春苗，母爱英，翟文.中国三大城市群协同创新网络结构与空间特征：
　　　基于京津冀、长三角城市群和粤港澳大湾区的对比分析［J］.经济体制改
　　　革，2022，（2）：50—58.

［122］潘雄锋，张维维.基于空间效应视角的中国区域创新收敛性分析［J］.管理
　　　工程学报，2013，27（1）：63—68.

［123］彭芳梅.粤港澳大湾区及周边城市经济空间联系与空间结构：基于改进引
　　　力模型与社会网络分析的实证分析［J］.经济地理，2017，37（12）：57—
　　　64.

［124］齐康，段进.城市化进程与城市群空间分析［J］.城市规划汇刊，1997，
　　　（1）：1—5.

［125］钱敏.基于GeoDa-GIS的区域创新水平空间结构演化分析［J］.商业经济研
　　　究，2016（3）：120—123.

［126］任胜钢，关涛.区域创新系统内涵、研究框架探讨［J］.软科学，2006，
　　　（4）：90—94.

［127］上海市科学技术委员会，上海市统计局编.上海科学统计年鉴［M］.上海：
　　　上海科学普及出版社，2016.

［128］上海张江综合性国家科学中心孕育出国际领先水平超强超短激光.（2016-
　　　09-12）［2023-01-15］.http://www.sh.xinhuanet.com/2016/09/12/c_135682134.
　　　htm

［129］尚勇，朱传柏.区域创新系统的理论与实践［M］.北京：中国经济出版社，
　　　1999.

［130］邵汉华，周磊，刘耀彬.中国创新发展的空间关联网络结构及驱动因素
　　　［J］.科学学研究，2018，36（11）：2055—2069.

［131］申威处理器中国超算最强芯.（2016-06-30）［2022-12-15］.http://news.
　　　xinhuanet.com/tech/2016-06/30/c_129103527.htm

［132］沈丽珍.流动空间［M］.南京：东南大学出版社，2010.

［133］世界知识产权组织.2011年世界知识产权组织（WIPO）报告［D］，2011.

［134］宋思丽，陈向东.我国四大城市区域创新空间极化趋势的比较研究［J］.中国软科学，2009，（10）：100—106.

［135］苏方林.中国省域 R&D 活动的探索性空间数据分析［J］.广西师范大学学报：哲学社会科学版，2008，（6）：52—56.

［136］隋映辉.系统创新的内涵、要素与机理［J］.福建论坛（人文社会科学版），2008（5）：10—15.

［137］孙青.财政科技投入、科研人力资本对科技创新的影响［J］.统计与决策，2022，38（1）：153—157.

［138］孙思思，原毅军.我国科技创新活动的驱动因素：基于国家科技计划项目数据的实证研究［J］.科技管理研究，2013，（13）：1—5.

［139］孙晓华，李传杰.有效需求规模、双重需求结构与产业创新能力：来自中国装备制造业的证据［J］.科研管理，2010，（1）：93—103.

［140］孙孝科.高校科技创新驱动因素：内涵、表征、关系及其调适［J］.科学学与科学技术管理，2005，（12）：92—97.

［141］孙瑜康，孙铁山，席强敏.北京市创新集聚的影响因素及其空间溢出效应［J］.地理研究，2017，36（12）：2419—2431.

［142］孙中瑞，樊杰，孙勇，刘汉初.中国绿色科技创新效率空间关联网络结构特征及影响因素［J］.经济地理，2022，42（3）：33—43.

［143］覃成林，金学良.区域经济空间组织原理［M］.武汉：湖北教育出版社，1996.

［144］唐子来，赵渺希.经济全球化视角下长三角区域的城市体系演化：关联网络和价值区段的分析方法［J］.城市规划学刊，2010，（1）：29—34.

［145］陶松龄，甄富春.长江三角洲城镇空间演化与上海大都市增长［J］.城市规划，2002，（2）：43—47.

［146］汪明峰.中国城市首位度的省际差异研究［J］.现代城市研究，2001，（3）：27—30.

［147］汪涛，HennemannS，LiefnerI 等.知识网络空间结构演化及对 NIS 建设的启示：以我国生物技术知识为例［J］.地理研究，2011，30（10）：1861—1872.

［148］汪涛，Stefan H，Ingo L，李丹丹.知识网络空间结构演化及对 NIS 建设的启示：以我国生物技术知识为例［J］.地理研究，30（10）：1861—1872.

［149］王斌，万栗江，罗坚.成渝城市群创新网络空间结构演化及优化策略研究：基于社会网络分析法［J］.工业技术经济，2022，41（3）：136—144.

［150］王承云，蒋世敏，熊文景，戴添乐.基于空间计量分析的浙江省区域创新产出研究［J］.华中师范大学学报（自然科学版），2021，55（5）：817—827，837.

［151］王承云，孙飞翔.长三角城市创新空间的集聚与溢出效应［J］.地理研究，2017，36（6）：1042—1052.

［152］王春扬，张超.地理集聚与空间依赖：中国区域创新的时空演进模式［J］.科学学研究，2013，13（5）：780—789.

［153］王洪国.基于 IEO 模型的研究生创新产出影响因素研究［J］.河南科技学院学报，2022，42（04）：23—30.

［154］王稼琼，绳丽惠，陈鹏飞.区域创新体系的功能与特征分析［J］.中国软科学，1999，（2）：53—55.

［155］王俊松，颜燕，胡曙虹.中国城市技术创新能力的空间特征及影响因素：基于空间面板数据模型的研究［J］.地理科学，2017，37（1）：11—18.

［156］王乃明.论科技创新的内涵：兼论科技创新与技术创新的异同［J］.青海师范大学学报（哲学社会科学版），2005（5）：15—19. DOI：10.16229/j.cnki.issn1000-5102.2005.05.004.

［157］王其藩.管理与决策科学新前沿：系统动力学理论与应用［M］.上海：复旦大学出版社，1994.

［158］王其藩.系统动力学引论［M］.北京：清华大学出版社，1994.

［159］王庆喜，张朱益.我国省域创新活动的空间分布及其演化分析［J］.经济地理，2013，33（10）：8—15.

［160］王腾飞，谷人旭，马仁锋.长江三角洲城市创新关联演化特征及其影响因素研究［J］.西南民族大学学报（人文社科版），2019，40（12）：121—128.

［161］王伟.中国三大城市群空间结构及其集合能效研究［D］.上海：同济大学博士学位论文，2008.

［162］王余丁，王蓓，席增雷.高新技术产业集聚对区域创新能力的影响研究［J］.河北经贸大学学报，2022，43（2）：90—99.

［163］王玉荣，邓智，张浩博.风险资本集聚与区域创新的关系：基于投资行业分布的视角［J］.技术经济，2012，（7）：73—79.

［164］王越，王承云.长三角城市创新联系网络及辐射能力［J］.经济地理，2018，38（9）：130—137.

［165］王振江.系统动力学引论［M］.上海：上海科学技术文献出版社，1987.

［166］魏守华，吴贵生，吕新雷.区域创新能力的影响因素：兼评我国创新能力的地区差距［J］.中国软科学，2010，（9）：76—85.

［167］魏守华，禚金吉，何嫄.区域创新能力的空间分布与变化趋势［J］.科研管理，2011，32（4）：152—160.

［168］魏守华，禚金吉，何嫄.区域创新能力的与变化趋势［J］.科研管理，2011，32（4）：152—160.

［169］温芳芳.专利合作模式的计量研究［D］.武汉：武汉大学博士学位论文，2012.

［170］邬滋.创新集聚的空间分布与空间关联模式［J］.技术经济与管理研究，2010，（3）：38—41.

［171］吴先慧，吴海燕，陆强等.我国区域创新体系的影响因素实证研究：以深圳为例［J］.科技进步与对策，2011，28（07）：26—31.

［172］吴玉鸣.空间计量经济模型在省域研发与创新中的应用研究［J］.数量经济技术经济研究，2006，（5）：74—84.

［173］吴玉鸣.空间计量经济模型在省域研发与创新中的应用研究［J］.数量经济技术经济研究，2006，（5）：74—85，130.

［174］吴志强，陆天赞.引力和网络：长三角创新城市群落的空间组织特征分析［J］.城市规划学刊，2015，（2）：31—40.

［175］吴志强，王伟，李红卫等.长三角整合及其未来发展区势：20年长三角地区边界、重心与结构的变化［J］.城市规划学刊，2008，（2）：1—10.

［176］习明明.长江经济带创新环境对科技创新效率影响的实证研究［J］.江西财经大学学报，2019，（3）：19—29.

［177］鲜果，曾刚，曹贤忠.中国城市间创新网络结构及其邻近性机理［J］.世界地理研究，2018，27（05）：136—146.

［178］香林，戴靓，朱禧惠等.中国城市知识创新网络的等级性与区域性演化：以合著科研论文为例［J］.现代城市研究，2021（01）：25—31.

［179］肖刚，杜德斌，李恒.长江中游城市群城市创新差异的时空格局演变［J］.长江流域资源与环境，2016，（2）：199—207.

［180］肖广岭，柳卸林.技术创新环境建设应是政府工作的重点［J］.科技导报，2001（02）：19—23.

［181］谢雄军.系统论视角下的园区循环经济物质流模型与实证研究［D］.长沙：中南大学博士学位论文，2013.

［182］徐维祥，杨蕾，刘程军.长江经济带创新速度的空间集聚及其门槛效应研究［J］.科技管理研究，2018，38（12）：127—134.

［183］徐宜青，曾刚，王秋玉.长三角城市群协同创新网络格局发展演变及优化策略［J］.经济地理，2018，38（11）：133—140.

［184］许国志，顾基发，车宏安.系统科学［M］.上海：上海科技教育出版社，2000.

［185］许学强，胡华颖.对外开放加速珠江三角洲市镇发展［J］.地理学报，1988，（3）：201—212.

［186］许学强，周一星，宁越敏.城市地理学［M］.北京：高等教育出版社，2002.

［187］薛永刚.基于 S-SEM 的区域创新系统影响因素和路径研究［J］.科研管理，2021，42（8）：150—159.

［188］颜礁，赵定涛.产业多样性与区域创新差异：基于中国省际面板数据的实证分析［J］.西北农林科技大学学报（社会科学版），2012，（5）：84—90.

［189］杨凡，杜德斌，林晓.中国省域创新产出的空间格局与空间溢出效应研究［J］.软科学，2016，30（10）：6—10，30.

［190］杨凡，杜德斌，林晓.中国省域创新产出的空间格局与空间溢出效应研究［J］.软科学，2016，30（10）：6—10，30.

［191］杨玲.基于知识流动的创新活动空间分布的演化机理研究［D］.大连：大连

理工大学博士学位论, 2011.

[192] 杨永春, 冷炳荣, 谭一洺等. 世界城市网络研究理论与方法及其对城市体系研究的启示 [J]. 地理研究, 2001, 30 (6): 1009—1018.

[193] 姚士谋, 陈振光, 朱英明等. 中国城市群 [M]. 合肥: 中国科学技术大学出版社, 2006.

[194] 姚士谋. 中国城市群 [M]. 合肥: 中国科学技术大学出版社, 1992.

[195] 叶丹, 黄庆华. 区域创新环境对高技术产业创新效率的影响研究: 基于 DEA-Malmquist 方法 [J]. 宏观经济研究, 2017, (8): 132—140.

[196] 尹宏玲, 崔东旭. 城市群基础设施效能评估理论与实践 [M]. 北京: 中国建筑工业出版社, 2016.

[197] 尹宏玲, 吴志强. 极化 & 扁平: 湾区与长三角创新活动空间格局比较研究 [J]. 城市规划学刊, 2015, (5): 50—56.

[198] 尹宏玲, 吴志强等. 扎克瑞·尼尔世界城市网络测度方法的评述及其启示 [J]. 国际城市规划, 2014, (6): 110—113.

[199] 于涛方, 吴志强. "Global Regions" 结构与重构研究: 以长三角地区为例 [J]. 城市规划学刊, 2006 (02): 4—11.

[200] 于英杰, 吕拉昌. 基于省域尺度的中国创新基础设施对创新产出的影响分析 [J]. 科技管理研究, 2021, 41 (7): 1—8.

[201] 原继东, 王树恩. 基于 CAS 理论的出版企业技术创新行为模式研究 [J]. 科学管理研究, 2011, 29 (4): 32—36. DOI: 10.19445/j.cnki.15-1103/g3. 2011.04.008.

[202] 苑林娅. 中国收入不平等状况的泰尔指数分析 [J]. 云南财经大学学报, 1998, (1): 30—37.

[203] 岳鹄, 康继军. 区域创新能力及其制约因素解析: 基于 1997—2007 省际面板数据检验 [J]. 管理学报, 2009, 6 (9): 1182—1187.

[204] 曾菊新. 空间经济: 系统与结构 [M]. 武汉: 武汉出版社, 1996.

[205] 曾鹏. 当代城市创新空间的理论与发展模式研究 [D]. 天津大学博士学位论文, 2005.

[206] 曾仕波. 长江中游城市群创新网络时空演化与影响因素研究 [D]. 华中师范

大学，2021.

［207］张凡.航空联系视角下的世界城市网络结构特征：空间重塑、关系崛起于角色判断［D］.上海：华东师范大学硕士学位论文，2012.

［208］张凤、何传启.创新的内涵、外延和经济学意义［J］.世界科技研究与发展，2002，（3）：52—66.

［209］张建升，杨勇.区域创新的空间邻居效应：基于我国省际面板数据的实证研究［J］.科技与经济，2011，（6）：25—29.

［210］张京祥.城市群体空间组合［M］.南京：东南大学出版社，2000.

［211］张丽华，林善浪.创新集聚与产业集聚的相关性研究［J］.科学学研究，2010，28（04）：635—640.

［212］张明倩，赵彦云.产业集聚对创新活动空间差异的影响：基于中国制造业数据的实证研究［J］.统计与信息论坛，2008，（3）：43—47.

［213］张琼瑜，李武武.基于 CAS 理论的产业集群协同创新动力机制构建［J］.商业时代，2012，（1）：115—116.

［214］张雪玲，倪钰链.中国省域创新体系发展及其空间关联关系研究［J］.中国统计，2019，（9）：33—35.

［215］张永安，耿喆，王燕妮.区域科技创新政策对企业创新产出的作用机理研究：基于 CAS 理论 Multiple Agent 思想［J］.科学学与科学技术管理，2015，36（10）：32—40.

［216］张玉明，李凯.省际区域创新产出的空间相关性研究［J］.科学学研究，2008，（3）：659—665.

［217］张扎根.环境规制对技术创新的影响［D］.南京信息工程大学，2016.

［218］张战仁.中国区域创新差异形成的时空因素研究：基于地理空间视角［M］.北京：中国社会科学出版，2013.

［219］赵渺希，唐子来.基于网络关联的长三角区域腹地划分［J］.经济地理，2010，（3）：371—376.

［220］赵渺希.长三角区域的网络交互作用与空间结构演化［J］.地理研究，2011，（2）：311—32.

［221］赵星，王林辉.中国城市创新集聚空间演化特征及影响因素研究［J］.经济

学家，2020，（9）：75—84.

［222］甄峰，王波，秦萧等.基于大数据的城市研究与规划方法创新［M］.北京：
中国建筑工业出版社，2015.

［223］甄峰.信息时代的区域空间结构［M］.北京：商务印书馆，2004.

［224］郑蔚，李溪铭，陈越.跨城市合作创新网络的空间结构及其发展演进：基
于福厦泉816组合作专利申请数据的分析［J］.华侨大学学报（哲学社会
科学版），2019，（6）：67—76.

［225］郑蔚.具有行业和空间特征的中国创新活动现状研究［J］.地域研究与开
发，2006，25（3）：1—5.

［226］中国社会科学院语言研究所词典编辑室.现代汉语词典.6版［M］.北京：
商务印书馆，2012.

［227］中华人民共和国国民经济和社会发展第十二个五年规划纲要（2010—
2015）.

［228］中华人民共和国国民经济和社会发展第十三个五年规划纲要（2016—
2020）.

［229］钟永光，贾晓菁，钱颖.系统动力学前沿与应用［M］.北京：科学出版社，
2017.

［230］钟韵，叶艺华，魏也华.基于创新联系的城市网络特征及影响因素研究：
以粤港澳地区为例［J］.科技管理研究，2020，40（07）：1—9.

［231］周密.我国创新极化现象的区域分布与极化度比较［J］.当代经济科学，
2007，29（1）：78—82.

［232］周群艳.区域竞争力的形成机理与测评研究［D］.上海：上海交通大学博士
学位论文，2006.

［233］周锐波，刘叶子，杨卓文.中国城市创新能力的时空演化及溢出效应［J］.
经济地理，2019，39（4）：85—92.

［234］周晓艳，侯美玲，李霄雯.独角兽企业内部联系视角下中国城市创新网络
空间结构研究［J］.地理科学进展，2020，39（10）：1667—1676.

［235］朱查松，王德，罗震东.中心性和控制力：长三角城市网络结构的组织特
征及其演化——企业联系视角［J］.城市规划学刊，2014，（4）：24—30.

［236］朱查松. 基于企业内部联系的长三角城市网络结构研究［D］. 上海：同济大学博士学位论文，2013.

［237］朱力，李小玲，王璐等. 基于DBSCAN聚类的西部城区服务业空间布局特征研究：以西宁市城西区为例［J］. 湖北农业科学，2021，60（07）：166—174，180.